东亚文化之都·泉州论坛丛书

东亚文化之都·泉州建设发展委员会 编

东亚文化之都建设与新世纪丝绸之路

吴少锋　洪一彬 ◎ 主编

厦门大学出版社　国家一级出版社
XIAMEN UNIVERSITY PRESS　全国百佳图书出版单位

图书在版编目(CIP)数据

东亚文化之都建设与新世纪丝绸之路 / 吴少锋，洪一彬主编. —厦门：厦门大学出版社，2016.1

(东亚文化之都·泉州论坛丛书)

ISBN 978-7-5615-6271-0

Ⅰ.①东⋯　Ⅱ.①吴⋯②洪⋯　Ⅲ.①丝绸之路-区域经济发展-泉州-国际学术会议-文集②丝绸之路-文化发展-泉州-泉州-国际学术会议-文集　Ⅳ.①F127.573-53②G127.573-53

中国版本图书馆 CIP 数据核字(2016)第 255013 号

出 版 人	蒋东明
责任编辑	薛鹏志
封面设计	李嘉彬
印制人员	朱 楷

出版发行　**厦门大学出版社**

社　　　址	厦门市软件园二期望海路 39 号
邮政编码	361008
总 编 办	0592-2182177　0592-2181406(传真)
营销中心	0592-2184458　0592-2181365
网　　　址	http://www.xmupress.com
邮　　　箱	xmupress@126.com
印　　　刷	泉州刺桐印务有限公司

开本	720mm×1000mm　1/16
印张	20.5
插页	6
字数	350 千字
印数	1~3 000 册
版次	2016 年 1 月第 1 版
印次	2016 年 1 月第 1 次印刷
定价	75.00 元

厦门大学出版社
微信二维码

厦门大学出版社
微博二维码

·时任泉州市市长郑新聪致辞

·东亚文化之都论坛

· 横滨代表作主旨演讲

· 光州代表作主旨演讲

· 东亚文化之都圆桌会议

· 中央电视台白岩松主持"丝绸之路"大讲堂及新商机对话会

· 时任泉州市市长郑新聪在"丝绸之路"大讲堂上发言

· 与会专家学者、陆海丝绸之路沿线城市代表就"丝绸之路新商机在何处"、"沿线城市如何把握发展机遇"等议题展开讨论

· 2014年2月23日，由中国新闻社主办的"新世纪丝绸之路"经济论坛暨华媒万里行在福建泉州启动。图为向海外华文媒体授旗。

· 王铭铭教授主持"交流与封闭"国际人类学研讨会

· 部分与会学者

· 部分与会学者

· 研讨会会场

· 2015年11月中国香文化高峰论坛

· 首届中国（永春）香文化博览会

台湾新港香艺董事长陈文忠主讲：文化创意导入传统产业

中国社会科学院世界宗教研究所研究员陈进国主讲：永春香文化传承

松风中国传统文化研究会创建人、资深沉香收藏玩家、花文化专家孙亮主讲：中国香文化简史

访谈嘉宾：孙亮（左二）、陈进国（左三）、蒲良宫（右一）

访谈嘉宾：周来兴（左二）、吴符火（左三）、曾建全（右一）

访谈嘉宾：孙亮（左二）、陈文忠（左三）、沈汝清（右二）、林文溪（右一）

总　序

　　文化是活的生命,持久的生命力有赖于其影响力。2013年9月,泉州与韩国光州、日本横滨共同当选首届"东亚文化之都",代表中国文化与世界对话。

　　泉州因"海丝"而繁盛,多元文化在此交相辉映。泉州是海上丝绸之路重要的起点城市,宋元时期,这里帆樯云集,是马可·波罗笔下描绘的东方第一大港。泉州古城完整而长久地保留着中华传统,几乎每条小街小巷都蕴含着闽南文化独特的韵味。泉州以"和而不同"的中国智慧,包容世界各大宗教,让青砖白石、红墙翠瓦的各色殿堂庙宇共同扎根于古城的宽街窄巷中。千百年来的泉州城,中原文明与海洋文明、工商文化与农耕文化、儒道释与亚非欧宗教和谐相处、共生共荣,成为中外文化交流融合的典范。"活态"的南音、南拳、南戏,有着直撼人心的艺术魅力,堪当国际交流的"大使",镌刻着中华民族和"海丝"沿线各国人民友好交往的永恒记忆。

　　泉州内蕴的城市精神,不断升华着文化的境界与品位。富有区域特色的泉州文化,孕育了泉州人豪迈拼搏、包容豁达、吃苦耐劳、乐观向上的性格,塑造了"躺下去是洛阳桥,站起来是东西塔"的气概。勇立改革开放潮头的泉州人,敢闯敢试,创造出"泉州模式"、"晋江经验",以弘扬传统、融合创新的全新气魄,保持经济总量连续17年领跑福建,民营经济风生水起,谱写出一首首"敢为天下先"、"爱拼会赢"的时代乐章。从这里出海闯荡南洋的泉州人,带回东南亚的海洋气息,助推侨乡的贸易投资,珍藏于泉州华侨历史博物馆的一件件展品,诉说着一个个艰辛创业、回报家乡的故事,饱含着海外游子的爱国情怀。在今天,948万泉州籍华侨华人,约900万祖籍泉州

1

台湾同胞、76 万旅港旅澳同胞,续写着血浓于水的动人诗篇,踊跃在"一带一路"建设中当好桥梁和纽带。

文化与经济的潜移默化、良性循环,更推动着泉州向前发展。"东亚文化之都"光环映照的不仅仅是泉州的荣耀,更是沉甸甸的使命与责任。按照国家文化部"扩大开放、提升交流、留下遗产、造福民众"的总要求,泉州立足于融合传统与现代,构筑经济与文化协调共进的新型发展模式,着力增强文化自信,重塑现代城市精神,以历久弥新的泉州文化书写"泉州品牌"、"泉州故事"和"泉州价值"的时代内涵。2015 年 9 月,泉州建设"东亚文化之都"的5 年规划(2015—2020 年)出台,绘就"古城—古港—新区—全域联动"美好前景,不仅有了路线图,也有了时间表。梳理泉州一路走来的历史脉络,正是有幸经历千年文化与时俱进的锤炼,砥砺前行继而厚积薄发,方才成就今日泉州的蓬勃激扬。

"东亚文化之都·泉州论坛丛书"由东亚文化之都·泉州建设发展委员会办公室总协调,结集出版相关学者的访谈、讲话、论文及有关著述。学者们走进泉州、深入泉州,以独特的视角、理性的笔触,追溯泉州历史文化的深厚积淀,畅论文化传承发展的路径,展望文化之都建设的远景,篇篇锦绣,足以为资政之鉴。

纵览人文之光,放飞"海丝"梦想。如今,中央提出"一带一路"的伟大战略构想,描绘了与世界各国共建共享的蓝图愿景,为我们开启了重振丝路辉煌的新征程。在大航海时代之前,敢为天下先的泉州人率先走向海洋,开辟航线;在 21 世纪全球化的今天,更广阔的舞台已搭起,新的精彩长卷正在铺开,泉州被赋予了建设 21 世纪海上丝绸之路先行区的光荣使命,让我们发挥"东亚文化之都"和"海丝先行区"的叠加效应,以经济滋养城市的躯体,以文化茁壮城市的灵魂,凝聚海内外泉州人的力量,演绎"创新、智造、海丝、美丽、幸福"的现代化泉州的新传奇。

是为序。

东亚文化之都·泉州建设发展委员会

2015 年 12 月

目　录

"东亚文化之都"论坛

新世纪丝绸之路经济论坛

"交流与封闭"国际人类学研讨会

中国香文化高峰论坛

专家座谈

香史争鸣

香业论谈

"东亚文化之都"论坛

【编者按】

2014 年 2 月 14 日,"东亚文化之都"论坛在中国闽台缘博物馆举行,论坛主题为"文化引领未来"。作为中国首个"东亚文化之都",泉州在促进东亚文化建设中扮演着重要的角色。

如何对泉州的文化资源进行保护、有序发掘和整合提升呢？泉州、光州、横滨三城的城市代表分别就各自城市在未来文化产业发展规划发言,来自三座城市的专家也对东亚文化之都的发展建设提出文化交流、旅游发展、城市建设等方面的建议。进一步加强三座城市的文化交流,以扩大发展共同点,理解不同点。

在泉州的这次相聚,将成为推动泉州、光州、横滨交流进入新阶段的契机。今后通过传统文化交流、青少年文化交流和旅游观光等,三座城市之间对彼此文化的了解将不断增加,交流领域将不断扩大。通过建设信息交流平台,泉州和光州可以在电影、动漫、电视节目、游戏等方面加强合作,共同培养下一代文化人才,举办更多的青年艺术家交流创作活动。

在"东亚文化之都"论坛上的致辞

2014 年 2 月 14 日(正月十五日)

◇ 张爱平

尊敬的郑东采先生,尊敬的佐佐木·雅幸教授,

各位专家学者、各位嘉宾,朋友们:

大家下午好!

今天是中华民族传统的元宵节,我们欢聚在中国历史文化名城泉州,一同就如何保护和利用文化资源、推动文化建设和城市规划进行深度对话与交流。在此,我谨代表文化部向出席论坛的各位嘉宾、朋友们表示热烈的欢迎,同时借此机会向各位嘉宾、朋友们致以美好的新春祝福,祝大家新春快乐、马年吉祥、万事如意!

东亚是人类文明发祥地之一。在中韩日三国文化部的共同倡议下,历经两年半的评选酝酿,中国的泉州、韩国的光州和日本的横滨三个城市当选为首届"东亚文化之都"。作为一个新生的大型文化外交活动,"东亚文化之都"活动没有先例可借鉴,没有固定模式可参考,三个城市当选后,围绕弘扬"东亚意识、文化交融、彼此欣赏"精神,重点策划、举办学术论坛、文化交流、文艺演出、文化艺术展览、文化类比赛五类文化活动,使"东亚文化之都"活动很快成为东亚乃至整个亚洲地区的一件文化盛事,受到世界各国的密切关注和普遍认可。

新年伊始,万象更新。泉州市在中国传统新春佳节期间率先拉开了"东亚文化之都"活动序幕,昨晚简朴而又隆重的开幕式和极具观赏性的传统元宵灯会以及今天上午举行的一系列文化活动,向大家展示了泉州开放包容的海洋文化和独特悠久的历史文化,也让我们亲身感受到了爱拼敢赢的泉

州精神,充分体现出泉州市努力以丰富多彩的文化活动推动东亚文化传统的交流与合作、传承保护和创新发展的决心。在此,我代表文化部向泉州市社会各界的积极参与表示衷心的感谢!

学术论坛是"东亚文化之都"的一项重要活动,是以提炼"亚洲精神"为主要任务的一项重要学术活动,是促进东亚各国文化交流与合作的重要平台。本次论坛的主题是"文化引领未来"。文化是人与人相互沟通的桥梁,是国与国加深理解和信任的重要纽带,是流淌在不同民族身体里的血液,维系着一个民族的生命,延续并传承着一个民族的精神内涵。文化交流比政治交流更久远,比经济交流更深刻。宣传和弘扬东亚文化,建设独具魅力的亚洲文化精神家园是当选首届"东亚文化之都"三个城市的共同神圣使命。等下,三国城市代表将围绕主题分别作精彩的主旨报告,与会专家学者将围绕主题、聚焦文化资源保护与建设、交流与发展等热点问题进行深层次的理论探讨,积极建言献策,使本届论坛集思想性、艺术性、生活性、历史性、学术性、社会性、前瞻性和国际性于一身,必将有力地推动东亚文化建设跃上新的台阶。

文化的多样性是人类文明最本质的特征。尊重不同文化的独立与发展,加强不同文化的交流与合作,是维护世界文化多样性的重要前提。中韩日三国都拥有源远流长的历史文化,彼此之间的认识也不尽相同,在社会发展中也面临着许多共同的问题,彼此间更加需要通过文化沟通与合作来寻求最佳答案。三个城市要以战略的眼光和开放的胸怀看待东亚文化交往,更加广泛、深入、持久地开展思想文化界的交流活动,倡导开放兼容的文明观,博采各种文明之长,求同存异,携起手来共同为推动建设一个和谐繁荣的东亚文化圈而努力。

预祝"东亚文化之都"论坛取得圆满成功!

谢谢大家!

◎ 张爱平系中国文化部外联局局长

在"东亚文化之都"论坛上的致辞

（2014 年 2 月 14 日）

◇ 郑新聪

尊敬的中华人民共和国文化部外联局局长张爱平先生，光州、横滨代表团各位来宾，各位领导，各位专家学者，女士们、先生们：

大家下午好！

很高兴在中国传统节日元宵佳节，与大家欢聚一堂，共同探讨如何建设发展"东亚文化之都"。在此，我谨代表泉州市委、市政府，向各位领导、嘉宾的到来表示热烈的欢迎和衷心的感谢！

回顾历史，泉州自古是中国与东亚各国经贸、文化交流的重要城市，是宋元时期"东方第一大港"、古代"海上丝绸之路"的重要起点。早在公元 9 世纪前后，泉州就与高丽、日本保持着频繁的贸易往来，大量高丽和日本进口的货物从泉州进入中国，而从刺桐港启航的船只也把大量的中国货物载到高丽和日本。1991 年，联合国教科文组织进行"海上丝绸之路"考察活动时，将泉州列为最重要的城市之一。2013 年，泉州与韩国光州、日本横滨一起荣获由中韩日三国共同评选的首届"东亚文化之都"，泉州再次携手韩日的有关城市，向世界展示丰富多彩的东亚文明。

展望未来，如何建设东亚文化之都，是我们共同面临的一项崭新课题，更是我们共同肩负的一项重大任务。作为泉州这座城市的市长，我十分骄傲、也十分荣幸，能够亲自参与和见证东亚文化之都的建设发展。在此，我谨代表海内外 3000 万泉州人重申：泉州将以建设东亚文化之都为契机，坚持以文兴业、以文塑城，推动文化产业与文化事业繁荣发展，让文化之都的建设成果更多惠及全体市民。泉州将借助文化之都这一品牌，积极承担起

传播和弘扬中华优秀文化的责任与使命,让世界更多了解中国文化,向世界充分展示"文化中国"的自信和魅力。泉州将与光州、横滨一道,共同促进东亚文化的传承保护和创新发展,并借此推动中韩日各领域的交流与合作。

我们真诚欢迎韩国和日本的客人,多来泉州走走看看,在交流中增进了解、增强情感,为三国携手并进、共同繁荣做出新的贡献!我们真诚欢迎文化部的领导、各位专家学者,继续对"东亚文化之都·泉州"的建设发展予以关心、支持和指导,帮助泉州加快打造成为影响东亚、面向世界的"多元文化都市"。

谢谢大家!

◎ 郑新聪系中共泉州市委书记,时任泉州市政府市长

开创韩中日三国文化交流与合作的新时代

◇　郑东采

2014 这一年中,在韩国的光州、中国的泉州、日本的横滨三个城市进行的文化交流活动是在亚洲第一次举办的。

1985 年,欧盟初次指定希腊的雅典作为第一个文化之都,至今每年指定一个城市为文化之都,以此来谋求欧盟国家之间文化艺术交流和旅游事业的振兴。欧盟国家城市之间的这种文化交流活动意味着他们对构建一个欧洲的向往。

2005 年,我正担任韩国文化部长一职,当时,为了韩中日三国之间的文化交流,提出了三国文化部长会谈的计划。我当时的构想,促成了 2012 年韩中日文化部长会谈中缔结了《上海活动计划》,三国文化交流的种子终于开花结果。

韩中日三国文化交流的首要目标就是能够达成对对方国家国民的理解,实现"自然与人"、"人与人"之间的共生这一东亚价值。换句话说,就是共同拥有儒家传统、实现"文化交流与融合"以及"对对方文化的尊重和精神的享有",为在不久的将来即将到来的东亚文化的交流与合作时代,为实现三国文化的繁荣而共同努力。

韩中日三国,在东亚地区,相互间的距离都不过一个多小时;在整个亚洲,不仅在政治、经济、文化方面占有主导地位,而且在世界发达国家当中也排在前列。因此,三国在激烈竞争的同时,还应当追求协调的合作、保持宿命般的相互关系。

韩国有一句"近而又远"的俗话,好像就是在暗示着韩中日三国的关系。

7

一方面,我们三个国家因相互邻近而形成了共同拥有汉字和儒学的文化圈,且通过相互交流而发展。另一方面也有战争等不幸的历史。正像韩国的俗语"欢喜冤家"一样,历史上我们三国之间通过通信使的交流来相互接纳对方的文化,但不时也存在对立和矛盾,甚至发生战争。借鉴历史,我们应当通过文化的交流来克服政治、经济上的对立和矛盾。

我的想法是,对我们三个国家的相同之处应该更加扩大与发展,对不同之处则要予以认可并相互理解。我们应该正确地区分不同和差错,我认为因为存在不同而导致关系不好是不应该的。文化和习惯的差别,即使在同一个国家内也会因地域不同而有所不同,这正是我们出去旅游的主要原因。如果能够正确地对待相同与不同,我们便能够逐渐理解自己、自己生活的区域、自己的国家乃至自己国家之外的种种文化。因此,我认为2014年是通过光州、泉州、横滨三个城市之间的文化交流活动,为东亚共同繁荣与和平迈出非常重要的第一步的一年。

这次以泉州市文化城市的开幕典礼为开端,接下来将有2月25日在横滨、3月18日在光州的系列文化交流活动。这三个城市都抱着期待和激动的心情正在准备这次活动。

上次,1月23日,通过在横滨召开的韩中日务实会议,我们已经计划好在2014年一年中三国将合作完成的共同项目。据此,本年度将陆续进行传统文化表演与展览、青少年文化交流、旅游等各方面的交流活动。

从2015年开始,我们打算指定在三国中的某一个城市持续展开活动,并且每年变换一个指定的文化城市。这样文化城市会越来越多,交流也会随之而逐渐扩大,我们期待着或许到了未来的某一时点亚洲所有国家都能够一起参加这种文化活动。

为了文化遗产的保护和促进国家间的合作,我们要通过三个国家国立博物馆之间的人员交流和展示物品的交流来提供并扩展可以欣赏对方国家文化遗产的机会,同时,为了保护非物质文化遗产,还要强化网络信息化等研究活动。

还有,下一代核心成长产业就是为了文化事业的振兴,继续促进三国的交流和协作,支援以传统文化为目标的信息产业的开发和应用,支援电影、动画片、电视节目、游戏、音乐剧等的共同制作和流通。此后,为了企划和开发多领域的、丰富多彩的文化产品,为了共同项目的执行,我们要不断强化相互间的协作。另外,为了培养未来文化的种子,促进对青年艺术家的交流与创作等活动,也是我们共同的使命。

如果三国文化部长的协议能够得以顺利执行,那么,谁都无法否认东亚共同繁荣的时代之门不久将会豁然大开。尽管这次泉州的开幕典礼只是为三国共同繁荣而踏出的第一步,但为此我个人仍然感到无尽的欢喜。

非常感谢!

◎ 郑东采系韩国光州广域市 2014 东亚文化城市推进委员会委员长

（翻译：金惠经）

东亚文化之都横滨:创造型城市的建设

◇ 佐佐木·雅幸

横滨市正式当选 2014 年度东亚文化之都

何谓东亚文化之都

【概要】

日中韩三国分别选出努力发展文化艺术的城市,在此进行各种文化艺术活动。

【目的】

①促进东亚区域内的相互理解及连带感的形成。

②加强东亚区域间多样文化的国际影响力。

③充分利用城市文化特征,振兴并持续发展文化艺术、创造性产业及旅游观光业。

东亚文化之都事业的由来

●2011年1月

第三次日中韩文化部长会议(日本·奈良)

日本在会议期间,向中韩提出构想。

●2012年5月

第四次日中韩文化部长会议

(中国·上海)

●2013 年 9 月

第五次日中韩文化部长会议

（韩国·光州广域市）

东亚文化之都 2014 横滨活动理念

从横滨开始,共创新力量——合作引领创新

●三大支柱:

· 先驱性与创造性:承袭横滨气质,创造新事物

· 交流与合作:加强与以中国、韩国为首的东亚各国及国内其他城市间的交流合作

· 繁荣与经济发展:通过振兴观光业,活跃产业经济,从而创造都市的繁荣与经济的发展

活动实施日程安排

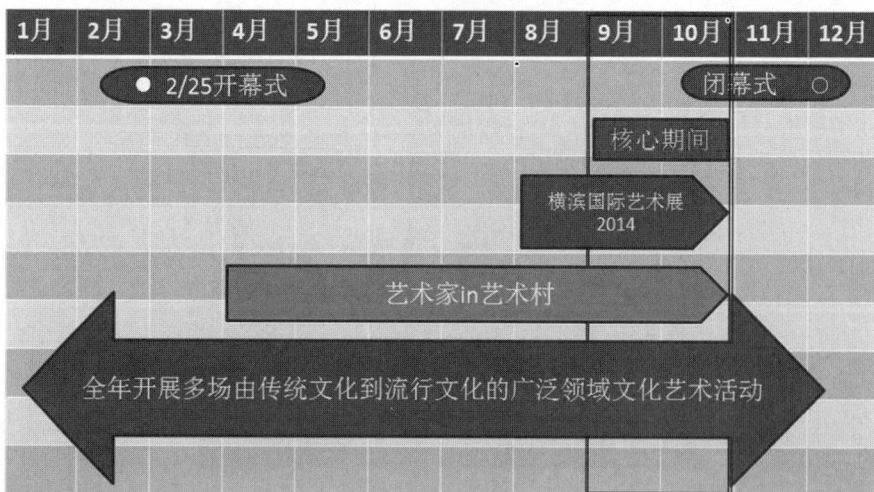

2014 年东亚文化之都执行委员会

	机 构
文化厅 横滨市 相关团体	（独立机构）国际交流基金会
	（独立机构）国际观光振兴机构
	横滨工商联合会
	（公益财团）横滨市艺术文化振兴财团
	（公益财团）横滨观光会议事务局
行政部门	文化厅
	外务省
	经济产业省
	观光厅
	横滨市

●标志

東アジア文化都市
2014 横浜
Culture City of East Asia
2014. YOKOHAMA

●理念

用交错的三色条纹表示日、中、韩三国通过文化的交会与交融，创造出新价值，并将其向世界传播。

海蓝色	开放性
珊瑚红	交流与合作
银灰色	先驱性，创造性

●友好宣传大使

"东亚文化之都 2014 横滨"友好宣传大使

偶像组"电波组合"

横滨艺术活动安排:三大横滨艺术节

| 舞蹈 | 音乐 | 美术 |

●舞舞舞　　　　　●横滨音乐节 2013　　　●横滨国际艺术展

横滨港的历史

御開港横濱之全圖

新井伊三郎

开港时

1865 年

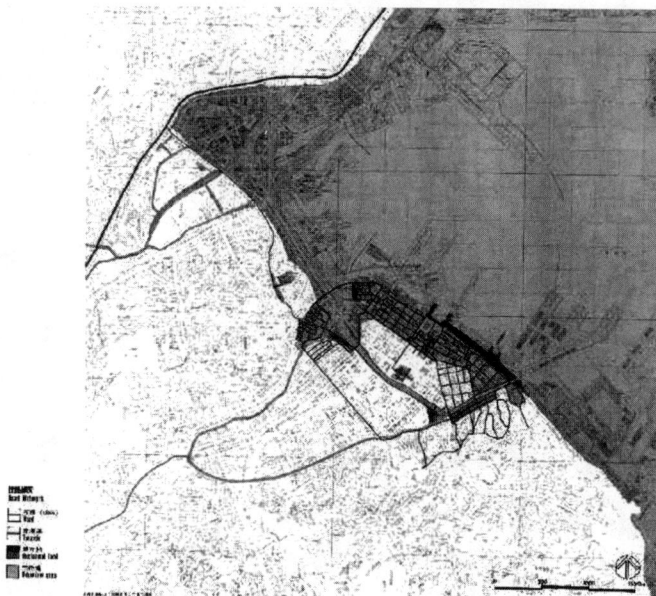

现　在

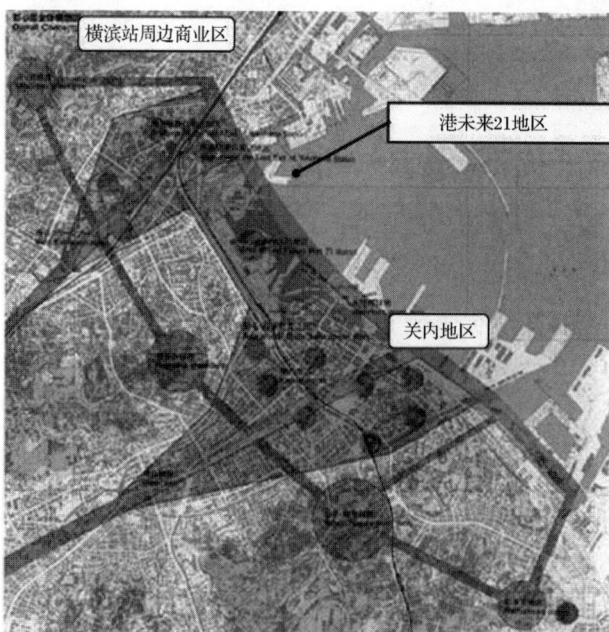

横滨港（港未来 21）全景

横滨港 1860 年以来贸易额变化图

横滨港 1980 年以来集装箱吞吐量变化图

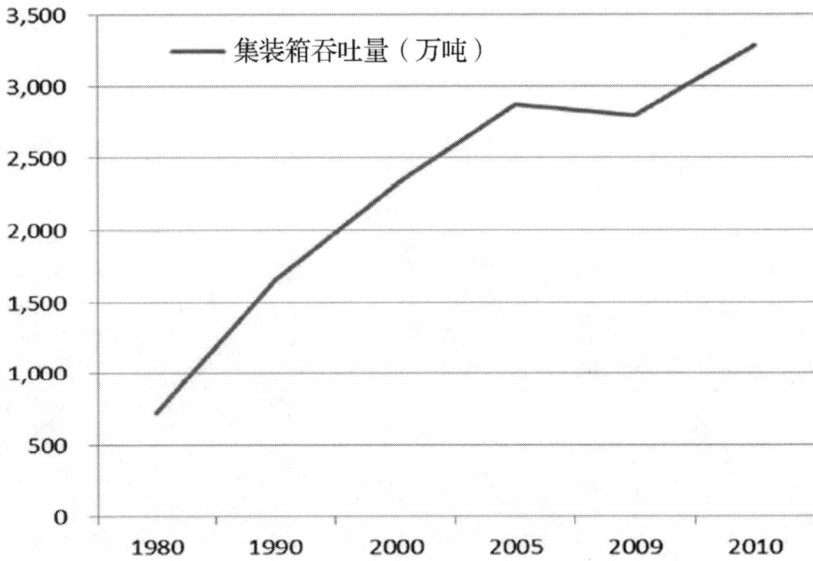

整备前

汽車道

创造型城市的建设进程

2004 年

文化艺术都市创造事业本部以都市沿海部为中心，充分发挥区域资源及文化艺术的创造性，活跃城市氛围。

东京艺术大学研究生院影像研究科

创造型城市的建设过程概要 1
——创造型区域的确定

创造型产业布局规划图

创造性产业的布局（全市范围）

Accumulation of creative industry in Yokohama

图例:

- 广告
- 建筑设计
- 工艺、美术、古董品、生活文化
- 设计
- 电影、影像、写真
- 音乐
- 舞台艺术
- 艺术家、学术、文化团体
- 报纸、出版业
- 电脑软件
- 电视、广播

km 0 2 4 8   N

创造产业立地状况（密度分布图）

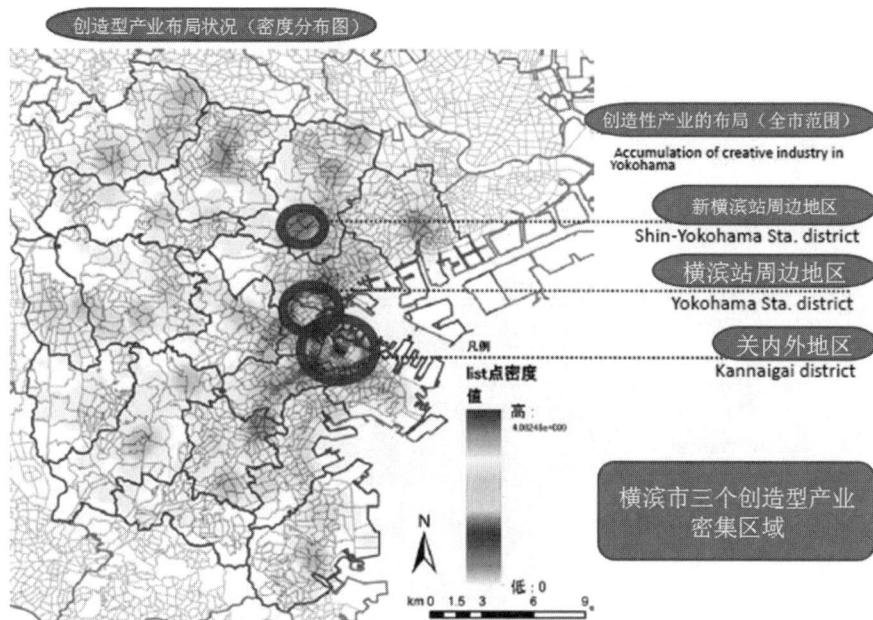

创造型产业布局状况（密度分布图）

创造性产业的布局（全市范围）
Accumulation of creative industry in Yokohama

新横滨站周边地区
Shin-Yokohama Sta. district

横滨站周边地区
Yokohama Sta. district

关内外地区
Kannaigai district

横滨市三个创造型产业密集区域

创造性产业的布局（中区）

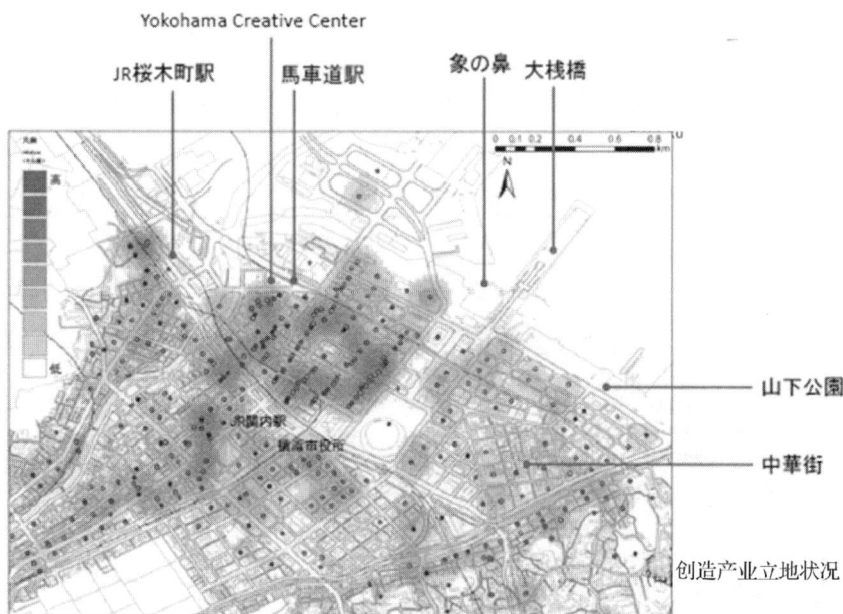

Yokohama Creative Center

JR桜木町駅　馬車道駅　象の鼻　大桟橋

山下公園

中華街

创造产业立地状况

创造型城市的建设过程概要 2

——艺术家在艺术村

以创造区域据点为中心,与国外的艺术据点进行交流,并援助美术、舞台艺术领域的艺术家、创作家互访及旅居创作。

创造型城市的建设过程概要 3

——地域复苏城市再建

对以往违法特殊餐饮店鳞次栉比的初黄、日之出地区进行环境治理,形成居民、警察、行政一体化。

用艺术之力复苏城市

アートの力
で「まち」
を再生

象鼻公园

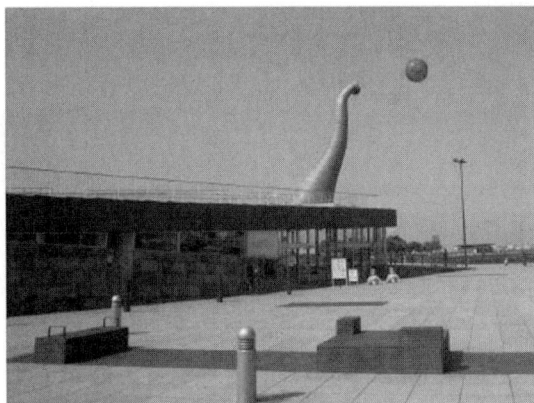

创造型城市的建设过程概要 4

——国际艺术公园的构想

文化艺术创造型都市 政策实施的基本构思

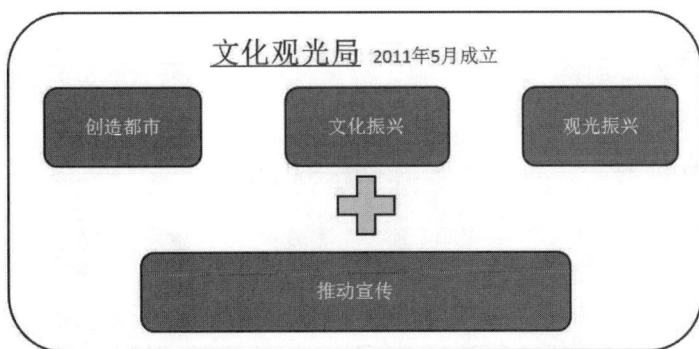

《横滨市文化艺术创造型城市的基本构思》（2012年12月）
当选文化艺术之都的城市=横滨

横滨的目标都市形象

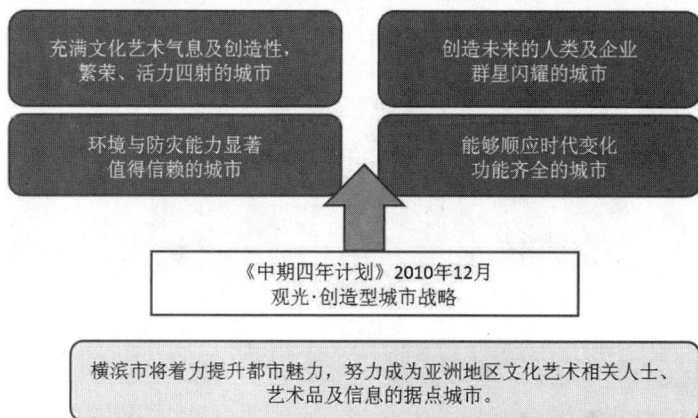

充满文化艺术气息及创造性，
繁荣、活力四射的城市

创造未来的人类及企业
群星闪耀的城市

环境与防灾能力显著
值得信赖的城市

能够顺应时代变化
功能齐全的城市

《中期四年计划》2010年12月
观光·创造型城市战略

横滨市将着力提升都市魅力，努力成为亚洲地区文化艺术相关人士、
艺术品及信息的据点城市。

创造型城市政策实施的第二步

以"东亚文化之都"开创为契机，建设创造型城市

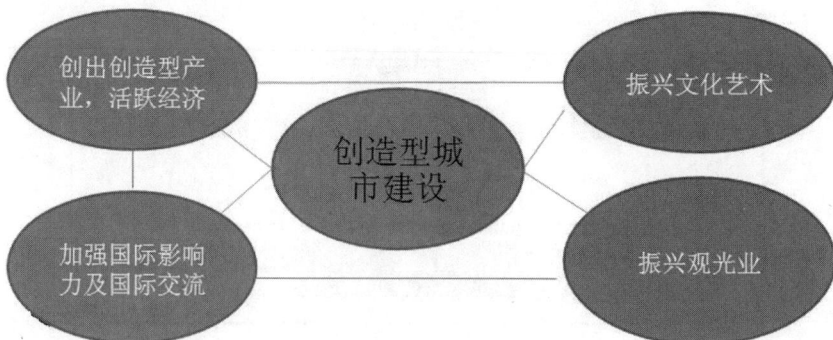

创出创造型产
业，活跃经济

振兴文化艺术

创造型城
市建设

加强国际影响
力及国际交流

振兴观光业

日本创造型城市网设立

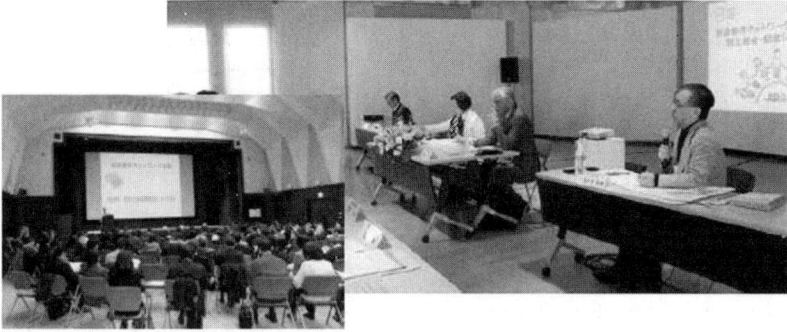

　　2013 年 1 月 13 日，由 22 个自治体、6 个团体、12 个个人参加的日本创造型城市网在横滨市设立，横滨市长林文子当选代表。

（郭惠珍　译）

◎　佐佐木·雅幸系 2014 年东亚文化都市横滨执行委员会副委员长

建设影响东亚、面向世界的多元文化都市

——在"东亚文化之都"论坛上的主旨演讲
（2014年2月14日）

◆ 陈庆宗

尊敬的韩国光州东亚文化都市促进委员会委员长郑东采先生，尊敬的日本横滨东亚文化之都运行委员会副委员长佐佐木先生，尊敬的各位来宾，女士们，先生们，朋友们：

大家下午好！

今天是中国传统节日元宵佳节。在这个喜庆团圆的美好日子里，今天下午，东亚文化之都——泉州、光州、横滨的朋友们欢聚一堂，共襄文化交流盛事，共商文化发展大计，这对于密切东亚各国之间的文化联系、合作，倡导亚洲共同价值来说，具有重要的现实意义。这也表明，泉州作为中国首个"东亚文化之都"，正依照中、韩、日三国文化部长会议签订的框架协议，携手光州、横滨，在促进东亚文化建设发展中担负起应有的责任和使命。

刚才，中华人民共和国文化部外联局局长张爱平先生、泉州市人民政府郑新聪市长在致辞中，表达了中国政府"东亚意识、文化交融、彼此欣赏"的交流合作诚意，表达了泉州市政府和泉州人民搭建和平友谊桥梁，促进东亚文化建设发展的愿望。

大家知道，亚洲是当今世界最具发展活力和潜力的地区之一，东亚又是亚洲文明底蕴深厚、经济实力雄厚的地区。

站在新的历史起点上，面向未来，中国政府提出了建设"丝绸之路经济带"、"21世纪海上丝绸之路"的战略构想，这将进一步密切中国与东亚等周边国家的友好关系和文化、经贸交流。在这样的背景下，泉州、光州、横滨合力开展"东亚文化之都"建设发展活动，更有深远的意义。

泉州将承接获评中国首个"东亚文化之都"的历史机遇,突出"东亚意识、文化交融、彼此欣赏",倡导"共生、和谐、创新",建设"影响东亚、面向世界的多元文化都市"。

下面,我以建设"影响东亚、面向世界的多元文化都市"为主题,代表"东亚文化之都·泉州"建设发展委员会,向各位朋友报告泉州的建设发展情况。

众所周知,从古至今,泉州历来以多元文化和海外交流而著称。早在中国唐朝时期,泉州就是中国对外贸易的四大口岸之一,到了宋元时期,泉州刺桐港更是与埃及的亚历山大港齐名于世,被誉为"东方第一大港",成为古代"海上丝绸之路"的重要起点。从那时起,泉州便与包括韩国、日本在内的100多个国家和地区通商贸易、相互往来,不同信仰、不同民族文化的人们在这里和平共处、繁衍生息,泉州成为东西方经济文化的聚集地和交汇点,被誉为"世界宗教博物馆"。也因此,联合国教科文组织将全球第一个"世界多元文化展示中心"定址在泉州。

泉州荣获"东亚文化之都",这不仅仅是对泉州历史文化成就和保护传承工作的肯定,更是寄予泉州加快文化复兴、转型,对传承久远的城市文化精神加以梳理、挖掘、演绎、弘扬的一份责任。这份荣誉的内涵,不仅仅是代表泉州自己,更是代表福建、代表中国,来履行传播中华文化,密切与东亚各国的联系,向世界展现独具魅力的亚洲文化精神家园的一份责任。建设"东亚文化之都",兑现承诺,履行责任,泉州任重道远。

基于这种清醒认识,在广泛听取各方专家和市民意见建议的基础上,泉州提出,举全市之力共同承担好、履行好这份崇高的责任。今年,泉州将重点安排100多场重大文化活动,组织万场群众文化活动;安排专项资金作为框架内的活动经费,并加大文化设施建设投入,全面、有序地向世界展示泉州"文化之都"的良好形象。

女士们、先生们、朋友们!

建设"东亚文化之都",不可能是一蹴而就的事业。我们始终认为,应该坚持高起点、高站位、高标准,以国际视野和长远眼光,着眼于未来的五年、十年后的发展,着眼于"促进什么、留下什么"来制订计划、安排项目。一时实现不了的,我们将把框架和接口预留出来,以更大的视野和胸怀,做好这

篇文章。为此,我们提出了建设"影响东亚、面向世界的多元文化都市"奋斗目标,明确了以"古城—古港—新区—全域联动"为核心的城市文化建设重点。

我们将实施"古城文化复兴计划":该计划旨在通过泉州古城西街片区保护改造,利用旧工业区转型提升和泉州当代艺术馆等项目建设的带动,把西街历史文化街区打造成泉州历史文化名城的"城市会客厅"和市民文化家园。我们将按照"统一规划、分步实施、功能置换、持续发展"的思路,分三个阶段实施,从而实现我们的目标。第一阶段,利用泉州古城西街的旧工厂作为起步区。大家上午参加了在这个区域举办的一些活动。我们用了三个月时间准备了这次活动的场地。在这次活动中,我们利用改造后的主会场空间及其周边建筑,以投影图像、实物展示和活态项目等方式,演示泉州古城未来文化复兴景象,配套举行泉州西街规划展示、西街音乐节、西街"民俗嘉年华"和当代艺术展、创意文化展等活动,打造"泉州西街"文化概念。第二阶段,重点实施西街片区保护利用工程,划分东西主功能区。东片区以历史文化街区为核心,打造名城"城市会客厅"和市民文化家园;西片区以泉州当代艺术馆为核心,打造泉州当代艺术和世界文化展示交流中心。我们已与国际著名建筑师和国内高端规划团队签署了委托规划设计协议,实质性启动了相关工作。第三阶段,对泉州古城"三片一线"核心区进行整体保护开发利用,在保护古城文化生态、延续历史文脉的前提下,有机融入当代艺术、文化创意、音乐体验、休闲娱乐等元素,营造新型多元文化业态,再现"市井十洲人"盛况,打造文化旅游核心品牌。

我们将实施"古港转型升级行动":该行动旨在响应中国政府提出的"建设21世纪海上丝绸之路"战略,发挥泉州作为古代海上丝绸之路起点的优势,以文化形式和业态,推动泉州建立21世纪海上丝绸之路建设先行区,展示泉州多元兼容并蓄、和谐共生开放的海洋文化。我们已着手进行相关策划,争取在2014文化之都活动年和以后一个时期,邀请瑞典仿古帆船"哥德堡号"访问泉州、策划"印象海丝"大型演出、筹办"海洋博览会",开辟"海上观光线路",向世人展示开放烂漫、通达包容的泉州。借力"东亚文化之都",我们拟通过规划建设"中国海外交通史博物馆",设立海丝论坛(包括经济、文化、城市等内容),兴建以仿宋古船为模型的"海丝文化博物馆",开通"海上丝绸之路文化旅游观光区"，配套建设世界古船模型制作基地、蟳埔民俗文化村，定期举办相关海丝文化活动。通过一系列举措，将刺桐古港转型升级为海丝文化展示、海丝文化产业开发、海丝文化主题休闲娱乐的重要基地，成为泉州融入海洋、面向世界的标志性经济文化港湾区。

我们将实施"新区城市文化综合体建设"：我们认为，建设"文化之都"，必须有文化的保护传承，必须有文化的交流合作，必须有文化的创新发展，因此，必须有面向当代、面向未来、面向世界、面向青少年的文化交流展示必备条件。为此，我们规划以"亚洲多元文化发展中心"为定位，以泉州新区（东海片区）拟布局的四栋花瓣型综合体建筑为主体，构建音乐艺术、图书博览、教育培训、文化传习、东亚艺术家（青少年）文化交流、市民文化广场等为一体，传统与现代相融合的"城市文化综合殿堂"，并通过市场化运作和引入专业管理团队，发挥资源优势，形成集聚效应，推进文化事业和文化产业并重发展，实现从资源、管理到运营等方面的一体化，最大程度提升区域的整体形象与集聚效应。同时，加大新区外围"四山两江"（即清源山、紫帽山、大坪山、桃花山和晋江、洛阳江）保护力度，推进城市休闲绿道、山线水线慢道建设，打造城市亲水平台，打造泉州亮丽外滩，提升城市新区人文品位，打造文化生活多元、民众参与度高的文化综合体。

我们将实施"全域文化资源联动提升"：建设"东亚文化之都·泉州"必将提升泉州全域的文化水平和质量，必须协同协作，形成合力，充分挖掘各县（市、区）与文化相关的特色产业、园区载体、历史街区、民俗风情、旅游服务等优势资源，打造一批百姓叫好、市场叫座的文化品牌，让全域民众受益。我们将在"东亚文化之都·2014泉州活动年"以及今后一段期间，有序举办辖域内各县（市、区）文化周活动，共同唱响"东亚文化之都·泉州"这台大戏，统筹各类博物馆、文化馆、图书馆、服务站、剧场建设，统筹安排全市现有场馆改造提升，推动文化资源数字化共享，在确保公益性的前提下，引入市场运营机制，引导和鼓励社会力量投资兴办公共文化实体，扩大文化传播覆盖面，建立"网上博物馆联盟"，建立全域文化联动长效机制，实现全市文化资源的有机整合。

女士们、先生们、朋友们！

我们知道，文化之都评选并不是比拼参选城市目前的国际声誉或文化

发展的高度,而是希望通过这个活动和途径,展示不同国家、不同地域之间文化的丰富多彩、特色与共性,增进国家与国家之间、城市与城市之间的文化交流合作,推动城市文化的传承保护、梳理提升和创新转型,将不成熟的文化内容挖掘提高到新的层次,给举办城市的文化发展带来长久的推动力,秉承这一理念:

我们将全力建好闽南文化生态保护区。闽南文化是以泉州、漳州、厦门和台湾地区为核心的闽南方言区域的特色文化,是中华文化的一朵奇葩。泉州是闽南文化的主要发源地,是闽南文化生态保护区的核心区和文化遗产的富集区,非物质文化遗产项目众多。在推进"东亚文化之都"建设中,我们将切实重视和加强非物质文化遗产的保护和传承,着力创新工作方法,梳理建立起更加规范、合理的非物质文化遗产分类,制定有效措施,加大对非物质文化遗产保护传承工作的投入,进一步固化、提升泉州代表性的非遗项目,进一步强化保护诸如海丝文化、武术文化、民俗文化、香道文化、茶道文化等在海内外有广泛影响的文化遗产。同时,加强非物质文化遗产的展示,在"东亚文化之都"系列活动中策划若干集中展示泉州非物质文化遗产保护成果的项目,加强文化遗产保护传承的研究,推进文化遗产保护工作形成体系化。

我们将大力实施文化产业倍增计划。着眼加强与光州、横滨和对外的文化产业合作,着眼于促进城市产业业态的文化转型,我们已经形成产业行动计划,正加快实施文化产业项目带动战略,通过规划引导、政策扶持、经济激励等手段,建设一批特色明显、在区域内外有一定影响的文化产业园区和基地,培育扶持一批优势企业,鼓励中小文化企业向"专、精、特、新"方向发展,形成独具特色和活力的文化产业企业群体。我们正加快实施文化产业倍增计划,重点发展创意设计、数字动漫、音乐体验、出版印刷、文化旅游、工艺美术等文化产业,充分挖掘各县(市、区)特色文化和产业优势,构建完善文化产业公共服务平台和创意、融资平台,汇聚各方力量,打响"文化泉州"品牌,走出一条以文化引领城市未来、以文化产业合作促进国际城市间友好交流的新型发展道路。

我们将努力创建全国公共文化服务体系示范区。文化发展最终的目的是民众参与、民众受益。"东亚文化之都"应该成为为民众提供公共文化服务的示范区。本着这份自觉和责任,泉州将统筹规划、加大投入,努力形成覆盖城乡、结构合理、功能健全、实用高效的公共文化设施网络。建立引导机制和激励导向,充分发挥民营经济优势,逐步形成以政府投入为主、社会力量积极参与的公共文化服务投入保障机制。我们将深入实施"文化惠民"工程,把设施建设和服务机制建设等软硬件建设有机统一起来,带动城市文化发展更充分地让民众真正受益,从整体上促进市民文化素质和城市文明形势的提升。

女士们、先生们、朋友们!

建设发展好"东亚文化之都"泉州,代表的不仅仅是泉州的文化形象,更代表了国家的文化形象,是展现给亚洲、给世界的一个窗口。发挥好对外文化交流合作的主渠道、主平台作用,是泉州肩负的重要使命。秉承"东亚意识、文化交融、彼此欣赏"的理念:

我们将致力构建中韩日交流平台。筹建东亚文化之都文献信息中心,搜集、保存东亚文化之都项目的相关信息资料,分享东亚文化之都项目的成功经验,促进东亚各国城市之间的交流。携手光州、横滨,重点策划中韩日传统音乐会、光州文化周、横滨文化周、美术家邀请展等,策划共同举办东亚文化节。筹划构建中日动漫节、中韩姓氏源流学术论坛、中韩日海上商贸论坛等交流平台,建立媒体互访、交流、协作机制,服务三边文化交流、商贸往来和宣传互动。

我们将致力构建"21世纪海上丝绸之路"交流平台。响应中国政府"建设21世纪海上丝绸之路"战略构想,邀请包括东南亚各国及东盟其他国家沿海城市的市长来泉州,参加"21世纪海上丝绸之路"城市论坛,倡议建立"21世纪海上丝绸之路"城市联盟;联合"海丝"沿途港口城市,组建"世界海港城市联盟",推动联盟城市间的经济文化往来,推动开展"海上丝绸之路"主题活动。充分发挥泉州侨乡优势,加强与东南亚以及其他地域的文化交流,在"共生、和谐、创新"中共同提炼、倡导亚洲文化价值。

我们将致力构建国际性文化交流平台。争取国家部委支持,在首个"东亚文化之都"泉州永久设立"中欧文化之都论坛",以此为平台促进中国"东亚文化之都"与"欧洲文化之都"之间的深层次交流。筹划构建"东亚文化之都·泉州国际友城青少年交流平台",深化"东亚文化之都"青少年文化交

流。继续举办国际木偶节,促进东亚和全世界木偶团体及艺术家的沟通交流。规划举办有国际影响的泉州艺术展、泉州国际民俗摄影双年展等大型国际艺术展。结合中韩日民间学术团体的互动、学术论坛的举办,我们还将策划东亚三国香道文化、茶道文化、陶瓷文化等具有民间性、生活(产)性的大众交流活动。在泉州东海新区建设国际会展中心,作为举办国际大型文化展览、国际文化交流会议的重要场所。

在此,我们也诚挚邀请韩国、日本的朋友前来泉州参加系列活动,进行交流合作。

女士们、先生们、朋友们!

泉州市委书记黄少萍女士在中国文化部"东亚文化之都"终审评选会上承诺:给泉州一个机会,海内外 3000 万泉州人将合力与光州、横滨一道,将东亚文化的交流合作、传承保护和创新发展推向新的高潮!

目前,爱拼敢赢、诚实奋进的泉州人正认真履行着这一责任,积极兑现着这一庄严承诺。泉州乡贤捐资发起的当代艺术基金会、南音南戏发展基金会已经成立;全民参与建设"东亚文化之都"的热情正在兴起,与光州、横滨和东亚各国人民之间交流合作的活动项目正扎实推进。我们相信:在海内外 3000 万泉州人的不懈努力下,在各方的大力支持下,建设影响东亚、面向世界的多元文化都市目标一定能够实现。

女士们、先生们、朋友们!

中国有句古话,叫"国之交在于民相亲",而我们今天则是"民相亲在于文相汇"。因为,文化是联结各国人民最牢固的精神纽带。加强中韩日三国的交流合作,符合三国人民的共同利益,符合东亚区域内各国和平发展的利益。泉州将与光州、横滨一起,密切东亚文化联系与历史纽带,求同存异,共同提炼"亚洲价值",向世界展现独具魅力的亚洲文化精神家园。我们期望通过"东亚文化之都"的建设,促进东亚人民的友好交流与合作,共创更加美好的未来。

2014 年是中国农历新年马年,在此,衷心祝愿在座的各位来宾及三市人民马到成功!祝愿中韩日三国更加繁荣昌盛!

谢谢大家!

◎ 陈庆宗时任中共泉州市委常委、宣传部长、教育工委书记

"东亚文化之都"论坛工作总结

按照建发委的部署,学术交流组在上级领导的关心指导下,在各成员单位的共同努力下,顺利完成了论坛的各项工作,取得了良好的社会影响,达到了预期目标,现将有关工作情况报告如下:

一、群策群力,凝聚各方力量和智慧

按市委部署,建发委学术交流组成员单位有市社科联、中国闽台缘博物馆、市文广新局、市海交馆,市社科联主席吴少锋担任组长,副组长分别由有关单位的相关负责同志担任,各有关责任单位均积极安排工作人员分头负责有关事项的落实。社科联作为组长单位先后6次组织召开组长碰头会,听取各方的意见建议,在大家的共同努力下,组长会议对论坛的各个工作环节形成共识,对各项具体工作进行了部署和分工落实。此外,还于1月20日、2月10日先后两次召开专家学者座谈会,征求社科界的意见建议,有30多人次的专家学者参加了会议,与会人员从论坛的组织形式、邀请人员的分布、交流互动的内容等各个细节对论坛工作的组织实施提出了意见建议。学术交流组虚心听取了社科界专家学者的意见,充分吸收、综合各方建设性的意见,不断调整论坛工作的方案,并及时向建发委报告,根据建发委的要求和指示,对论坛各个环节进行确定、落实。

二、积极运作,各项工作有序推进

(一)制定工作方案。按照建发委的部署和指示,学术交流组先后多次向建发委汇报工作进展,开幕系列活动之"东亚文化之都"论坛工作方案几易其稿。在"文化引领未来"的主题下,论坛名称先后设计为"市长论坛"、"城市论坛"、"发展论坛"、"建设论坛",最后经市领导审定将名称确定为"'东亚文化之都'论坛"。论坛形式先是设计为首届"东亚文化之都"三个城市的市长(城市代表)就各自城市文化资源保护、文化建设和发展以及城市之间文化交流等问题作主旨演讲,与会城市代表现场问答和互动,最后确定为大会演讲、圆桌会议两个环节,大会演讲由首届"东亚文化之都"三个城市(日本横滨、韩国光州、中国泉州)的城市代表就各自城市文化资源保护、文化建设和发展以及城市之间文化交流等问题分别主旨演讲;圆桌会议由首届东亚文化之都城市代表、有关专家学者代表,围绕如何建设文化之都,三个首届文化之都城市间如何开展交流、合作,并针对各个城市代表的主旨演讲内容进行互动。

(二)明确工作重点。文化之都城市间的交流,不仅是展示本城市的形象,更代表本国的形象。为此,学术交流组将有关演讲文稿和重要出席嘉宾的落实作为各项工作的重中之重,高度重视有关发言材料内容的审定、宣传,有关领导的致辞、主旨演讲、主持词等文字材料均一一报建发委定稿,并在第一时间及时送达翻译人员,确保信息内容能够准确无误地在论坛中得到展示。对致辞领导、演讲嘉宾、主持人、重点学者代表的邀请、落实等重要工作,学术交流组特别重视,反复与建发委沟通协调,几位组长、副组长分头联系有关专家学者,做好接待等后勤保障,分工落实,确保有关人员能按计划到位。大会期间,文化部外联局局长张爱平、市长郑新聪、副市长李建辉、政协副主席骆沙鸣以及韩日城市代表团成员等各级领导近40人参加了论坛大会。大会邀请对我市文化研究方面有一定造诣和社会影响力的专家,有泉籍在外工作的,也有外地研究泉州文化的,分别来自清华大学、复旦大学、厦门大学、福建师范大学、福建社科院等单位的9位专家均按时来向论坛报到,参加圆桌会议的交流,保证了论坛的学术水准。

（三）营造论坛氛围。为保证工作的顺利进行，有关责任单位安排了近40位工作人员、8位志愿者参加了有关工作，各项工作任务开展得紧张有序。市社科联负责有关专家、听众的邀请。按照工作方案，论坛的第一个环节需要组织大约200人参加，时间紧、任务重，学术交流组克服各高校师生仍在寒假中等各种困难，组织我市各高校、社科研究机构、社科社团、社科普及基地等单位的专家（师生）代表270多人准时参加了论坛大会，大会座无虚席，气氛热烈。中国闽台缘博物馆在印制论坛背景板，制作、分发出席证，场地布置等方面做了大量细致而周密的工作。特别是本次论坛大会演讲、圆桌会议均采用同声传译，保证了中韩日三方与会人员的交流，能够顺畅和高效。泉州海外交通史博物馆在约请、接待部分重要嘉宾以及有关文字材料的修改等方面做了大量工作。各责任单位相互协调、分工合作，确保了论坛活动的顺利完成。

三、准备充分，论坛现场交流活跃

2月14日下午，论坛的大会演讲、圆桌会议环节均按时举行，现场气氛活跃，取得了圆满成功。文化部外联局局长张爱平、泉州市市长郑新聪出席大会并致辞，对中韩日三国文化交流的创新升级、务实合作提出良好的祝愿。韩国光州城市代表东亚文化之都促进委员会委员长郑东采，日本横滨城市代表执行委员会副委员长、大阪市立大学教授佐佐木·雅幸，中国泉州城市代表东亚文化之都建设发展委员会常务副主任、泉州市委常委、宣传部部长陈庆宗，分别代表所在城市作主旨演讲，介绍了所在城市在文化建设方面所做的工作，以及未来文化产业发展的规划，三个城市都对未来的交流合作提出了希望以及具体的计划。圆桌会议期间，来自三个城市的专家学者代表开展了热烈的讨论，他们结合各自的研究成果、所在城市的建设实践和发展规划，介绍了自己的心得体会，并针对很多共同关注的话题进行了深入的探讨。来自清华大学、厦门大学、福建师范大学、福建省社科院、华侨大学、泉州师范学院、泉州海外交通史博物馆等单位的专家纷纷发言，既对我市文化发展的情况进行分析阐述，建言献策，也抓住这难得的机会连连向韩、日的专家发问请教。三国专家频频互动，现场交流此起彼伏，参会专家

争相发言,原定一个小时的座谈持续了近二个小时才告结束。

四、注重宣传,社会影响面广

本次论坛作为东亚文化之都·2014泉州活动年开幕系列活动的一个重要组成部分,积极参与建发委的集体宣传活动,以更好地宣传本次论坛。组长吴少锋多次接受记者的专访,并于2月13日出席了建发委组织召开的新闻发布会,向各媒体介绍论坛的有关情况。论坛期间,多家新闻媒体来到现场进行采访,学术交流组按新闻宣传组的要求积极为前来参会的媒体记者提供新闻素材。论坛结束后,中央、省、市等众多网络媒体和平面媒体作了专题报道,新华网有"东亚文化之都论坛呼吁在多样性中寻求文化共通点"的报道,中国新闻网有"中日韩代表建言求同存异建设'东亚文化之都'"的报道,东南网有"'东亚文化之都'论坛举行三地交流文化心得"的报道,《泉州晚报》在2月15日第1版和第3版作了专栏报道,《东南早报》在2月15日A10版作了整版的专题报道,泉州网、泉州广播电视台、《海峡都市报》等媒体也都作了报道。

新世纪丝绸之路经济论坛

【编者按】

2014 年 2 月 23 日,"新世纪丝绸之路经济论坛"在福建泉州举行,"新世纪丝绸之路华媒万里行"活动同时举行启动仪式。

国务院侨办主任裘援平,国务院侨办副主任何亚非,中共福建省委常委、宣传部长李书磊,福建省副省长郑晓松,中国国际经济交流中心副理事长魏建国,中国国际贸促会副会长张伟,中国新闻社社长刘北宪,中共泉州市委书记黄少萍,泉州市市长郑新聪等领导、嘉宾,以及 20 多个国家的近 60 家海外华文媒体代表、中新社丝绸之路专家顾问团代表、丝绸之路沿线国家使节代表、丝绸之路沿线城市及企业代表、中国中央及地方政府相关部门负责人、专家学者代表等 200 余人出席了本次活动。

裘援平、何亚非、张伟等国家部委、研究机构的领导、专家在发言中,从不同角度阐述了陆海两条丝绸之路复兴的客观条件、重要意义,并就陆海两条丝绸之路建设提出意见和建议,对丝绸之路未来发展进行了探讨。郑晓松、黄少萍等领导从福建省、泉州市的实际出发,介绍了福建、泉州的历史优势、资源优势,以及在创造 21 世纪海上丝绸之路新辉煌方面的工作决心和思路。

"丝绸之路"大讲堂和"丝绸之路"商机对话会活动,由中央电视台著名主持人白岩松主持。在"丝绸之路"大讲堂环节,中国社科院亚太与全球战略研究院院长李向阳、中国国际问题研究所所长曲星、中国—东盟商务理事会执行理事长许宁宁逐一发言,分别向与会嘉宾介绍了在丝绸之路与中国经济发展、丝绸之路与亚太经济一体化、丝绸之路沿线经济现状、新丝路新商机等相关议题的研究成果。在"丝绸之路商机对话会"环节,泉州市市长郑新聪、香港永隆银行董事长马蔚华、西安市副市长韩松、中国—东盟投资合作基金总裁李耀、中国国际贸易促进会经济信息部副部长贾槐、著名海外时评家文扬围绕着"丝绸之路新商机在何处"、"沿线城市如何把握发展机遇"等问题展开了探讨。

新世纪丝绸之路经济论坛发言记录

主持人(中国新闻社总编辑章新新):"新世纪丝绸之路经济论坛暨丝绸之路华媒万里行"活动现在开始! 各位领导、各位嘉宾,同志们、朋友们,大家上午好!

今天我们相聚在"海上丝绸之路"的重要起点之一——泉州,举行"新世纪丝绸之路经济论坛",首先请允许我向大家介绍在主席台上就坐的领导和嘉宾:国务院侨办主任裘援平,国务院侨办副主任何亚非,中共福建省委常委、宣传部长李书磊,福建省副省长郑晓松,商务部原副部长、国际经济交流中心副理事长魏建国,中国国际贸易促进委员会副会长张伟,外交部国际经济司副司长刘劲松,商务部国际贸易谈判代表秘书局局长兼办公厅副主任、新闻发言人沈丹阳,中共泉州市委书记黄少萍,泉州市市长郑新聪,西安市副市长韩松,中国新闻社社长刘北宪。

我是中国新闻社总编辑章新新,出席今天论坛的还有中国社科院亚太与全球战略研究院院长李向阳,中国国际问题研究所所长曲星,中国国际贸易促进委员会经济信息部副部长贾槐,中国—东盟商务理事会执行理事长许宁宁,马来西亚驻华大使馆公使衔参赞翁忠义,中国—东盟投资合作基金总裁李耀,中共福建省委宣传部副部长、省网络新闻办主任卢承圣,福建省侨办主任杨辉,华侨大学校长贾益民,参加今天论坛的还有来自东盟、东亚等丝绸之路沿线国家和世界其他地区华文媒体的代表,各位专家学者代表,以及来自中央、福建、泉州市的朋友们,在此我代表中国新闻社对各位领导和嘉宾的到来表示热烈的欢迎和衷心的感谢!

今天上午的活动共有三个环节,下面开始第一个环节,由出席嘉宾致辞,首先有请国务院侨办主任裘援平致辞。

国务院侨办主任裘援平:

尊敬的中共福建省委常委、宣传部李书磊部长,福建省副省长郑晓松,尊敬的各位来宾、各位朋友,大家好!

2013年9月,习近平主席访问中亚四国期间,首次提出建设"丝绸之路经济带"的战略构想,得到沿线国家的积极回应,引起国际舆论的高度关注。同月,李克强总理在参观中国—东盟博览会展馆时,首次提出要铺就面向东盟的"海上丝绸之路"。现在推动新丝绸之路经济带和海上丝绸之路建设已作为中央作出的战略决策,写入了中共十八届三中全会《关于全面深化改革重大问题的决定》,被称为推进中国新一轮对外开放的重要举措,一幅面向新世纪的新丝绸之路伟大蓝图正徐徐展开。

两条丝绸之路一条沿陆,一条向海,途经地区在我国周边外交战略中具有重要位置。陆上丝绸之路的终端是充满蓬勃活力的亚太地区,中间联结资源丰富的中亚地区,西边通往欧洲发达经济体,沿线国家经济互补性强,互利共赢的合作潜力巨大。

东南亚对我国具有重要的战略意义,我国与东盟国家文化相通、血脉相亲,是天然的合作伙伴。"海上丝绸之路"将中国和东南亚国家临海港口城市串联起来,通过海上互联互通、港口城市合作机制、海洋经济合作等途径,最终形成"海上丝绸之路"。不仅将造福中国与东盟,而且能辐射南亚和中东。横跨欧亚的丝绸之路经济带与面向东盟的"海上丝绸之路"相得益彰,契合中国国内发展和对外开放战略,也体现了中国外交的战略布局。

习近平主席倡导的"丝绸之路经济带"和李克强总理阐述的"海上丝绸之路"是面向未来的新世纪丝绸之路,既与古老的陆海两条丝绸之路一脉相承,又体现了崭新的时代特点。从两个历史视角我们或许可以更加明白新世纪丝绸之路的时代内涵。

在新技术条件下,陆海两条丝绸之路都具备复兴的客观条件,铁路和公路运输技术的发展,极大降低了陆路运输成本,也解决了古丝绸之路运输量承载不足的缺憾。今天的技术已经把铁路修到世界屋脊;海运也比过去更加安全和高效,可以说,新丝绸之路是在新技术条件下对古老交通通道的复兴和拓展。其二,新世纪丝绸之路构想充分兼顾国际国内两方面需求,从国际角度看,新丝绸之路连接的是当今世界最活跃的板块——欧盟和亚太,但两条丝绸之路,特别是陆上丝绸之路沿线大部分国家还处于亚欧大陆板块的凹陷地带,发展经济是整个亚欧大陆的共同需求,这也构成陆海两条丝绸之路创建复兴的国际基础。从国内角度看,复兴两条丝绸之路能带动经济基础薄弱的中国中西部地区,走向开放的前沿地带。

丝绸之路,路在脚下,需要我们共同去拓展、拓宽。这里我代表中国国务院侨务办公室向海外华人华侨和包括中新社在内的全球华文媒体提出三点希望:

第一,希望海外华人华侨积极参与"新世纪丝绸之路"建设。当年许多来往于丝绸之路的华人沿着丝绸之路生根发芽,成为最早走向世界的华人移民,也带动了更多后来者,如今你们已经枝繁叶茂,盛开在两条丝绸之路的每个节点上,你们了解本土,也关注中国,相信你们可以也能够为"新世纪丝绸之路"建设做出贡献。

第二,希望全球华文媒体积极参与"新世纪丝绸之路"的报道。扎根海外、遍布全球的华文媒体连接着华侨华人与当地主流社会,推动着所在国与中国之间的交流合作。这一次也将成为"新世纪丝绸之路"建设的见证者和记录者,希望你们积极参与对"丝绸之路经济带"和"海上丝绸之路"的有关报道,向世界传播"新世纪丝绸之路"的理念。

第三,希望中新社引领全球华文媒体报道好"新世纪丝绸之路"。华文媒体遍布全球,中新社倡议成立的"世界华文媒体合作联盟"已成为世界上代表性最广泛、参与媒体最多的全球性华文媒体合作组织。中新社应利用好联盟的平台,引领全球华文媒体,向世界积极传递有关"新世纪丝绸之路"的理念,共筑一个伟大的"中国梦""地区梦""世界梦"。

朋友们,"新世纪丝绸之路"的构想将世界上最大的亚欧大陆更加紧密地联结在一起,不仅有利于促进贸易繁荣经济,也有利于中西方文明的交流与融合,还将促进不同民族、文化、族群之间的相互理解和包容。重新激活这两条古老贸易通道,对于沿途国家的经济建设、地区繁荣乃至世界经济、文明的平衡发展都具有重大的战略意义。可以说,这是一个"中国梦",也将

成为一个"地区梦"和"世界梦"。

在此,我呼吁今天在座的各位和不在座的,大家能够为这一梦想的实现凝心聚力、共谋大计。谢谢大家!

主持人:谢谢裘援平主任,下面有请福建省副省长郑晓松致辞。

福建省副省长郑晓松:

尊敬的各位领导、各位嘉宾、各位媒体朋友,大家上午好!

在这春意昂然充满生机的季节,非常高兴与大家相聚泉州这个古老而又崭新的城市,共同商讨"新世纪丝绸之路"的建设,启动"新世纪丝绸之路经济论坛暨新丝绸之路华媒万里行"活动。受中共福建省委常委、宣传部长李书磊先生的委托,我谨代表福建省委、省人民政府向各位领导、各位嘉宾、各位媒体朋友的到来表示热烈的祝贺,向大家长期以来对福建发展的关心支持表示衷心的感谢!

中央作出推进"丝绸之路经济带"和"海上丝绸之路"建设的战略部署,意义十分重大深远,对于福建来讲也是一次难得的历史机遇。历史上,福建是"海上丝绸之路"的主要发祥地,我们省的泉州港、福州港和漳州港在不同时期对"海丝"发挥了重要的作用。泉州是"海丝"最顶峰也就是宋元时期的主港,被誉为"东方第一大港"。福州在唐代中期至五代期间,是"海丝"的重要港口城市和经济文化中心,并与广州、扬州并列为唐代三大港口,福州长乐太平港是郑和七下西洋的重要基地。漳州在明代被誉为闽南一大都会,明朝末年从漳州月港出发的华侨华人足迹遍及"海丝"沿岸众多国家。

改革开放以来,福建与东南亚各国的交流合作十分的密切。目前聚居东南亚两千多万华人华侨当中,祖籍福建的有一千多万,占海外闽籍华侨华人的80%以上。2013年,福建与东盟双边贸易额达到242.9亿美元,实际利用东盟外资3.47亿美元,东盟已经成为福建第二大贸易伙伴和第四大外资来源地。截至2013年底,福建在东盟设立的境外企业和分支机构一共有156家,对外投资额达到4.5亿美元,东盟已成为民营企业走出去的重要地区。

基于历史地位和现有条件,福建提出了进一步加强和扩大与东盟及东南亚各国的经济、社会和人文全方位的交流与合作。加快融入21世纪海上丝绸之路建设的思路,并已作出了初步的研究和论证,近期将拿出总体规划和行动方案。

"新世纪丝绸之路经济论坛暨丝绸之路华媒万里行启动仪式"在福建举办,充分说明了福建在"海丝"中的特殊地位和作用,体现了中央有关部门和媒体对福建的关心和支持,也为我们听取与会专家和媒体朋友的真知灼见,进一步完善工作思路提供了难得的机会。我们将抓住这个机遇,发挥优势,推动福建与东盟政府机构、闽籍华侨华人社团和行业商协会之间常态化的沟通协调机制,推进"中国—东盟海上合作基金"项目建设,加强与东盟海洋经济、旅游、物流等合作,加快构筑海上互联互通网络,促进双向投资与贸易,密切人文交流与往来,精心组织舞蹈剧《丝海箫音》和《丝路帆远——海上丝绸之路文物精品展》赴东盟国家演出和巡展,推进青年智库、非政府组织、社会团体、媒体等的友好交流,增强相互了解,巩固和深化友谊。

各位领导、各位嘉宾、各位媒体朋友,作为"海上丝绸之路"的历史起点,福建得天独厚;作为新世纪海上丝绸之路的桥头堡,福建责无旁贷。我们将在国家有关部委的指导下,举全省之力,凝聚各方智慧,将历史的优势转化为加快发展的动力,让合作发展的友谊之船扬帆启航,再创 21 世纪海上丝绸之路的新辉煌。谢谢大家!

主持人:谢谢! 下面有请中国国际贸易促进会副会长张伟致辞。

中国国际贸易促进会副会长张伟:

各位领导、各位来宾、各位媒体朋友们,很高兴参加由中新社主办的"新世纪丝绸之路经济论坛暨华媒万里行启动仪式"。我谨代表贸易促进会对会议的举办表示热烈地祝贺。

从西汉王朝的张骞通西域到明朝郑和七下西洋,2000 多年来,丝绸之路不但开启了中国与海外的商贸合作,更成为东西方人文交流、友谊源远流长的象征。

近年来,中国与丝绸之路沿线国家和地区之间的经贸合作日益密切,人文交往也在不断增多。1992 年,中国与中亚五国的双方贸易额只有 4.6 亿美元,而 2012 年这个数字已经达到了 460 亿美元,增长了近 100 倍。作为"海上丝绸之路"的重要沿线区域,东盟国家与中国的经贸合作发展势头良

好,2012 年双方的贸易额突破了 4000 亿美元。在新的历史时期,作为东西方人文与经贸纽带的丝绸之路在促进区域合作与共同发展方面正在发挥着重大的作用。

为推动"丝绸之路经济带"的建设,中国贸易促进会、陕西省人民政府和有关部委以及相关机构,将于 2014 年 5 月 26 日在山西西安举办"第十八届中国东西部合作与投资贸易洽谈会暨丝绸之路国际博览会",活动将包括丝绸之路沿线国家馆展览展示、主体论坛、丝绸之路商协会合作圆桌会,以及投资贸易专题对接等活动,旨在打造中国与陆上丝绸之路沿线国家的经贸文化交往的展会,促进区域经济发展。在此,我也向在座的各位领导、来宾以及媒体的朋友们发出邀请,欢迎大家积极的关注、参与和报道这项活动。

在办好这项展览会的同时,我们正在积极推进"海上丝绸之路"的建设。当前,经济一体化的趋势决定了我国经济发展高度依赖海上通道。我国进出口总额已经跃升为世界第一,对外贸易约 90% 利用海上的运输,石油、铁矿石、煤炭等战略物资海运率高达 95% 以上。据学者们预测,如果马六甲海峡被封堵,将直接导致我国 GDP 下降约 20%。目前,国际上 16 条最主要的交通要道全部被某些大国控制。日本于 1997 年就提出了丝绸之路外交,美国国会 1999 年也通过《丝绸之路战略法案》,他们的设想都带有政治干涉的色彩,而中国的丝绸之路构想不干预别国的内政,不针对第三方,"21 世纪海上丝绸之路"通过多边金融合作来加强基础设施建设,发展海洋合作伙伴,增强和扩大海上经贸往来。

泉州是古代"海上丝绸之路"的起点,在唐代是我国四大外贸港口之一,历史文化积淀非常丰厚。另外,泉州的民营经济发达,海外移民众多,是我国著名的侨乡。如何立足自身优势,在 21 世纪海上丝绸之路建设中发挥更大的作用,更好地促进中外企业的交流与合作,是摆在我们面前的新课题和新机遇。中国贸促会正试图打造一个海上丝绸之路品牌博览会,建立一个丝路国家商协会圆桌会以及丝路国家企业洽谈会机制,推动中国品牌和丝路沿线国家的交流、合作、发展。让海上合作不仅仅是扩大经贸往来,也具有海上安全和地缘政治的意义。我们期待与各方的合作,来搭建和推动这一平台的建设。

最后,预祝"新丝绸之路华媒万里行"活动取得圆满成功。谢谢大家!

主持人：下面有请中共泉州市委书记黄少萍致辞。

中共泉州市委书记黄少萍：

尊敬的各位领导、各位嘉宾，今天，"新世纪丝绸之路经济论坛暨新丝绸之路华媒万里行"启动仪式在泉州举办，众多海内外专家学者、华文媒体齐聚泉州，共同解读中国丝绸之路历史、现实和未来。这对我们泉州展示"海丝"历史传承，建设"东亚文化之都"，打造 21 世纪丝绸之路先行区具有十分重要的意义。在此，我代表泉州市委、市政府和 836 万侨乡人民向各位领导、各界朋友表示热烈的欢迎，向中宣部、国务院侨办、中新社等上级单位为筹办这次活动所作出的努力表示由衷的敬意！

泉州，古称"刺桐"，是古代"海上丝绸之路"起点城市，是中国首批公布的历史文化名城。早在宋元时期，泉州就被誉为"东方第一大港"，和近百个国家和地区贸易往来；与之相伴随，古波斯、阿拉伯、印度和东南亚诸多文化在泉州广泛传播，并与中原文化、古闽越文化交汇交融、相生相长。

1991 年，联合国教科文组织进行海上丝绸之路考察活动，把泉州列为最重要的考察城市之一，并将全球首个世界多元文化交流中心确定在泉州。虽历经千年，泉州至今仍处处可见"海丝"遗存、"海丝"记忆，如九日山祈风石刻、天后宫等航海祭祀史迹，万寿塔、六胜塔等古代航标，伊斯兰清净寺和灵山圣墓，后渚港出土的泉州宋代古船等等。

素有海洋情结、爱拼敢赢精神的泉籍乡亲，沿着这条"海丝"之路走向世界。目前，分布在 5 大洲 129 个国家和地区的泉籍华侨华人达到 750 多万人，其中 90％以上分布在与"海丝"密切相关的东南亚国家。

2013 年 9 月，泉州凭借丰富的"海丝"的历史文化遗存，与韩国光州、日本横滨一起当选首届"东亚文化之都"。今年元宵节期间，泉州成功启动了"东亚文化之都"活动年，接下来我们将主动对接国家建设"21 世纪海上丝绸之路"战略，启动古港转型升级行动，努力谱写新丝路未来的美好乐章。

最后，预祝本次活动取得圆满成功，祝各位领导、各位嘉宾身体健康，工作顺利，谢谢！

主持人：下面有请马来西亚驻华大使馆公使衔参赞翁忠义致辞！

马来西亚驻华大使馆公使翁忠义：

尊敬的各位领导、各位嘉宾、各位媒体朋友们，女士们，先生们，大家早上好！

刚刚过去的 2013 年是东盟—中国建立战略伙伴关系十周年，2014 年是双方战略伙伴关系进入又一个十年的第一年，也是马中建交 40 周年纪念。中国有一句俗话，好的开始是成功的一半，今天举办的"新世纪丝绸之路经济论坛"正是营造一个好的开始。

马中双边关系这几年无论从政治、经贸和民间交流都发展得非常迅速。在贸易上，马来西亚是中国与东盟十国贸易中最大的合作伙伴，马中双边贸易占中国与东盟国家贸易额的约四分之一。根据中国海关最新的数据，马中贸易在 2013 年达 1060 亿美元，这使马来西亚成为继日本和韩国之后，与中国贸易额突破千亿的第三个亚洲国家。在投资方面，虽然在非金融领域存有不平衡的现象，但我们能够发现，很多中国企业对马来西亚的强项领域，尤其是在旅游、教育、绿色能源、生物燃料等方面表达投资兴趣。我们知道中国未来 5 年将在"走出去"战略下对海外投资 5000 亿美元，所以马来西亚也会积极争取把有关投资引进到马来西亚，让两国人民受惠。

女士们、先生们，马中关系近年发展的一个重要转折点就是两国"双园"的建设。中马分别设立了政府层面的"中马钦州产业园"和"马中关丹产业园"，同时促成中国企业参与马来西亚关丹港口的扩建项目，开创了中国和东盟国家互设国家级产业园的先河。这两国"双园"不仅可以有效利用中马双方资源、资金、技术和市场等互补优势，而且将有利于提升区域发展水平，促使中国与东盟国家的互联互通，为地方经济发展注入活力，创造就业机会。

马中关丹产业园位于马来西亚东海岸经济特区，距离关丹港 5 公里，距离马来西亚首都吉隆坡 200 公里。关丹港扩建一旦完成，将把马来西亚到广西钦州港航线时间从现有的 8 天，缩短到 3 至 4 天。届时，园区将依托独特的港口优势，服务马来西亚东海岸经济特区，面向中国沿海包括泉州在内的地区，辐射东南亚，努力建设成为马来西亚对外的开放门户。

最近习主席访马时，两国也签署了中马经济合作五年规划，为两国未来扩大与深化经贸合作走向奠定了基础。在这个规划下,两国也放眼在 2017 年,把双边贸易额提升到 1600 亿美元,这一系列经贸合作将有利于促进中马政治互信,有利于扩大两国贸易规模,推动相互投资和产业合作,有助于深化和扩展中国—东盟自贸区的建设,推进双方全面合作。

女士们、先生们,和中国的经济结构调整一样,马来西亚自 2010 年开始实行经济转型计划,重点发展高科技、知识和资金密集型的产业。这项计划预计在 2020 年为马来西亚国民总收入贡献 450 亿美元,以及创造 43 万新的就业机会。在这个计划下,马来西亚政府也确定了 12 个经济关键领域,为国家的经济效益带来更大的收益,包括石油与天然气、旅游、教育、保健、金融服务、商业服务、农业、通讯设施、棕榈油与橡胶、电子以及大吉隆坡计划等等。我相信这项计划必定能为中国企业带来无限商机。

马来西亚也是一个非常开放的经济体,迄今已完成与日本、巴基斯坦、新西兰、澳大利亚、智利、印度的双边自由贸易协议,与土耳其和欧盟的谈判正在进行。作为东盟成员国之一,马来西亚也与中国、韩国、日本、印度、澳大利亚及新西兰签署了自由贸易协议。马来西亚非常积极推动东盟经济体的建设,也参与跨太平洋伙伴关系(TPP)和 RCEP 谈判。中国企业若把马来西亚作为其区域的贸易和投资枢纽,必定能够争取到更庞大的市场。

总体而言,马来西亚的各种优势包括地理、政局稳定、法制健全、基础设施完善、多种语言优势、员工素质高,都应成为中国企业考虑把马来西亚作为最佳投资者的理由。最近世界银行的报告显示,马来西亚在经商便利度方面的排名,已从 2013 年的第 12 位跃升到 2014 年的第 6 位。最重要的是,马来西亚政府非常欢迎和鼓励中国企业来投资。

在众人眼里,马是个有着非常广阔胸襟和充沛精力的属相。我希望在马年,中马经贸合作无论在民间或政府层面,能一马当先做出创新突破,取得巨大飞跃,共同克服全球经济形势的挑战。

最后,预祝本次论坛成功,祝大家马到功成,马年吉祥,也祝马中友谊永固。谢谢!

主持人:下面有请中国新闻社社长刘北宪致辞。

中国新闻社社长刘北宪：

尊敬的各位来宾、各位朋友,大家上午好! 首先请允许我代表中国新闻社对大家莅临这次"新世纪丝绸之路经济论坛"表示衷心的感谢! 当然,我要特别感谢这次来参加会议的专家学者们,今天的专家学者可谓集一时之盛,智慧激荡之际,将给我们带来一场思想的盛宴,所以我特别对他们表示衷心的感谢。同时,我也要特别感谢援平主任,她昨天从加拿大飞回北京,没有进家门,在机场转机,风尘仆仆赶来泉州参加我们的论坛,一方面说明了对我们论坛的重视,另一方面说明国务院侨办对推动"一带一路"建设的大力支持。

今天,我们相聚在"海上丝绸之路"的重要起点之一泉州,这座文化底蕴深厚的历史名城和著名侨乡,来召开这样一次群英荟萃的论坛,可谓恰逢其时,意义重大。中国新一届中央领导集体提出了推动"丝绸之路经济带"和"21世纪海上丝绸之路"建设的宏伟设想,这是中国对外开放和经济发展的重大战略决策。"一带一路"建设是一项重要且复杂的系统工程,涉及很多方面深层次的问题。新世纪丝绸之路决不是历史上古老丝绸之路的简单复制,因为历史条件已经发生了根本的变化。

为此,我们邀请了中央政府部门及丝绸之路沿线地方政府的官员来进行政策解读,还邀请了重要智库权威专家、企业届代表共同献计献策。我们希望通过这次论坛探讨建设新世纪丝绸之路崭新的时代意义,同时也挖掘丝绸之路的历史文化内涵。

"一带一路"的战略构想是习近平总书记提出的伟大"中国梦"理念和战略的合理延伸,它让我们不会再感觉到风不知道从哪个方向来,这是一股强劲的东风,我们将凭借这个东风开创中国改革开放的新局面。

"一带一路"不是要建设中国独大的专属经济带,而是要创建合作共赢、同享共惠的普惠经济带。"一带一路"的新构想,是中国"睦邻、安邻、富邻"政策的延续,体现了中国政府在坚持全球经济开放、自由、合作的主旨下,促进世界经济繁荣的崭新实践。

在本次论坛上,我们还邀请了丝绸之路沿线国家驻华使节代表、中国国际贸促会、中国—东盟商务理事会等机构的负责人以及20多个国家和地区的海外华文媒体代表参加,共同探讨如何推动丝绸之路沿线各国合共赢并挖掘合作的机遇,如何引导利用丝绸之路和沿线各国的华商资源,如何推动全球华文媒体向世界积极传递有关"新世纪丝绸之路"的理念等话题。

我们举办这次活动意在配合中央推进建设"丝绸之路经济带"和"21世纪海上丝绸之路"这一重大的历史性战略构想。面向全世界华侨华人介绍建设新世纪陆海两条丝绸之路的重要意义。我们的记者将以文图、报刊、特稿、视频、网络、微博等全媒体形式,向海内外公众传播各位的真知灼见。

稍后,我们还将正式启动"新丝绸之路华媒万里行"活动,中新社记者将联合东盟和中亚各所在国的华文媒体,对"一带一路"进行全方位的报道,采访所形成的文、图、视频等稿件,将在全球华文媒体上广为刊载传播,让"新世纪丝绸之路"的声音和故事传之四海,深入人心。

各位,我们期待这是一次智慧的结晶纷至沓来,思想的火花精彩绽放的论坛。让我们共同为此而努力。谢谢大家!

主持人:中新社为举办本次论坛和开展其后相关的系列活动,还聘请了阵容强大的专家顾问团,下面由我宣读顾问团名单,他们是:中国海外交流协会副会长何亚非,中国国际经济交流中心常务副理事长郑新立,中国国际经济交流中心副理事长魏建国,香港永隆银行董事长马蔚华,中国社会科学院亚太与全球战略研究院院长李向阳,国务院发展研究中心发展战略和区域经济研究部部长侯永志,国家发改委宏观经济研究院常务副院长王一鸣,商务部国际贸易经济合作研究院院长霍建国,中国国际问题研究所所长曲星,中国人民对外友好协会秘书长李希奎,中国—东盟商务理事会执行理事长许宁宁,中国国际经济关系学会常务理事于培伟,国家发改委学术委员会秘书长张燕生,中国国际经济交流中心咨询研究部副部长王军,国家发改委宏观经济研究院科研部副主任、研究员史育龙,北京大学南亚学系主任、印度研究中心副主任姜景奎。

下面开始第二个环节论坛主题演讲,首先有请国务院侨办副主任、中国海外交流协会副会长何亚非先生演讲。

国务院侨办副主任何亚非:

尊敬的各位来宾、各位朋友,很高兴来到泉州参加"新世纪丝绸之路经

济论坛暨新丝绸之路华媒万里行"活动启动仪式。我想讲三个方面的问题，我们的海上丝绸之路、陆上丝绸之路实际开始于 2000 多年以前的秦汉时期。这两条路的开拓，有力地推动了东西方之间的交流，把中国和外部世界更加紧密地联系在了一起，谱写了人类文明史上文化交流、经贸交往的绚丽篇章。

2013 年，习近平总书记在中亚和东南亚访问期间，分别提出了建设"丝绸之路经济带"和"21 世纪海上丝绸之路"的战略构想，赋予这两条古丝绸之路新的时代内涵和使命，赢得了许多国家的强烈共鸣，也引起国际社会广泛的关注。

中共十八届三中全会强调，要加快同周边国家和区域的基础设施的互联互通建设，推动"丝绸之路经济带"和"海上丝绸之路"建设，形成全方位开放的新格局。自那以后，从中央到中西部、沿海各省份都在进行战略谋划和具体的设计。东盟国家、中亚国家以及俄罗斯、印度等中国的邻国给予积极的回应，他们希望中国的"一带一路"建设与他们国家和地区的发展战略相衔接。这充分体现了"一带一路"建设所蕴涵的巨大发展机遇和潜力。

我想先讲一下建设两条丝绸之路的重大意义。中国地处亚欧大陆的东部，既是陆地大国，也是海洋大国。从广义上说，我们周边国家多达 29 个，这些周边国家在历史、政治、文化、经济等方面的丰富多样和差异，决定了中国周边关系的特别复杂性。其中有三点重要意义值得我们关注。

首先，"一带一路"的建设是互利多赢、破解难题的战略举措。随着中国改革开放不断扩大，更深的融入经济全球化，周边已经成为中国重要战略依托和发展利益、海外安全风险挑战最直接、最集中的地区。特别是在后金融危机时代，区域的格局在发生显著的变化。美国为保持全球领先地位，加紧构建亚洲版"北约"，将反导系统部署前移，积极的推进跨太平洋伙伴关系协议的谈判，实行亚洲再平衡政策。美国的做法削弱了中美战略互信，客观上刺激了个别国家的领土和海洋权益的要求，加上周边部分国家对中国的发展、壮大还有一定的忧虑和误解，更加深了中国周边环境的复杂性和不稳定性。如何应对这样的复杂局面已经成为中国地区战略和全球战略的一大挑战。我们能否巩固发展的战略机遇期，实现中国民族伟大复兴的"中国梦"，首先取决于稳定和发展好周边关系。这是"一带一路"建设的第一个重要意义,它是破解难题的重要举措。

第二,"一带一路"建设是中国积极参与 21 世纪全球治理新秩序顶层设计的主动作为,是中国坚定不移的致力于维护世界和平、促进共同发展战略思想的具体体现。它不仅将成为中国与欧亚、东南亚及其他沿线国家之间加强基础设施互联互通、深化经贸投资合作、拓展文化交流融合、促进普惠共赢发展的战略契合点,还将促进战略互信,有助于同周边国家增进互信,增进共识,搁置争议,促进双边和多边关系的稳定发展,为地区和平与繁荣营造良好的氛围。

"一带一路"建设立足亚洲,惠及全球,将来"一带"会逐步的涵盖和辐射中东欧、西欧,以及西亚、北非等广泛地区;"一路"将延伸到印度洋、中东、非洲和地中海的国家。

第三,"一带一路"建设对中国来说,对打造中国经济升级版十分重要。因为这种全方位的交流合作将涵盖铁路、公路、航空、海运、电信、金融、旅游、现代农业等许多行业,将给中国带来有效扩大内需和经济转型升级的全新机遇,有助于保障中国持续发展所需要的能源、资源和通道要求。它对于中国推动缩小地区城乡发展差距的中西部大开发、城镇化进程都将提供新的动力,它还将对中国企业走出去,转移对中国来说是过剩的产能,于周边国家恰恰是经济发展所需要的有效产能,推动人民币区域化和人民币国际化的进程,都将开辟新的重要渠道。

第二个方面,我想讲一下"一带一路"建设的现实基础。

亚洲目前是世界上最大的制造业基地和产业布局集中地,拥有最庞大的消费群体,也已经成为最具发展活力和潜力的地区,是推动全球经济增长的主要引擎。我们可以从两个方面来认识建设"一带一路"的基础条件。

首先,"一带一路"将与亚洲经济一体化进程相辅相成。亚洲一体化已经形成了东盟、上合组织、南亚区域合作联盟、海湾合作委员会等地区合作组织,形成了东盟与中、日、韩等合作机制,以及范围更加广泛的亚太经合组织。中国今年还要主持召开亚太经合组织峰会。亚洲内部贸易的相互依存度已经超过 50%,经济融合的步伐加快。亚洲经济实力提升、区域经济融合得更加紧密,有效增强了亚洲抵御外部风险的能力。当前,欧、美、日经济体都很困难,世界经济走势充满了风险和变数。对于部分新兴经济体特别是

债务、赤字风险高,经济严重依赖于资源出口的国家,新一轮的危机正在逼近。

亚洲要保持经济稳定发展,减少不确定因素的负面影响,"一带一路"的建设或许就是我们亚洲的机会。"一带一路"建设将推动亚洲经济合作进一步走强、走实。因为现在亚洲的经济发展受到很多制约的因素,比如倚重外部需求的出口导向型经济,创新能力、生产效率欠缺,现代服务业在经济中的比重比较低,收入差距悬殊,能源资源供给存在瓶颈和风险等等,要解决这些问题不仅需要亚洲各国进行国内的改革,更加需要亚洲国家之间相互间的协同合作。这里,"一带一路"的建设就凸现了它的重要性。

第二个基础,我认为是中国长期坚持和平发展、互利共赢,不断增进与周边国家的友好合作,为"一带一路"的建设打下了坚实的基础。

我们有良好的政治基础,就"一带"而言,首先是不断迈向更高水平的中俄全面战略协作伙伴关系,习近平主席最近出席索契冬奥会就是重要的标志。同时,中国同中亚国家关系处于最好时期,20多年来,我们与中亚国家解决了历史遗留的边界问题,同他们都已经建立了战略伙伴关系,并且通过上合组织深化全方位的合作。同建交初期相比,中国同中亚国家的贸易增长了100多倍,交通能源领域的合作显著,油气合作成果突出。就"一路"而言,中国已经创下多个"第一",作为域外国家第一个加入东南亚合作友好条约,第一个与东盟结成战略伙伴,第一个与东盟启动自贸区谈判。我们与东盟已经走过了战略伙伴关系的黄金十年,正在努力开创新的钻石十年,通过进一步开拓货物贸易、服务贸易和投资市场,力争2020年双边贸易达到1万亿美元,新增双向投资1500亿美元。中国与南亚国家也在共建自贸区。

最后,我想谈一下对建设"一带一路"的一些思考和建议。"一带一路"的建设是一项复杂的系统工程,包含地域安全、对外开放、转变发展方式、区域经济一体化、不同文明对话等丰富的内涵,不可能一蹴而就,要有打持久战的思想准备。要统筹规划,坚定推进,努力做到五个紧密的结合。

第一,将"一带一路"建设与构建稳固周边环境紧密结合。周边是中国的安生利民之所,发展繁荣之机,要充分发挥与周边国家来往频繁、地缘相近、文化相通、华人众多的优势,以推进"一带一路"建设为契机,深入贯彻"亲、诚、惠、融"的周边外交理念,努力寻求利益交汇点、文化交融点和历史交流点,让发展的成果惠及周边国家,让命运共同体的意识在周边国家落地生根,使周边国家成为同中国的政治关系更加友好,经济纽带更加牢固,安全合作更加深化,人文联系更加紧密的可靠战略依托。

第二,将"一带一路"建设与深化改革、扩大开放紧密的结合。改革开放成就了今天的中国,更是未来中国发展进步的最大动力和最大红利。所以,在"一带一路"的建设中要赢得先机,需要三中全会所决定的通过全面深化改革和扩大开放,使市场在资源配置中起到决定性作用,并且更好的发挥政府的作用。不断完善互利共赢、多元平衡、安全高效的开放型经济体系,努力促进沿海、内陆和沿边的开放优势互补。在"一带一路"沿途设立各类自由贸易园区、金融改革试验区,促进产业结构转型升级和国内国际投资的便捷化、自由化,引领区域和国际经济合作与竞争。

第三,将"一带一路"的建设与全球治理体系的改革紧密的结合起来。当代国际经济秩序是二战以后由美国和西方国家建立起来的,主要体现西方的利益。国际金融危机暴露出全球治理体系和能力的种种弊端,激发了国际社会强烈变革的愿望。

现在代表性比较平衡的二十国集团峰会机制已经成为全球经济治理的主要平台。但是,北强南弱的力量对比还没有发生根本的变化,二十国集团、国际货币基金组织、世界银行等重要的全球治理机制主导权还掌握在西方发达国家手中。

"一带一路"的建设涵盖众多新兴经济体和发展中国家,涉及区域的经济合作、区域的治理和全球治理,我们要抓住机遇,发挥"一带一路"对区域一体化的示范效应,团结更多的国家,汇聚更多的变革能量,推动全球治理改革朝着更加公正、合理的方向发展。

第四,将"一带一路"的建设与公共外交紧密的结合起来。现在各国普遍重视软实力的建设,重视公共外交和对外宣传的重要作用。长期以来,西方国家掌握了全球的信息流通系统,主导国际话语权,对外输出意识形态、价值观念和西方文化。随着互联网和社交媒体的普及,西方对舆论的影响力更加明显。而且不断干扰中国内政外交大局。

建设"一带一路",我们既要体现硬实力,也要体现软实力。在积极扩大经济和贸易往来的同时,要推动以文化交流为主要载体的民间交往,大力开

展公共外交。加强国际传播能力建设,努力把握对外宣传主动权,讲好中国故事,表明中国的发展对各国都是机遇,有利于周边的稳定与繁荣。我们这次华媒万里行活动就是一个很好的开端。

第五,将"一带一路"的建设与华商经济紧密的结合起来。据估算,东南亚华人华侨超过 3000 万,东盟地区华商的经济实力非常雄厚。统计表明,2009 年,全球华商企业总资产大约是 39000 亿美元,其中东南亚华商经济总量约 11000 至 12000 亿美元。世界华商 500 强中间有三分之一在东盟国家,在东南亚证券交易市场上市企业中,华人上市公司大约占 70%。在中亚、南亚地区同样有许多华人华侨和重要的华商经系。海外侨胞有雄厚的经济科技实力,成熟的生产营销网络,广泛的政界商界人脉,以及沟通中国与其他国家的独特优势。要充分发挥他们在"一带一路"建设中的最大潜力和作用,使华商经系与"一带一路"建设、推动区域经济一体化有机的衔接,相得益彰,实现多赢。

最后,祝这次论坛取得圆满成功。谢谢大家!

主持人:下面有请中国国际经济交流中心副理事长魏建国先生发表演讲。

中国国际经济交流中心副理事长魏建国:

昨天在新加坡,由美国主导的跨太平洋战略经济伙伴关系协定(TPP)的部长级会议开幕了。在这次会议上,一个最重要的议题是各国代表将决定 TPP 的关税例外产品目录,也就是说就 TPP 的关税协定将达成最终的协定。我们且不说,TPP 的谈判按计划、按美国的要求应在去年年底达成,但谈判一直拖到今天。更不用说,上一周法国总统奥朗德在美国会见奥巴马总统时,奥巴马再次强调"最好能用两年时间解决 TPP 的谈判过程"。先说目前美国加速的步伐,充分表明了美国面对中国经济快速的发展以及软实力的不断增强,心中不仅是不安,更是恐惧。美国当前要急于制订一个双边、多边或者区域的自贸协定,也就是我们说的"一中两翼"。通过这"两翼"剥夺中国在世界贸易投资中的制定规则权、话语权,也就是说企图再次将中国推到当初未能加入 WTO 之前,那种在整个全球贸易体系之外的境地。应该看到,奥巴马在 2011 年 APEC 会议提出 TPP 以后,其目的和企图就十分明显。美国商务部部长古铁雷斯说过,在 WTO 上,美国已经没有好处和利益可得,WTO 使中国得到了最大的好处。确实,我们统计过,如果说 2001 年加入 WTO 之前十年,中国的外贸发展是每年以 10% 的速度发展的话,那么 2001 年到 2011 年加入 WTO 十年以后,中国的外贸平均发展速度是 22.3%。尤其是纺织品呈现井喷式的发展。美国对中国的迅速崛起一直有着很多的部署,在这一点上,美国智库出了很多的"高招",比如说人民币被低估 40%,这种"高招"对中国下一步的经济影响是十分明显的。

但是,我们应该看到,中央决定制定"丝绸之路经济带"和"海上丝绸之路","一带一路"的建设是我们下一步整个中国经济战略崛起的两大布局。我不太同意一些专家所说,是"两个棋子"。我个人认为,这是整个战略的两个方面军,更重要的是海上丝绸之路。海上丝绸之路涵盖东盟、中东、南亚和非洲 96 个国家和地区,1.75 万亿的贸易额约占我国去年贸易总量的 42%。这个地区尤其资源丰富,自然资源非常好,交通运输方面。更重要的是这是我们国家下一步产品出口的巨大潜在市场,更是我们未来重要的能源和自然资源的来源地。在这个意义上来说,作为"海上丝绸之路"起点的泉州就更为重要。

我了解到,泉州的外向型经济已经发展得不错。从统计数据来看,2013 年,泉州同东盟、南亚、中东、非洲 52 个国家和地区贸易的总金额是 150.2 亿美元,占泉州全市贸易总量的 51.5%,成绩喜人。但是我认为,如果从我们下一步要建立"海上丝绸之路"来说,即便在这 150.2 亿美元后面加一个零也不为过。

我认为,"海上丝绸之路"正如刚才何亚非副主任所说的,我们不仅把它看成是单纯的海上的丝绸之路,更应该看作是一个中国主导的和平友谊之路,把它看成是中国当代绿色经济、海洋经济之路。我们把它看作是一个各国共谋发展、互利共赢的合作之路,也是我们一贯倡导的文化交流、宗教自由、人类和谐的发展之路。同时,我昨天也跟泉州及福建的领导汇报,我认为,泉州也好,福建也好,要想下一步打造整个经济的升级版,海洋经济是飞来之笔、神来之笔,"海上丝绸之路"是历史赋予我们泉州和福建的巨大的历史机遇。

为此,我提出以下三点建议:

第一，"三个一"，一个平台、一个基金、一个机制。我们应该参照新疆乌鲁木齐办亚欧贸易博览会的做法，在泉州建立一个面向东盟、非洲、南亚和中东地区的海上丝绸之路的论坛平台，也是博览会的平台。尽管今天上午我听说今后中央有文件对一些论坛要给予限制。除了商务论坛之外，其他的每两年举行一次。"海上丝绸之路论坛"如果是在泉州举办，我个人认为，它将比"9·8"洽谈会、海峡两岸机电博览会、海峡两岸专家论坛还要重要。我们可以争取首先是成立，至于今后是一年一次，还是两年一次，我想其重要意义，中央明白以后会给我们作出时间的安排。

我认为，我们当前应该有一个足够的认识，如果能够把这个平台作为下一步对话、下一步交流、下一步合作的平台，那么它所产生的历史意义和实际的经济意义将是非常有份量的。

第二，尽快建立一个由"海上丝绸之路"互联互通所决定的，银行或金融共同发展起来的丝绸之路共同发展基金，把中东阿拉伯国家当前游离在外的7000亿美金调动起来，把亚洲东盟制造业的优势调动起来，把非洲和中东的自然资源优势发挥出来。更重要的是，调动包括福建在内以及沿路之间的所有华人华侨积极性，共同为这条路的建设献出力量。我想我们应该在更大范围思索我们"走出去"和"引进来"的战略，这条路应该在资金上面给予足够的支持。

第三，一个机制。尽快列出"海上丝绸之路"沿途所有的港口、城市、旅游点等名称，进而尽快召集"海上丝绸之路"沿线的城市市长会议、港口主要领导的会议或者是旅游点的旅游交汇会议。我们可以不一步到位，先从泉州开始向外延伸，包括海峡两岸，先到马来西亚，正如刚才翁忠义参赞所说的，然后再往外面走，分段实施，最后用一根线把所有的沿线城市、港口、旅游点像珍珠一样串起来，使我们这条线真正体现和谐发展、宗教自由、合作的互利共赢，以及我们为此而达到的整个中国的战略经济布局。

最后，我想用德国的著名诗人海涅的一句诗作为本次思想风暴论坛的结束语。海涅说："思想先于行动，犹如闪电永远先于暴雨之前。"

谢谢大家！

主持人：非常感谢！下面有请外交部国际经济司副司长刘劲松发表演讲。

外交部国际经济司副司长刘劲松：

尊敬的各位领导，各位远道而来的媒体朋友，女士们，先生们！很高兴参加由中国新闻社主办的"新世纪丝绸之路经济论坛暨新丝绸之路华媒万里行"的启动仪式。受外交部领导和外交部国际经济司领导的委托对今天的活动表示热烈的祝贺。

2013年9月和11月，国家主席习近平在访问哈萨克斯坦和印度尼西亚时，分别提出了共建"丝绸之路经济带"和"21世纪海上丝绸之路"，这两大倡议被我们学界合称为"一带一路"，这是中国深化改革开放和推进周边外交的大手笔。倡议提出以后，很多国家的领导人表示很重要，很有建设性，切合时代潮流和各方需求，不仅将惠及古丝绸之路沿线国家，也会给地区和世界经济发展带来新的机遇。中外企业界、媒体和地方政府也表现出浓厚的兴趣。

"一带一路"的倡议之所以能够产生这样的效果，首先是因为丝绸之路是一个美好的倡议和话题，各方对丝绸之路精神都有强烈的共鸣。

2000多年前，没有今天的高铁、飞机、邮轮，在交通极为不便、物质基础条件低下的情况下，欧亚大陆勤劳勇敢的人民，排除艰难险阻、跨越万水千山、渡过茫茫大海，探索出多条连接亚欧非多个文明的贸易通路，后人将之统称为丝绸之路。尽管此后欧亚大陆历经血和火的洗礼，但陆上丝绸之路驼铃声声，海上丝绸之路舟旗相望，两条大通道从未完全中断。

古代丝绸之路实现了沿线国家商品、人员、技术和思想的交流，推动了各国经济文化和社会的进步，促进了不同文明的对话与交融。中国的丝绸、瓷器、茶叶等商品及四大发明经过丝绸之路传递到欧亚大陆的另一端。而西域传来的水果、食品、乐器、艺术以及宗教文化极大丰富了中国等东亚各国人民的生活，沿线各国都因丝绸之路而受益匪浅。

古代丝绸之路是和平之路、合作之路、友好之路。中国汉代的张骞两次出使西域，史称"凿空"，开启了中国同西域各国友好交往的大门。600多年前，郑和率领了大型团队七下西洋，带给沿岸人民真诚的友谊和祝福、急需的物品和技术，受到亚非各国朝野上下热烈的欢迎和盛情款待，在中外关系史上写下了感人的篇章。今天许多东南亚的朋友，例如马来西亚的前总理

马哈蒂尔一直盛赞郑和,视郑和为中国和东南亚国家友好和平的使者,强调中国和西方的海洋文化有着本质的不同,将郑和下西洋作为今天和未来一定会走和平发展道理的历史和验证。

关于丝绸之路有很多美好的故事,共性有一点,就是坚持和平、平等、开放、包容,强调不同种族、不同信仰、不同文化背景的国家、民族、个人完全可以共享和平、共同发展。这是古丝绸之路留给今人的宝贵启示,也是留给人类文明的宝贵财富。

进入 21 世纪,和平、发展、合作已成为时代的主题。面对纷繁复杂的地区和国际形势,丝绸之路展示的价值和理念显得弥足珍贵。如果人们在两千多年前都能够互学互鉴、互帮互助,那么我们今天就更应该把这些价值和理念发扬光大,并为其注入新的时代内涵,实现地区各国的共同繁荣。

二是因为"一带一路"的倡议符合区域合作的时代潮流。亚洲已成为世界经济增长的引擎,是世界多极化和经济全球化的中坚力量,在全球的格局中地位日益重要,作用日益突出,同时也面临新老挑战和不进则退的压力。如何巩固和维护亚洲和平发展的大好局面,进一步凝聚亚洲国家的共识和力量,增强利益共同体和命运共同体意识,共建和谐亚洲,体现亚洲各国的整体振兴是亚洲国家的共同课题。

"一带一路"连接古今中外,覆盖面强,包容性强,既是亚洲国家共同历史和辉煌文明的有力见证,是亚洲文明历史文化自豪感和自信心的重要源泉,也是亚洲各国团结合作的纽带和旗帜。

区域一体化是经济全球化的必经阶段。丝绸之路经济带沿线有 31 亿人口,占了全球的一小半。如果我们将整个欧亚大陆计算在内,它的 GDP 占了全球的 62%,人口占 70%,陆地面积占 40%,贸易额占 46%,这是谁也不能忽视的大市场。当前亚洲大陆的区域合作方兴未艾,但与欧洲和北美相比还有不小的差距,特别是各个次区域之间发展不平衡,联系还不够紧密。

"一带一路"将东亚、中亚、南亚、东南亚、西亚等连接起来,有利于各个区域间互通有无、优势互补,建立和健全亚洲和欧亚的供应链、产业链和价值链,使亚非和欧亚区域合作迈上一个新的台阶。全球增长、贸易、投资格局以及资金流向正酝酿着深刻的变化,亚欧国家都处在经济转型升级的关键阶段,需要进一步挖掘域内和本国的内需潜力,创造新的经济增长点,增强经济的内升动力和抗风险能力。

"一带一路"建设包含基础设施建设和体制机制创新,有利于改善区域内和各国的营商环境,有利于区域内要素的有序自由流动和优化配置,有利于亚欧大陆的内陆国家和各国边远地区的开发,有利于各国之间削减贸易投资的壁垒,也有利于增强各国改革开放的动力。

亚欧大陆国家各国文化积淀不同,历史宗教信仰不同,发展水平各异,未来的发展需要发挥多样化的优势,走多样化的道路。多样化的经义用中国的哲学思想讲是和而不同、合舟共济。要做到这一点,人员沟通、文化交流和文明对话至关重要。

建设"一带一路"需要发掘古代丝绸之路深厚的文明和文化底蕴,加强各国各领域、各阶层、各宗教信仰的人际交往,发挥包括媒体在内的软性交流的潜力,进一步扩大各国包括媒体在内的民间友好基础,为亚欧大陆的和平发展贡献正能量。

三是因为"一带一路"符合中国自身发展和对外合作的要求。经过30多年的改革开放,中国的经济得到快速发展,经济总量跃居世界第二,贸易量去年也成为世界第一。但是中国发展还面临着诸多问题,尤其是发展不平衡,中西部和东部发展不平衡的问题尤为突出,"一带一路"的建设可以带动东部的产能加快向中西部转移,挖掘中西部地区的资源和地缘优势,挖掘与周边邻国交流合作的潜力,可以促使东部沿海地区更好的发挥和扩大既有优势,进一步扩大开放。以周边为基础,加快实施自由贸易区战略,与有关国家深化海洋经济合作。

"一带一路"与中国中西部和福建等沿海省区市都有密切的关系,与中国的区域发展战略、新型城镇化战略和对外开放战略不可分割,有利于中国再继续扩大向东、向海洋开放的同时,加快对内陆地区的开放、开发步伐,构建全方位的对外开放格局。

"一带一路"倡议也是新时代中国外交特别是周边外交的亮点,中国将周边作为优先的方向,始终坚持与邻为善、与邻为伴,坚持"睦邻、安邻、富邻"的方针政策。中国将通过"一带一路"建设,进一步发挥负责任的大国作用,提供更多的公共产品,突出"亲、诚、惠、容"的理念,助力中国与周边、与

亚欧国家发展战略的对接,编织更加紧密的共同利益的网络,将双方利益融合提升到更高水平,让周边的国家得益于中国的发展,同时也使中国从周边国家的发展中获得利益和助力,使周边同中国的政治关系更加友好、经济纽带更加牢固、安全合作更加深化、人文联系更加紧密。

举一个例子,2013年11月菲律宾发生严重的风灾,中国派遣和平方舟号医院船以及多支救援队和医疗队前往救灾。当地一名19岁的菲律宾母亲艾丽卡在临时的帐篷里产下了一个小儿子哈密西亚,由于缺乏必要的医疗条件和食品,母子俩都生了病,度日如年。和平方舟号医院船派出了医疗分队第一时间将母子二人用舰载直升机送到海上的医院,不惜成本,完全是一种人道主义的责任。经过诊治,母子病情都很快的好转,母亲吃上了饱饭,孩子的病完全缓解,离开和平方舟号医院船的时候,母亲不时的回头向送行的医生挥手,"感谢你们,我会永远思念这里"。类似的例子还有很多,中国的救灾队伍忘我的高效工作,得到了灾区民众的和国际社会的广泛赞誉,这是古代丝绸之路上守望相助精神的再现,也是中国负责任大国作用的生动体现。

女士们,先生们,"一带一路"是开放、包容的经济合作倡议,无论是"丝绸之路经济带"还是"21世纪海上丝绸之路",都以经济合作为基础和主轴,以人文交流为重要支撑,我们没有什么特别的战略或政治安全的意图,我们这些倡议是为了建立国家地区间更紧密的伙伴关系,谋求互利共赢、共同发展,中国坚持不干涉地区国家的内政,不谋求地区事务的主导权,更不可能去谋求什么势力范围。

"一带一路"是合作发展的理念和倡议,将充分依靠中国和周边国家既有的双多边机制,借助既有的行之有效的区域合作平台,"一带一路"的沿路各国都应该以更宽广的胸襟、更务实的态度对待各类合作倡议和机制,使之相互支持、相得益彰。

泉州是古代海上丝绸之路的起点之一,在东西方文明交流中有着重要的历史地位。郑和下西洋曾途径泉州,摩洛哥的大旅行家伊本·白图泰曾盛赞泉州的繁荣,马可波罗在它的游记中称泉州为"东方第一大港"。泉州还是闽南文化的发源地,是著名的侨乡,一代代先辈从这里出发,在异国他乡艰辛创业,为中外的交流合作作出了巨大的贡献。

"一带一路"是一项宏大的事业,需要各国政府的努力,也需要地方政府、海内外华人华侨、华文媒体的积极参与和大力支持。预祝我们的论坛取得丰硕的成果,预祝新丝绸之路华媒万里行活动取得圆满成功。谢谢大家!

主持人:非常感谢。下面有请商务部国际贸易谈判代表秘书局局长兼办公厅副主任、新闻发言人沈丹阳演讲。

商务部国际贸易谈判代表秘书局局长
兼办公厅副主任、新闻发言人沈丹阳:

尊敬的各位华文媒体朋友们,各位领导,各位来宾,2100 多年前,我国汉代的张骞两次出使中亚,开启了中国同中亚、西亚以及欧洲国家友好交往的大门,开辟出一条横贯东西,连接欧亚的丝绸之路。2013 年 9 月 7 日习近平出席在出访哈萨克斯坦时,令人振奋的提出了共同建设"丝绸之路经济带"这一伟大构想。同样在 2000 多年前,"海上丝绸之路"就已经成为古代中国与亚非各国政治、经济、文化和科技联系的重要渠道。刚才听福建省副省长郑晓松和泉州市委书记黄少萍介绍,早在唐宋时期和其他朝代,我们福建的泉州、福州、漳州等港口就曾经是海上丝绸之路的重要起点和对外通商大港。到了宋元时期,泉州就已经成为"东方第一大港",并为古代中国与世界各国友好往来和发展经济、科技、文化合作发挥了重要的作用。我想,或许这也是 2013 年 10 月份,习近平出席在出访印尼时再次提出了与相关国家共同推动 21 世纪海上丝绸之路建设这一战略构想的重要原因。

中共十八届三中全会通过的《中共中央关于全面深化改革若干重大问题的决定》,以及去年年底举行的中央经济工作会议都提出"要推进丝绸之路经济带和海上丝绸之路的建设"。随着对中共十八届三中全会决定精神的深入学习和领会,我们深刻认识到,"一带一路"战略构想是党中央着眼于发展世界新格局,统揽政治、外交和经济社会发展全局作出的重大战略决策,是推动新一轮对外开放的重大战略举措,对实现两个一百年奋斗目标和中华民族伟大复兴的中国梦具有非常重大和十分深远的意义。

最近,很多国内外专家学者和相关机构都在对这一战略构想的重大意义深入研讨,并取得了大量的研究成果。比如刚才发言的各位领导和演讲嘉宾的看法就各有见地,并且令人耳目一新。

商务部作为主管全国对外贸易和对外经济合作的中央部门,目前也正在紧锣密鼓的进行有关"一带一路"战略的学习、贯彻和部署研究。建设"一带一路"对于新时期我国对外经济合作的重大意义可以在哪些方面进一步体现?开展"一带一路"的经贸合作我们具备哪些基础和条件?在具体推动与"一带一路"沿线国家经贸合作方面,我们可以重点或者说率先推动哪些工作?利用这个机会,本着学习和研究的眼光,我想和大家分享一下个人的看法。

我认为,建设"一带一路"有利于我国加快向西开放,构建开放型经济新体制。当前,我国对外开放已经站在新的历史起点上,需要实施更加积极主动的开放战略。"一带一路"建设有利于进一步拓展对外开放的广度和深度,培育参与和引领合作竞争新优势,促进我国与沿线国家要素有序自由流动、资源高效配置、市场深度融合,推动内陆沿边地区由对外开放的旧边缘转变为新前沿,提升沿海开放水平,形成海陆统筹、东西互济的全方位开放新格局。

建设"一带一路"有利于我国与沿线国家实现互利共赢、共同发展。"一带一路"的人口数量、市场规模和潜力独一无二。沿线国家与我国经济互补性强,有的国家能源资源富集,有的国家劳动力资源丰富,市场空间很大,而我国外汇储备充足,基础设施建设经验丰富,扩大对外投资前景广阔。沿线国家大多是发展中国家和新兴经济体,与我国加强经济合作的愿望普遍比较强烈。加快"一带一路"建设对于我国和沿线国家进一步发挥各自的比较优势,挖掘合作潜力,拓展合作领域,深化利益融合,实现区域共同繁荣发展无疑将提供一个新的契机。

建设"一带一路"还有利于促进区域协调发展,我国区域发展问题目前仍然突出,地区的差距不断扩大,推进"一带一路"的建设有利于增强中西部地区自我发展的能力,推动沿海、内陆沿边优势互补和良性互动,促进产业链分工合作,带动中西部地区跨越式发展,提高综合经济实力,确保与全国同步建成小康社会。

当然,"一带一路"的重大意义远远不止上面所提到的这些方面。今天很多专家、学者、领导都从不同的角度讲了很多,但我认为"一带一路"的意义还需要加以深入探讨,远不只我们谈到的这些内容。并且,"一带一路"的重大意义要让全世界,特别是"一带一路"沿线国家的人民、企业更加了解。因此,我认为这次由中新社举办的"新世纪丝绸之路经济论坛暨丝绸之路华媒万里行"活动就显得非常有必要,显得更加有意义。

各位记者朋友,各位来宾,建设"一带一路"不仅具有重要战略意义,而且在经贸合作方面已经具备良好的基础和条件。这主要表现在近年来我国与沿线各国经贸合作日益深化,合作领域不断拓展,合作水平明显提升。

首先,我们与沿线国家的贸易投资合作快速发展,近年来,我们与"一带一路"沿线国家进出口总额、非金融类直接投资和对外投资工程营业额都快速增长。例如,2013年我国与中亚四国贸易额超过400亿美元,比2012年增长了13%,其中中哈贸易额达到286亿美元,中乌贸易额首次突破40亿美元大关,增幅分别为11.3%和58.3%。按这样的速度发展下去,习近平主席与哈萨克斯坦、乌兹别克斯坦总统达成的2015年中哈双边贸易额达到400亿美元、2017年中乌双边贸易额达到50亿美元的目标完全可以按期实现。

再以海上丝绸之路沿线国家为例,初步测算,2013年我国与沿线国家的贸易总额超过7000亿美元,占全国进出口总额的将近五分之一。2012年我国在这些国家承包工程营业额442亿美元,占我国对外承包工程营业额的37.9%。我国对这些国家非金融类直接投资虽然起步较晚,但2012年就已经接近60亿美元,占全国对外投资总额的7.4%。

其次,我们与沿线国家的能源资源合作十分密切。"一带一路"沿线国家能源资源富集,是我国能源进口的主要来源地,"海上丝绸之路"也是我国能源资源进口最主要的海上通道,俄罗斯、哈萨克斯坦、缅甸等国家都是我国重要的油气资源进口国家。以哈萨克斯坦为例,中哈原油管道自2006年输油以来,已经累计向我国输送原油超过5000万吨,年均增速超过20%。中国—中亚天然气管道自2009年输气以来,已累计向我国输送天然气超过600亿立方米。

第三,我们与沿线国家区域经济合作步伐正在加快。上海合作组织是丝绸之路经济带上影响力最大的区域性国际组织。近年来,上合组织贸易便利化水平稳步提高,经贸往来不断扩大,我国与东盟的经贸合作进一步深化,正在共同努力打造中国—东盟自由贸易区的升级版,区域经济合作伙伴

关系的谈判工作也稳步推进。我国与南亚地区经贸关系日趋紧密,与印度共同倡议建立中印缅孟经济走廊,已经完成了中印区域贸易安排联合研究。中巴经济走廊的规划和建设已经正式启动,我国与海合会自贸区谈判进入最后阶段,正在争取早日重启谈判。

各位媒体朋友,各位来宾,建设"一带一路"更需要的是实实在在的工作,前阶段商务部已经根据中央的统一部署在职责范围内积极开展了很多务实的工作,特别是着力推动落实习近平主席2013年访问相关国家期间所达成的各项经贸成果,接下来我们将根据沿线国家发展实际,以及与我国经贸关系情况继续发挥好引领作用,进一步推进各领域经贸合作全面深化发展。

一是深化与沿线国家的贸易合作。商务部将进一步推进在货物运输、人员往来等方面的贸易便利化进程,会同相关部门深化与沿线国家海关、质检、电子商务、过境运输等全方位合作,提高贸易便利化水平;推动人民币在与沿线各国结算间的运用,为贸易和项目融资提供便利。在积极促进我国传统优势产品出口的同时,积极培育新的贸易增长点,扩大能源资源、农产品等进口。鼓励企业到沿线国家投资、加工、生产,并扩大加工产品的进口,比如我们将通过在中亚国家开展投资和经济技术合作,带动我国机械设备、高新技术产品出口。在促进我国与哈萨克斯坦、乌兹别克斯坦原油、天然气贸易顺利开展的同时,扩大自中亚国家进口农产品等当地的优势产品。

二是要加快向沿线国家走出去。我们将进一步鼓励企业到沿线国家开展投资合作。支持在沿线国家设立境外经贸合作区,推动企业集群式走出去。加强海上资源合作开发,推动海洋经济合作示范区建设,推进海上渔业、油气开采等领域合作。加快与沿线国家商签或修订投资保护协定,健全投资合作保障机制,推动各国提高投资便利化水平,切实保障企业境外合法权益。积极参与沿线国家基础设施建设,最近,商务部正在落实习主席访问中亚期间推动的经济技术合作项目,着力指导企业积极参与当地非资源领域的合作,实施一批民生项目。中国企业开始在哈萨克斯坦实施风能、太阳能开发,在乌兹别克斯坦实施的挖泥船项目成功立项,海关检查设备供货完成技术验收,在吉尔吉斯南部实施的住宅楼项目完成了对外移交,在塔吉克斯坦建成的丹加拉小学竣工验收,在土库曼斯坦实施的丝绒厂和缫丝厂技术合作项目也取得重要进展。由中国金融机构融资的乌兹别克斯坦安格连电站燃煤机组建设项目，吉尔吉斯斯坦比什凯克热电站改造项目、南北公路建设项目也都取得积极进展。

接下来，我们将鼓励企业投资或利用中方贷款积极参与中亚国家油气中下游企业建设，参与中亚地区火电开发、太阳能和风能发电；促进我国纺织、化工、设备制造等优势产业到中亚地区投资，协助企业根据市场原则开展工业园区建设，引导企业参与中亚国家农产品种植、加工、农机设备生产和农业示范园等项目。我们还将鼓励企业参与中亚地区输变电线路铺设，推动塔中公路二期等互联互通基础设施项目；加强与中亚国家的物流合作。

三是吸引沿线国家来华投资。我们将进一步推动提升国内投资便利化水平，支持沿线省区市优化整合各类经济技术开发区、海关监管区、边境经济合作区等载体，在条件成熟地区设立跨境经济合作区，吸引包括沿线国家资本在内的各类投资。

四是推进自贸区建设和次区域合作。关于丝绸之路经济带的合作模式，习近平主席 2013 年 9 月份在哈萨克斯坦的演讲中已经清晰地表示，为了使欧亚各国联系更加紧密、相互合作更加深入，发展空间更加广阔，中国与沿线国家可以用创新的合作模式，以点带面、从线到片逐步形成区域大合作。而加快我国与沿线国家的自贸区谈判进程，显然也是一种现实选择。为此我们将推动中国—东盟自贸区升级版谈判尽快启动，推动中巴自贸区第二阶段谈判和区域经济合作伙伴关系协定谈判，推动重启中国海合会自贸区谈判，推动亚太自贸协定取得新进展，推进上海合作组织大湄公河、泛北部湾、中亚等区域、次区域合作建设，完善蒙、中、印、缅经济走廊合作机制，加强中巴经济走廊建设规划，开展务实合作，提升合作水平。为推动这方面的工作，我们将进一步加强各国间经济发展战略交流，协商制定区域合作规划和措施。

五是扩大与沿线国家的服务业与服务贸易合作。我们将会同有关部门积极推进与沿线各国职业资格互认、高等教育学历学位互认合作，加强合作办学，扩大相互间政府留学奖学金名额，多措并举吸引沿线国家更多人员来华留学；推进科技合作，积极开展联合研发、技术推广和培训，促进沿线国家提升科技创新能力；加强旅游合作，我们还将与沿线国家共同开发跨境特色

旅游项目,打造"一带一路"国际精品旅游线路;扩大文化交流与合作,积极开展民族节庆、文化艺术、体育赛事等交流与合作。

各位媒体朋友,各位来宾,女士们、先生们,作为一名家乡离泉州不远的福建人,我很高兴有机会应中新社的邀请见证这次活动,并在今天的论坛上和大家分享看法,讲得不对的地方请大家批评指正。最后,预祝本次活动圆满成功,谢谢大家!

主持人:下面进行第三个环节,举行"新世纪丝绸之路华媒万里行"启动仪式。下面请国务院侨办主任裘援平,国务院侨办副主任何亚非,中共福建省委常委、宣传部长李书磊,福建省副省长郑晓松,中共泉州市委书记黄少萍,中国新闻社社长刘北宪等嘉宾移步台上,触摸水晶球,共同见证"新世纪丝绸之路华媒万里行"采访活动正式开始。

谢谢各位嘉宾!"新世纪丝绸之路华媒万里行"采访活动由中国新闻社记者和所在国的华文媒体记者共同组成采访组,沿陆路、海路两条路线,分赴丝绸之路沿线采访。

接下来举行授旗仪式,有请中国新闻社社长刘北宪先生,同时请陆路采访组和海路采访组的华文媒体代表上台。

"新世纪丝绸之路华媒万里行"采访活动今天在这里正式启动,在此请允许我代表主办方向大家介绍一下"新世纪丝绸之路华媒万里行"媒体采访活动的具体安排。

"新世纪丝绸之路华媒万里行"采访活动分为陆路和海路两部分。第一部分是陆路,主要涵盖丝绸之路经济带所涉及的中亚五国,包括哈萨克斯坦、乌兹别克斯坦、土库曼斯坦、塔斯克基斯坦、吉尔吉斯斯坦。陆路采访主要分两组共进,分赴中亚五国采访,每个组5个人,主要由中国新闻社记者和当地华文媒体记者组成。第二部分是海路,"海上丝绸之路"将分为境内段和海外段两个部分,境内段的部分主要由中国新闻社的相关分社组织采访报道活动,包括陕西、宁夏、甘肃、新疆、青海、重庆以及福建,重点介绍区域内相关城市的口岸建设、跨境合作、对外贸易、人文交流。海外段部分是中国新闻社记者和当地华文媒体记者组成联合报道小组进行采访,主要包括东盟十国,安排有三条线路。第一条线路是采访南宁—新加坡走廊,考虑到采访线路较长,将采访这一路的记者分作两条线路,越老缅一条线路,新马泰一条线路;第二条线路是采访中、缅、蒙、印经济走廊;第三天线路是采访印尼、文莱、菲律宾。

此次"新世纪丝绸之路华媒万里行"活动的报道主要是采取宏观、微观两种方式结合报道,立足展现中国发展和丝绸之路沿线、沿岸各国共同繁荣,寻找沿途各国地区经济的共同点,凸显优势互补;采访沿线沿岸各国华人的生活和文化相关新闻,探寻古代丝绸之路留在当地的文化遗存;采访所在国家的官员、专家、学者、当地政要、企业家、华商,展现丝绸之路沿线沿岸各国寻求合作、谋求发展的共同精神,描绘一幅基于丝绸之路合作发展的蓝图。让我们共同预祝"新世纪丝绸之路华媒万里行"活动圆满成功!

下面有请境外华文媒体代表、菲律宾《商报》执行副总编辑庄铭灯发言。

菲律宾《商报》执行副总编辑庄铭灯:

尊敬的各位领导,各位嘉宾,女士们、先生们早上好! 首先,请允许我代表海外华文媒体感谢中新社邀请我们参加这次"新世纪丝绸之路经济论坛暨华媒万里行"活动的启动仪式。

"新丝绸之路"的战略构想体现出中国国家领导人的雄才伟略和高瞻远瞩,在世界各国都想搭乘中国经济快车之际,推进"丝绸之路经济带"和"海上丝绸之路"的建设,有利于进一步加强中国和周边国家的经贸合作,提升中国在国际舞台上的影响力。

作为海外华文媒体,我认为积极向所在国甚至全世界华人华侨介绍、推动新世纪海陆两条丝绸之路建设的重要意义,对我们来说是义不容辞的。新丝绸之路的建设对海外华人华侨来说是一个新机遇,他们可通过与所在国政商名流的友好关系,向当地政府和主流社会传达这一理念,与政府和商界携手挖掘各国之间的合作机会,实现合作共赢。

长期以来,中新社通过举办世界华文传媒论坛以及客户编辑交流会等活动,与海外华文媒体保持着密切联系,结下了深厚友谊,相信这次"新世纪丝绸之路华媒万里行"活动必将获得海外华文媒体的广泛关注和积极配合、参与采访报道,跟中新社携手,更好的向海外华人华侨介绍"一带一路"的建设战略。

作为海上丝绸之路的始发地,泉州曾在东西文明交流中占有重要的历

史地位。在宋元时期,泉州刺桐港的海上贸易活动空前繁盛,被马可波罗誉为"东方第一大港",当时的泉州已成为一个世界性的经济文化中心。作为一名旅居菲律宾的泉州人,我对家乡的辉煌历史感到骄傲和自豪,家乡发展日新月异,现在国家推动实施新丝绸之路战略构想,古老的泉州必将迎来新的发展契机。

当然我也深信,中国的新丝绸之路战略可惠及全国及周边国家,让各国人民共享发展红利。在此预祝"新世纪丝绸之路经济论坛暨新丝绸之路华媒万里行"活动圆满成功!谢谢大家!

主持人:新世纪丝绸之路经济论坛上午的议程已经全部结束!谢谢大家!

"丝绸之路"大讲堂和"丝绸之路"商机对话会发言记录

主持人：各位嘉宾，各位朋友，下午好！"丝绸之路"大讲堂、"丝绸之路"商机对话会现在开始！有请中央电视台著名主持人白岩松先生上台主持。

中央电视台白岩松：各位下午好！受中新社刘北宪社长的委托来接受了这个庞大而光荣的任务。本来很有信心，但是由于多日来北京严重的空气污染，智商大幅度的下降，所以我对站在这里信心不足。但是来到这之后，经过三个半小时新鲜空气的呼入，感觉智商在大范围的回升。所以有信心今天下午我们一起度过一个愉快的时光。

很多很多年前了，那个时候我还没出生，古希腊的圣贤柏拉图说过一句话：谁会讲故事，谁拥有世界。今天回头看，"丝绸之路"还有"海上丝绸之路"已经是一个铭记在历史当中的漂亮的故事，我们知道那样的故事曾经对世界产生了什么样的改变，但是当我们以为它已经注定只会是以故事的方式留在我们的历史记忆当中的时候，一个与此有关的新故事又开篇了。我想今天我们就站在这样一个新故事开篇的起点，在上午的时候，相信很多意义、内容、目标都已经谈得非常好。但是一个好故事不是仅仅由故事的标题决定的，主人公是谁，情节如何，有什么样的悬念，将如何发展，我想这是我们今天下午来讲与"丝绸之路"，不管是海上的，还是经济带的有关的重要内容。

首先我们要进行的是"丝绸之路"大讲堂。第一个要请出的是中国社科院亚太与全球战略研究院院长李向阳。如果用四大名著去描绘的话，我想他可能要先给我们描绘一个《红楼梦》吧，有请！

中国社科院亚太与全球战略研究院院长李向阳：

各位下午好,首先感谢中新社的邀请。今天我跟各位汇报的题目是"一路一带与中国经济外交的新理念"。今天上午,我们的政府官员都从各自的角度阐述了"一路一带"从官方的立场是怎么看的。我作为一个做研究的,所以跟他们相比,我可能讲话要自由一些,我在这谈的更多是我个人的看法和感受。

在这个题目下,我主要谈四个方面的内容:第一个就是"一路一带"产生的基本背景到底是什么? 概括来说,"一路一带"是适应新时期中国的内外部环境一些变化而采取的一项重大的举措。那么第二个问题讨论一下,"一路一带"这个倡议它的基本特征是什么? 虽然官方没有这样表述,我的理解概括为两个特征,一个是它的多样性,一个是它的开放性。第三个,基于这两个特征,它与现行的亚洲的乃至全球的区域合作机制到底是一个什么样的关系? 最后,回到主题上,以这种开放性和多样性为特征的"一路一带"倡议,更多的是体现了中国新一代领导人经济外交的一个理念。

谈到"一路一带"提出的背景,我想,从国内来看这一点上午已经谈得很清楚了。过去30多年中国的改革开放,地区间的差异实际上在某种程度上越来越大。尤其是中西部地区、东南沿海地区这种差异正在影响着中国的可持续发展。所以从陆路这个角度来提出"丝绸之路经济带",对于带动中西部的发展,毫无疑问这种积极性是显而易见的。但是作为一个大国,中国既不能忽略陆路的战略,同时也不能忽略海上的战略。在十八大的时候,新一届领导人提出的海洋强国,实际上总体来说,从中国自身的新时期发展来说,需要中国在陆路和海洋两个角度有更新的发展。

从外部来看,中国面临的环境正在发生重大变化,从国内跟国际之间的关系来看,由于中国经济规模已经位居世界第二,未来毫无疑问将会成为世界第一。作为一个世界大国,我们常说要创造一个良好的周边环境,一个国际的良好环境。作为小国来说,我们接受这种环境就行了。但是作为一个大国来说,这种环境很大程度是我们自己创造的。从这个意义上来说,这就是总书记谈的中国外交需要更加主动,这一个基本的想法。

第二个背景就是,在过去几年中,随着美国亚太再平衡战略的实施,中国的周边环境正在发生重大的变化,这个环境既包括安全层面的,也包括经济层面的。在经济层面大家关注的一个焦点就是美国的 TPP(《跨太平洋伙伴关系协议》)出现,使得亚洲原来的区域合作格局正在发生重大的变化。那么亚洲正在出现一个至少现在不包括中国的 TPP,和一个不包括美国的 RCEP(区域全面经济伙伴关系)的并存。不同的国家包括东盟、美国都在提出自己的区域合作的发展方向。中国作为一个大国,基于自身的或者是负责任大国的考虑,也需要有自己的区域合作的倡议。

第三点跟第二点相关,中国与周边国家之间的关系进入了一个新的发展阶段。在过去几十年当中,中国与周边国家的经济合作越来越紧密,我们成为大多数周边国家最大的贸易伙伴。但是,中国的形象,很多人尤其是周边国家把我们理解成是一个"经济动物",这是一个比较难听的说法。因此,作为逐渐成为一个地区大国和世界大国的时候,中国需要改变自身形象。我想这就是"一路一带"提出的一个基本背景。

第二点,我来谈一下"一路一带"有两个基本特征。大家可能从媒体上经常看到,美国的 TPP 标榜有两个特征,一个是它的高质量,一个是它的开放性。这个是基于美国自身利益或者是自身战略考虑来提出的两大特征。其他国家提出的区域合作倡议也都有各自的特征。中国提出的"一路一带"到底什么特征呢?我想有这么两个,一个是多元化,一个是开放性。

之所以我们提出多元化是因为亚洲的经济发展、政治体制乃至文化社会都有很大的差异。从现在来看,亚洲的区域合作形式多种多样,我们新一代领导人提出的"一带一路"是一个涵盖非常广的、能够容纳各种合作形式的主张、倡议,在这里头既包括传统意义上的 FTA,也包括次区域合作的像大湄公河合作,也包括像中巴经济走廊、中印缅孟经济走廊,以及在这种走廊下面的经济开发区、互联互通、人文交流、跨国运输线、金融合作等等。

在这说了半天,我们开会讨论经常会提出一个问题,现在的"一路一带"跟此前各种形式的合作有什么差异?我想,尽管"一路一带"包括多种形式的合作,但是在一定程度上又超越了原来的合作。比如说海上丝绸之路,除去 FTA 就是上述所谈到的各种合作形式以外,作为丝绸之路这样一条带,首先要涉及到海洋的运输安全问题。国际上一直指责中国迫害或者是危害海洋航行自由。那么通过建立一个以和平、经济为纽带,以和平为导向的海

上丝绸之路,首先毫无疑问就要求海洋运输的安全。海洋资源、海洋的领土争端,在中亚地区也非常普遍。通过建立这种海上丝绸之路毫无疑问也有助于解决这类问题。除去海洋运输、安全以及海洋基础设施,包括港口、物流等等,通过这一系列共有的东西把已有的形势能够有机结合起来。

第二个特征是开放性,就是中国的"一路一带"倡议没有限制或者是局限在某一个地区或者是某些国家。今天上午有领导谈到,说理论上最大的空间是 90 多个国家,涵盖欧亚两个大陆,按照图上画的还包括非洲,那么实际上是三个大陆,欧洲、亚洲、非洲大陆,大半个世界都涵盖进去了,所以它的开放性特征毫无疑问是存在的。

第三点我想要谈的是这种"一路一带"的倡议与现行的区域合作安排应该是并行不悖、相互促进的关系,刚才提到亚洲区域合作形式的多元化,本身就反映了当地的文化、政治的差异性,这个差异性不是短期内能够消除的。差异性不消除并不意味着亚洲不能进行合作。反过来,如果我们因为要提出一个统一、机制化的东西,很显然就无法适应这个亚洲多样性的特征。所以基于这种多样性,需要我们有一个多元化的合作机制。

第二点,"一路一带"可以容纳多种合作形式和机制,比如"海上丝绸之路",我们在这里谈的是泉州是起点,还有人说应该从日本海开始,也就是把中、日、韩,甚至蒙古、朝鲜都应该纳入进来。那么在那个地区,可能就是图们江的合作,是中日韩未来的自由贸易区;那么到了东海,可能需要我们的是两岸四地的 ECFA;那么到了东南亚,我们需要的是未来要打造的"中国—东盟"的升级版;进入印度洋以后,我们可能依托的是一个中印缅孟经济走廊;至于进入阿拉伯湾、中东,我们现在能看到的有可能就是中国和海合组织未来的自由贸易区等等。也就是说,在同一个合作机制里,它可以涵盖、容纳多种形式。

那么第三个,无论是"丝绸之路经济带",还是"海上丝绸之路"里面,既有机制化的合作,也有非机制化的合作。这种并存的格局使得我们可以从容易的开始做起,就是构建一个先易后难、灵活多样的一个机制,而不至于需要把所有的前提条件都满足了我们再开始起步。

第四个原因想说的是这样两个特征,就是多样化与开放性的特征,有助于避免在亚洲乃至在全球出现一个相互分离、相互对立的政治、经济乃至军事集团。因为你要把一些跟你的意识形态、政治体制、经济发展水平一致的国家或者地区联系在一起,那么最终就可能会形成相互竞争的利益集团。而我们所倡导的"一路一带"是可以容纳多种形式的合作方式,因此可以避免这样一个结局。

第四点我想说的是,以开放性与多元化为特征的"一路一带"倡议体现了新时期中国经济外交的新理念。我在这题目里头使用的是"经济外交",长期以来,我们更多的强调外交为经济服务,新一届领导人在继承了这样一个大前提的情况下,越来越强调"经济外交"的概念。

所谓经济外交,重心是落在外交上,也就是说,我们作为一个大国,很多事情不能完全基于眼前的经济利益,或者是短期经济利益来决定我们的合作方式或者是合作对象。而更多的需要像总书记提到的,比如亲诚惠容也好,新型的义利观也好,实际上都反应了新时期中国外交的新理念。这种外交新理念我把它概括为四个方面:

第一个体现了亲诚惠容的外交方针。亲诚惠容上午有很多领导都谈到了,在"一路一带"里头是表现得尤其突出。第二个就是新型的义利观。所谓新型的义利观,就是说我们跟我们的邻居、跟我们的合作伙伴进行打交道的时候,不能简单的以纯经济利益为唯一的标准。习近平总书记曾经提到过,我们要注重长期的合作机制,比如说像 20 世纪 70 年代的坦赞铁路,对于维护中国跟非洲发展中国家的兄弟关系所起的作用,是难以用简单的经济利益或者是投资回报来衡量的。第三点,通过这种全方位的经济、文化、人员的交流,可以达到中国与周边国家实现命运共同体的这样一个目标。

最后就是"一路一带"对于服务于国内国际两个大局是至关重要的。因为以前我们谈 FTA 的时候经常说,尤其是中西部地区的企业感觉不到 FTA 带来什么收益,但是现在"一路一带"不一样了。"一路一带"首先是基于中国的经济发展。无论是"海上丝绸之路",还是"丝绸之路经济带"都基于中国的区域发展、中国未来的经济发展战略向外的延伸,也就是说能够把中国的经济发展与外部世界、与国外经济的发展有机的结合起来,这就是中共十八届三中全会说的以开放促改革的一个具体体现。

如果我们能够成功地推进这种以开放性、多样性为特征的"一路一带"的倡议,对于中国未来的可持续发展,对于我们以建立与周边国家的命运共

同体,进而使中国成为一个负责任的世界大国,毫无疑问都是至关重要的。

中央电视台白岩松:谢谢李院长!刚才李院长一直在说"一带一路","一带"指的是"丝绸经济带","一路"指的是"海上丝绸之路"。合并同类项,把两个"一"拿掉的话,今天大讲堂三位专家做的就是剩下那两字——"带路"。往哪带?如果说刚才给我们讲的是《红楼梦》的话,接下来的这位嘉宾也许要给我们讲的是《西游记》,因为不管是"丝绸之路经济带",还是"海上丝绸之路",站在泉州这个起点上来看,都是向西、向西、再向西。接下来有请中国国际问题研究所所长曲星为我们带来《西游记》。

中国国际问题研究所所长曲星:

中国历史上除了有名的《西游记》之外,其实还有一本书很有名,叫《南巡记》。所以我想这"一带一路"正好既有"西游"又有"南巡"。

我想跟大家分享的主要是四个观点,第一个,国际社会对于丝绸之路的复兴已经有高度的共识;第二个,中国提出"一带一路"的构想对于复兴丝绸之路的国际共识赋予了新的活力,而且时机非常好。第三个呢,我们看到要推进"丝绸之路经济带"和"海上丝绸之路"的计划,还面临非常多的复杂因素,我想和大家一块分析一下。第四个,"一带一路"能不能顺利、成功地进行,关键是要创造一种共赢的局面。

从第一点切入,为什么国际社会有共识呢?丝绸之路在两千多年以前就出现了,断断续续始终没有完全消失,但它在历史上的兴衰程度是不一样的。德国的地理学家、法国的汉学家注意到了这么一条路,又考虑到路上的大量货物主要是丝绸,所以称之为"丝绸之路"。在历史发展演变的过程中,欧亚大陆在地缘政治上它是一个心脏,心脏地带经常发生一些战乱,我们知道的是比如说拜占庭帝国、罗马帝国、奥匈帝国、奥斯曼帝国、一次大战、二次大战,然后二战结束以后是冷战,所以这么多动乱、战乱的时候,曾经丝绸之路比较消沉。到冷战结束以后,20世纪90年代初期,国际上开始重新考虑丝绸之路复兴的问题,所以联合国教科文组织专门有一个计划,把泉州作为研究丝绸之路非常重要的一个亚洲起点。就是在这样的背景下,冷战结束后,世界格局主要特点是和平与发展,不是说没有战争,不是说没有紧张、竞争、对抗,但主要的特点是和平与发展。所以在这样的背景之下,丝绸之路复兴的问题就被重新提出来了。其实在 1993 年、1998 年、2003 年、2004 年、2005 年国际上一直有各种各样的会议来研究丝绸之路,也有各种各样非常庞大的计划,比如说 32 个国家开会提出要建立 14 万公里亚洲、欧洲的高速公路,在上海也召开过相关的会议,美国和日本其实都有过关于"丝绸之路复兴"的类似提法,尽管各个国家关于丝绸之路的理解、出发点、构想不完全一样,很多有各自不同的考虑。但有一点是共同的,就是国际社会认为"丝绸之路"应该复兴,而且可以复兴,这就是我想讲的第一点,就是国际社会在丝绸之路复兴上有高度的共识。

第二点,中国提出"一带一路"的计划,对于复兴丝绸之路的国际共识赋予了新的活力,而且时机非常好。所谓新的活力、时机比较好,刚才讲冷战结束以后,一直到现在,世界大国的关系应该说以合作为主,国际上大的趋势是和平与发展,也可以设想如果在大的国家之间有战争、冲突、世界大战的话,那可能考虑不上建立这样的计划。所以我觉得这是一个大的时代背景,以和平发展为主轴的时刻提出来的丝绸之路,这是非常好的条件。沿线的国家应该说形势基本上稳定,在今天的世界有很多动乱,但相对而言,比如相对于在北非发生的,在中东发生的剧烈战乱的情况,相对而言,我们丝绸之路从中国出去到中亚,然后向欧洲这样延伸,从南边呢往东南亚方向,然后往非洲方向,相对而言,这些地区是稳定的,以发展为主轴,所以我觉得也为"丝绸之路经济带"和"海上丝绸之路"这个"一带一路"的构想提供了一个有利的条件。

中国的国力在稳步的上升,之所以我说它给国际共识提供了新的活力,因为中国的国力在稳步的上升,当国力稳步上升的时候,对周边的影响力、对国际形势走向的塑造力,实际上是在逐步的上升。我们知道,这十多年来,21 世纪初以来,中国领导集体非常敏锐的抓到了发展的机遇,妥善了处理了各种各样的国际上的矛盾。我记得当年邓小平讲过,不要看世界这么乱,机遇有的是,就看你能不能抓住,矛盾有的是,就看你会不会利用。

所以呢,现在中国经济有了迅速的发展,我们的贸易已经是世界第一,我们的 GDP,当然如果按人均算,按单项指标算我们还有很多问题,距离也非常遥远,但毕竟呢我们对世界经济的塑造力、影响力有了非常大的提升。这也是一个非常好、有利的因素。

中国与"一带一路"地区相关的国家已经有了比较好的合作机制,主要我们看"丝绸之路经济带",中国与俄罗斯以及中亚的四个国家,跟中国有边界问题的国家已经谈判解决了边界问题,已经建立了上海合作组织,而且上海合作组织的合作在向各方面深化;中国与大部分中亚国家都已经建立了战略合作伙伴关系,所以这是一个非常好的机制基础。如果丝绸之路继续往西延伸的话,中国有一个与中东欧国家的合作机制,这个机制启动两年多,100亿美元的基金来帮助跟这些国家合作,来改善东欧国家的基础设施,这是一个互利双赢的选择。所以呢这个机制它也存在;中国跟东南亚国家,跟东盟的自由贸易区已经启动,2014年是第四个年头,发展趋势非常好。在抵抗国际金融经济危机中,中国与东盟的自贸区发挥了很大的作用。中国跟东盟国家10+1的合作机制也在进行,中国与相关主要国家各种各样的合作其实已经有了很好的基础,基础设施有的已经在进展当中了,总体上是不错的。

我们讲《西游记》的话,中亚国家特别需要基础设施的建设。为什么?因为他们没有出海口,没有像样的现代化的基础设施,远离世界主要交通干道和主要的港口,所以他们非常需要在互联互通方面能够有大的作为,但是他们的资金相对不足,中国提出这样的想法,而且有资金的配套,与当地的资源互相结合,完全可以形成一个互利共赢的局面。这一点是中亚国家迫切的需求。"一带一路"国家,从总体上看,对中国目前的和平发展战略都是非常认同的,而且非常的赞赏,表示愿意参加"丝绸之路经济带"和"海上丝绸之路"计划的建设。所以,我觉得正是因为这些原因,现在提出"一带一路"的构想,而且逐步的把它落到实处,有内外两个大局,大家共同的考虑怎样形成一个共赢的局面,这个非常重要。

分享的第三个想法,这个宏大的构想要落到实处,具体的问题还是非常多,复杂因素非常多。比如说,关于丝绸之路本身的想法,可能有的国家想法就不一样。丝绸是中国的特产,当然是从中国起源的,其实在国际上不见得。我到韩国开会,两个多月以前,韩国朴总统说丝绸之路就是从我们这里起源的。那么印度想呢,丝绸之路是从印度往上沟通;所以不同的国家对本身什么是丝绸之路它的想法是不一样的。因为2000多年前有这样一条路,它是一个概念,它是在货物往来的基础之上,然后学者觉得有这么一条路,这个路的起点和终点是在哪,沿途有什么,当时历史比较久远,它没有特别精确的记载。所以不同的国家对它的想法和解读是不一样的。

有的国家,提出的是不同的整合方案,反映出来的是不同的关切。你比如说,两年多以前,美国希拉里·克林顿国务卿提出新丝绸之路的计划,你听起来都有新丝绸之路,她讲的新丝绸之路和我们讲的丝绸之路经济带区别在哪里?它的着眼点是,美国要从阿富汗撤军,撤军后(美国)没有把握阿富汗这个地区会是什么局面,所以它想把阿富汗从北到南一个走道建立起来,从中亚到阿富汗到印度、巴基斯坦这样一个走道把它连到一起,这样来继续保持美国的影响,来稳定地区的局势,防止极端势力重新起来,防止这里重新成为一个反美的根源,所以美国的出发点是在这。你比如说俄罗斯,俄罗斯最重要的关切是什么?它要恢复在前苏联地区的影响,不是说恢复前苏联,但是在前苏联地区,俄罗斯的影响力这个是它非常看重的。所以它有一个俄白哈的关税联盟,它有一个欧亚同盟这么一个计划,其实着眼点都是让这些地方产生太强的离心倾向。我们注意到现在乌克兰发生的事情,为什么俄罗斯和美国之间较量成这样,说到底它真正的原因就在这里面。所以对于"丝绸之路经济带",俄罗斯可能就有它的想法。比如说,如果说东亚国家和中国的联系更加紧密了,会不会影响原来俄罗斯的影响力范围它的构成或者它的保持。所以俄罗斯有它的不同的想法。而印度提出一个北南国际通道,近十年前有签协议,走向是北南的走向,在一定程度上,跟美国的新丝绸之路大的走向上有一定相似的地方。欧盟最担心的是什么?最担心的是丝绸之路含不含中东欧国家这 16 个国家。欧盟觉得,如果是中国把它纳入到经济大框架,对欧洲来说是不是想分而治之。这是欧洲很多担忧的。所以,中国跟东欧国家的合作,如果也在丝绸之路经济带里边,也把它纳入进来,那需不需要符合跟欧盟的经济规则、经济标准和经济框架。所以主要的行为体有很多的这样一些顾虑,

当然,我们知道还有历史遗留问题。比如东南亚某些深锁国可能就会想,这样做不外乎是中国想把海上的深锁国更加强化,加强对某些海岛的控制、海底资源的控制等,他们可能会这样想。所以中亚国家还担心,如果说我们要搞自贸区,中亚国家的经济没有建成有竞争力、像样的经济体系,怎么和中国竞争,如果俄罗斯不同意怎么办?其实很多具体问题,随便说一

个,修铁路轨道的宽度是什么,是标准轨还是俄罗斯的宽轨,说起来是一样的,反正都是通过嘛,但是对俄罗斯来说也是非常核心的问题。如果是按标准轨的话,就不用换轨,一直就通到欧洲去,如果是俄罗斯的标准,可能就要停下来,再把车吊起来,这是一个非常大的问题。这些都是非常复杂的因素。我们还注意到,西亚北边目前的动荡会不会向中亚延伸?美国撤离阿富汗以后,阿富汗会不会保持一个稳定的局面,大量的投资怎么筹措,经营怎么保证,安全怎么保证,风险怎么承担,相当多的问题,所以这是我讲的第三个问题。就是说,要推进"丝绸之路经济带"和"海上丝绸之路"建设的构想,有很多复杂的因素需要解决。

考虑到这么多的复杂因素,我要跟大家分享的第四点就是说它的出路在哪呢?出路在于创造一个共赢的局面。仔细想这些林林总总的不同的丝绸之路,实际上都有一个共同点,交汇点在哪呢?就是大家都希望地区稳定发展,这是一个交汇点。美国需要阿富汗的稳定,中国也需要阿富汗的稳定,印度、巴基斯坦也需要巴基斯坦的稳定,当然谁在那影响大一点这是不同点,也就是说有异有同,那么我们要怎么做呢,我们要求同存异。所以最大的"同"在于大家都希望这个地方不要再成为极端主义的老巢,不要再成为恐怖主义的老巢,这是非常大的共同点。那么在中亚地区,所以我们在做的时候一定注意不能够造成排他性,要把它做好。我们不能排斥任何一方,随便举个例子,比如说大家看到的这个图,这是历史上的一个图,那么这个图从中国出来以后往上走是哈萨克斯坦,接着就往下了,到了伊朗、伊拉克,从伊拉克上去再到土耳其,好了,这里整个没有俄罗斯的事,那很可能俄罗斯就会有想法了,这丝绸之路是排他的。

最后,我觉得要慎提自贸区一体化,因为现在就是交通设施的互联互通、便利,但是呢如果我们现在就提自贸区一体化,可能会适得其反。而且要非政治化。就是说如果现在把美国搞自贸区、PPT、TIP,中国搞东盟自贸区、"海上丝绸之路"、丝绸之路经济带,这样正好形成了一个对立,如果一开始就形成一种对抗,从争夺的角度去看待,这对我们推进"丝绸之路"这个大的构想是非常不利的。

中央电视台白岩松:谢谢曲所长。不愧是我的老搭档,其实曲所长的后半部分已经把我要串的场给说了,因为他提到了"一带一路"的共赢性,这是一个非常关键性的问题。如果说第一部分已经听了专家跟我们讲《红楼梦》,第二部分曲所长给我们讲了《西游记》,接下来的第三部分也是这个大讲堂的最后一部分,当然就是从《三国演义》到《水浒》了,因为《水浒》的重要特点就是每一个人都可以成为英雄,不管你是年岁大小,还是能力高低,但是每个人都可能成为英雄。不管你排行在哪,都可成为一百单八将的一部分。但是作为亚洲的东部地区,过去是中日韩角逐《三国演义》,当大家越来越意识到东南亚的成长和重要性之后,东盟每年都有一个 10+3 的会谈,跟这三国玩。但是现在随着美国的加入,围绕着东盟的角逐,变成了新的"三国演义",美国、日本、中国都在这有各种各样的动作,但是中国更希望的是为什么不能变成《水浒》呢,让每个人都成为英雄,不管是陆上的"丝绸之路",还是海上的"丝绸之路",应该是让所有的参与者都能够分享自己想得到的东西。

所以,接下来有请中国—东盟商务理事会执行理事长许宁宁为我们带来从《三国演义》到《水浒传》,当然这题目是我起的。

中国—东盟商务理事会执行理事长许宁宁:

感谢岩松,两部名著由我来讲。

尊敬的各位与会嘉宾、女士们、先生们,大家下午好。非常高兴第一次来到泉州,跟大家探讨"海上丝绸之路"。自从"21 世纪海上丝绸之路"由中国领导人提出之后,不少东南亚朋友问我,什么叫"21 世纪海上丝绸之路"?最近一年来,中国提出了不少新的概念,包括中国—东盟共同打造钻石十年,包括要建升级版的中国—东盟自贸区,包括"21 世纪海上丝绸之路"等等。可以说中国领导人和中国政府提出这些新概念以后,东南亚国家是比较关注的。有些国家看看他们会遇到什么样的商机,怎么样合作? 有一些国家考虑中国有什么其他深层次的考虑在里面。当然不仅仅是中国和东南亚各有关方关注这一新概念,同样,在区域外一些与东盟国家关系比较密切的国家也在关注,中国提出要构筑"21 世纪海上丝绸之路",到底目的何在? 要建成什么样? 在什么建?

在今天一天的会议上,大家谈到了它的意义。我想基本上我是非常赞成的,我想重点讲的是构筑中国—东盟海上丝绸之路,是中国落实东盟是中

国周边外交的优先方向和对外经贸合作优先方向的一个生动比喻,是我们巩固和发展中国东盟战略伙伴关系的一项具体行动和举措。也就是说,我们要构筑的"21世纪海上丝绸之路"是为了我们的共同发展,以增合作来促共同发展。它的构筑,"海上丝绸之路"各有关国家进一步密切合作关系,将不仅有利于中国与东盟各国的经济增长,而且将会有利于推动区域经济一体化的进程,包括RCEP建设,就是我们正在参与和商谈的由16个国家组成的更大领域的自由贸易区的建设,这是由东盟牵头进行谈判的。同样,构筑"21世纪海上丝绸之路"还有利于区域外与东盟国家经济关系比较密切的一些国家的经济发展。也就是说,它不仅仅将惠及到"海上丝绸之路"的各国,而且对于一些域外的国家,包括像欧盟、美国等等,对他们也是有利的。中国现在在东盟的累计投资是300多亿美元,美国在东盟的投资是1600多亿美元。欧盟是东盟的第一大投资国,将近2000亿美元,日本也有1000多亿美元。东盟的经济增长对这些国家在不同程度都有一定的影响,尤其是他们在东盟国家的利益。那么东盟的稳定,东盟的经济增长对这些国家都有一定的影响。所以,中国与东盟之间加强经济合作,密切经济合作,将不仅仅有利于丝绸之路各国,而且包括我们东亚区域经济进程,和为世界经济增长做出贡献。之所以把这段话重复了两遍,就是我希望包括在座的东南亚国家的华文媒体有这样一个概念,也就是刚才岩松讲的,我们不是你死我活的竞争,也不是为了抢占势力范围,和哪个国家去竞争,而是我们出于一种巩固友好关系,以合作谋发展这么一个理念来推动的一项举措。

中国与东盟战略伙伴关系已经建成了十年,2014年是中国—东盟战略合作伙伴第二个十年的第一年,也是中国和东盟正在打造今后"钻石十年"的启动年。在前不久,在16次中国—东盟领导人会议上,十一国领导人共同发表的一个联合声明,这个联合声明就是关于中国—东盟建立战略伙伴关系十周年联合声明,在这十周年联合声明里面明确了中国和东盟的投资和贸易的发展目标,就是到2020年,也就是五年之内,中国和东盟贸易要达到1万亿美元,商贸投资要新增1500亿美元。这是什么概念呢?去年中国与东盟的贸易是4436亿美元,也就是增长了一倍以上。截止到去年底,中国和东盟的累计双向投资是1000多亿美元。这是我们将近40年来累计的双向投资,是1000多亿美元。在今后的八年之内,到2020年,中国和东盟要新增双向投资 1500 亿美元,也就是比过去 30 多年累计的双向投资要增加一半。这两个目标,贸易和投资的目标是中国和东盟领导人共同确定下来的。这个目标的确定意味着中国和东盟加强合作的信心和决心,因为这两个都是相对来说比较高的目标,但是我们有信心实现。这一目标的确定也预示着今后七八年中国和东盟将会呈现大量的合作新商机,我刚刚讲的,投资我们要新增 1500 亿美元,贸易我们要翻一倍还要多。所以说,我们构筑新的"海上丝绸之路",进一步密切合作关系将有利于这一目标的实现。

那么,怎么建好"21 世纪海上丝绸之路",我想提几点建议,重点讲三点建议:

第一点建议,就是要积极的获得"海上丝绸之路"各国,尤其是刚走出去东南亚各国的积极响应和支持。现在人家不知道,或者是知之甚少,要合作是双方的,是你情我愿的。所以的话,既然我们要建立密切合作关系,我们就不能剃头挑担子一头热,要把我们良好的愿望,要建成什么样的丝绸之路告知人家,跟他一道探讨,积极争取人家的参与,也就是说你不能自己在那边忙活。这是第一点建议,就是通过各种渠道积极的跟东盟国家各国,就是双边、多边合作,来吸引别人参与,来共建新世纪丝绸之路。

第二点建议的话就是积极的调动国内各有关方的积极性和资源来推动丝绸之路建设。现在一些地方积极性很大,这是非常好的事,就是想积极参与"一带一路"的建设。我建议在中央政府主管部门统一的协调规划之下,发挥各地方的积极性和优势来推动丝绸之路的建设,而不是各自为政,各司其事。这样的话,才可以使得我们的丝绸之路有效的建成和推动。同样如此,各有关好比像学术机构、商会、企业和媒体等,要积极调动有关方面的资源和优势,来推动丝绸之路的建设。

2014 年是中国—东盟文化交流年,这是中国和东盟领导人共同确定下来的,这与我们要建造的"丝绸之路"是高度吻合,也就是我们一句话,叫"国之交,民相亲"。我们建设的"丝绸之路"最后要落实在惠及于民、根植于民,不能仅仅是政府间的合作,最后要落实到我们的睦邻友好上,要落实到东南亚也好、中国也好,老百姓相互之间的了解、友谊之上。所以在东盟文化交流年,今年我们要开展一系列的文化交流活动,有几十项的活动,建议其中一项非常重要的就是在我们夯实与东盟合作的民意基础、思维环境上下功

夫,这是我们打造丝绸之路非常重要的条件。这是第二点建议。

第三点建议,经济。"丝绸之路"建设的重中之重是打造好升级版的中国—东盟自由贸易区。刚才曲所长讲到的中国—东盟自贸区,这个我们已经在 2010 年建成了,经过从 2000 年到 2010 年的十年功夫给建成了,到了 2010 年,我们已经 90% 以上的产品贸易关税为零。中国—东盟自贸区是一个庞大的经济体,拥有 19 亿经济消费者,包括我们泉州市在内,都在这个自贸区里面。就是中国大陆的所有国土面积与东盟十国的所有国土面积组成的这么一个庞大的自贸区。那么这个庞大的自贸区建设速度很快,在世界自贸区的建设史上也是相当快的,因为它庞大。可以说,从 2000 年到 2010 年,我们一年一大步的走,谈判、签署协议、执行协议,一直到 2010 年零关税,庞大的经济体建设速度非常快,又都是发展中国家,所以的话难免有它的粗放性。

要使我们的自贸区更好地发挥作用,更好的在开放市场中促进我们的共同经济增长,实现我们的目标,就非常需要我们精细化,需要我们提高自贸区的水平和质量。所以,这也是我们提出要打造升级版自贸区的原因。这是去年中国领导人和中国政府跟东盟提及的,后来我们就坐在了一起来谈这个事情,中国提出的方案,什么叫升级版的自由贸易区,我们怎么建造货物贸易市场,服务贸易市场。我们不可能把所有的关税都取消,把我们的产品都拿掉,但至少可以减少敏感产品在整个中国和东盟之间的贸易比重。投资开放市场的潜力还非常大,东盟有的国家响应,有的国家不响应,不响应的原因就是我们现在给你的是利差,如果大量的产品进来了,进一步开放市场,进一步下调关税会更多的冲进我们的市场。它有这样的担忧。2013 年中国东盟达到历史新高 4463 亿美元,比 2012 年同期增长 49%,也是中国和东盟历史上最高的,所以有一些东盟国家不愿意参与中国升级版经济贸易区的打造。我们谈和东盟之间的合作,一定要考虑他在想什么,从他的角度考虑问题这样推动合作才能更有效。我们要共赢、双赢,那就一定要考虑到他在想什么。

打造升级版的中国—东盟自贸区,它有利于 RCEP 谈判,非常重要的一个方面就是产业合作,我们的一些产业合作可以落地在泉州进行对接,可以把中国和东盟纺织行业进行对接,中国和东盟物流协会可以进行对接,使得我们的"丝绸之路"有一些实实在在的效果,这是我们可以做到的。

非常感谢也非常高兴参加这个会议,讲的不对的地方,请大家批评。

中央电视台白岩松:非常感谢两位主讲嘉宾,接下来描绘一个更具体的,《道德经》讲任何大事必定是把细节先做好才能成就大事,所以接下来可能更直接,也更有料,那就是与"一带一路"有关的细节执行的问题,我们要请上六位嘉宾。他们是,香港永隆银行董事长马蔚华、西安市副市长韩松、泉州市市长郑新聪、中国—东盟投资合作基金总裁李耀、中国国际贸易促进委员会经济信息部副部长贾槐,以及著名海外时评家文扬。

有一位嘉宾说,怎么像接受拷问?那说的是我。第一位如果光看文字的话可能会以为是重名,马蔚华,经济界的三驾马车,这三驾马车就是马蔚华、马化腾、马云。他现在是马蔚华。您现在做的也是金融系统,不管是丝绸之路的经济带还是海上的丝绸之路,走哪条路你都得打尖住店。2004 年作为一个起点,未来去看,人民币会发挥更大的作用,不会出现走别人的路,花别人的钱这样的状况吧?

香港永隆银行董事长马蔚华:"丝绸之路"需要人民跨境的支持,同时两个丝绸之路"一带一路"这个过程中,我觉得可以更大范围的,更大力度的推动人民币国际化。这个道理很简单,我们回顾丝绸之路的历史,我们可以说丝绸之路是贸易的。我们在炒股的到唐朝的货币,开源珠宝,它曾经起到国际支付的作用。当时的汇率是用它的单位来支付的。在今天我们人民币在"一路一带"新的发展过程中,它的作用就不仅仅是支付,不仅仅是原来的货币本身的作用。可能它会有更多新的作用产生。

中央电视台白岩松:您为什么在百忙之中参加这个会议?是应邀还是硬要?

香港永隆银行董事长马蔚华:应邀也邀请到了我。

中央电视台白岩松:您看重了什么?

香港永隆银行董事长马蔚华:我们这个讨论是商机,这个商机既有企业的商机,也有银行的商机。因为"一带一路"的发展除了货物贸易,投资。我觉得这些都离不开金融。而金融在这个时候也有很多的机会,包括中国的企业要走出去,包括我们在业务中更多的实行跨境结算,更多地推进人民币金融产品更大范围的使用。我想这也是金融的商机。

中央电视台白岩松：您的这番话，不管多伟大的蓝图，如果所有参与者都是应邀出席的，那就没戏，如果是发自内心硬要在里面，就说明这里面蕴藏着机会。

第二位嘉宾我要从他的名片说起，第一行是西安市人民政府副市长韩松。第二行字是西安国际港务区党委书记，西安离海挺远，而且我了解这个港务区始于 2008 年，西安为什么这么有远见，搞了这样一个港务区，这背后的原因是什么？

西安市副市长韩松：白岩松的眼光很犀利，问了一个我特别想回答的问题。从昨天来到这里说一下我的感觉，这次论坛和启动仪式有两个唯一，第一个，西安是唯一被邀请的外省城市。第二，我很羡慕泉州，羡慕嫉妒但不恨。在座的华人媒体只有唯一的一个吉尔吉斯斯坦的，这两个唯一就导致我的心态经常失衡。我老觉得特别想说两句话，一个是很感谢中新社，也包括泉州给我们这个机会共谋"丝绸之路经济带"的大计，一起分享一下大家的心得和体会。下一步的打算，也希望这样的活动能在西安办一次，也能让白岩松去主持。

刚才主持人提出的问题，西安建了一个西安国际港务区，我们把它称之为中国内陆港，现在其他的城市也在拷贝，或者是相互取长补短，从人和的角度来讲，西安就是原来的长安，在原来的长安，尤其在盛唐时代，是万国通商的一个都会，现在经过几千年的发展，尤其是海洋文明的崛起，西安某种程度上被边缘化了。作为内陆城市，某种程度上开放度不高了。为什么说人和？西安人有这样的梦想，有这样的野心和雄心，还是想分享海洋文明给沿海地区和泉州这样的地区带来的红利。因此，就特别想干，我们没有海，不靠海，没有河。我们有一个渭河只有涓涓细流了，更不可能通行，虽然现在还在治理，但还有待时日。所以陕西人聪明，我们的决策者智慧，就是想把港搬到西安来，把天津港、上海港、连云港搬到西安来，搬的是核心的港务服务功能。因此我们跟上海签了一个协议，后来陆续地跟天津、青岛签了协议，把他们的港口服务功能能够内移到西安来，我给你做配套，我建集装箱中心站，我建保税区，加上生活功能配套来支撑你拓展内陆。西安要把自己的内陆的区位劣势变成优势。

中央电视台白岩松：国家领导人提出"丝绸之路"，我们就庆幸这个事情干旱了。

西安市副市长韩松：自从干这个港务区，我是执行人之一，我们是天天盼。盼了一个西部大开发十年的政策。那是一次西安的机遇。那时候西安港务区刚刚破土动工，我也不知道这个港能不能建成，能不能运行，能不能发挥作用。但是国家给了很多政策，给了很多的机会。包括把保税区给我们了，把地位也给我们了。前年初步建成，饭馆建得再好也需要有人来吃饭，需要营销，老天保佑，机会来了，这就是总书记 2013 年 9 月的号召，就是"丝绸之路"战略的提出，对西安来讲是千载难逢的。

中央电视台白岩松：西安港务区就是庆丰包子铺，等待的就是总书记来吃。

西安市副市长韩松：希望你们去看看西安的大手笔，看看这个东西是不能可以带来很多很多的商机，不是给西安，是给华商，是想给所有做"丝绸之路经济带"生意的人是不是会带来商机。你们去看看就知道了。

中央电视台白岩松：第三位嘉宾是泉州市市长郑新聪。我的第一个感觉是泉州的运气一旦来了，拦都拦不住，2013 年 8 月底，泉州市被评为"东亚文化之都"，9 月初领导人就提出"丝绸之路经济带"和"海上丝绸之路"。从 2013 年 9 月到现在，一个概念对您的城市带来了什么变化？

泉州市市长郑新聪：谢谢白老师，欢迎大家来泉州。这两天我非常兴奋，我要感谢主办单位把这个会议放在泉州。也非常感谢今天上午和下午各位领导和各位嘉宾对泉州的关注、关心和努力。

我们感觉到"一带一路"的提出对国家和人民是一大信心。这是一个多边的，共同的一件大好事，对沿途的国家和人民带来了不同的福祉，是我们这个国家的共同利益。这个战略的提出，顺应了当今世界的政治、经济、外交格局的新变化，意义非常重大。

泉州在这一块，2013 年 8 月份获得"东亚文化之都"的称号，后来"一带一路"的提出，刚才中央电视台白岩松老师问我感觉怎么样？第一，来泉州参观考察和文化寻根的人更多了，第二个来泉州寻求合作的大企业多了。现在接触的国际五百强，国际知名的企业更多了。

中央电视台白岩松：有没有信心这种忙碌和兴奋一直会持续下去？

泉州市市长郑新聪：泉州在"海上丝绸之路"的历史上，它的形成和发

展,泉州谱写了一个非常壮丽的历史,有它的高潮也有它的低潮。但是"海上丝绸之路"跟沿线国家之间的密切合作从来没有断,只是有高潮有低潮。这次国家又作为一个战略提出来,是一个千载难逢的机会。我们泉州非常有信心,泉州有它的基础和优势。第一个产业。因为要做沿途的生意,要密切沿途之间的来往,首先要有共识、互惠,最后达到共赢。泉州有生意做,泉州的 GDP 是 1500 亿,占福建的 24%,泉州的工业和制造业总量已经超过 1 万亿。泉州有三大产业,纺织服装、鞋业、石油化工,这三个主导产业都给我们沿线的国家、海上丝绸之路是紧密相关的。

第二个我们有很大的潜力,投资潜力,华侨 90% 的人侨居在我们"海上丝绸之路"的国家。还有一个台湾,台湾汉族同胞中有很大一部分人的祖籍是泉州,这是非常壮大的一支队伍

第三个是贸易。我们跟这一条的生意都没有断,尤其是改革开放以后非常多。泉州 2013 年的贸易总额达到 300 亿,15% 是来自于这条线的国家的生意。泉州的交通非常便利。泉州的文化有三个头衔,一个是国家文化名城。第二个是文化之都,第三个联合国多元文化中心。这些文化可以促进人流、商流、资金流。

中央电视台白岩松:不管你信仰什么,都可以在这里找到和你信仰对照的场所。

泉州市市长郑新聪:我们自从 2013 年 9 月丝绸之路战略的提出和 11 月中共十八届三中全会后,根据省委的部署,上午晓松副省长给大家汇报了,我们省里在做"一带一路"规划的设想,泉州通过这几个月,不少的专家提出的建设"21 世纪海上丝绸之路先行区"的概念,先行区的提出,我们认为有五个方面的优势和基础。我们提这个先行区,我们只是说先先行先试,充当这条"21 世纪丝绸之路"建设的排头兵。主线是五个,贸易、旅游、文化、基础设施、互联互通。我们着力在几个方面,一个是加强合作,在产品上自由化突破。另一个,跟东盟的合作有巨大的潜力。第二个,旅游方面。我们正在联合申报海丝世界文化遗产,我们精选一些地点,把旅游做起来,把人方面的流通和交往也形成态势。第三个文化方面,第四个是金融。我们最近在跟中东也在谈一家,参与现行区的建设,我们很有信心,因为这个机会非常好,泉州有历史的渊源,还有多方面的基础,只要政府能够给泉州机会,泉州会

把政府给的任务做好。

中央电视台白岩松："海上丝绸之路"这一块新增内容占政府工作报告内容多大篇幅？

泉州市市长郑新聪：十项具体工作内容里面的一项。

中央电视台白岩松：下一位嘉宾是中国—东盟投资合作基金总裁李耀，面对东盟有很多事在做，哪些事是在提出了"海上丝绸之路"之后，有可能是新做的事，而不是把原来做的事加上一个帽子？

中国—东盟投资合作基金总裁李耀：金融非常重要，货币是整个经济的血脉，是血液。我记得前在雅加达开了一个会议上，有一个要大使讲到日本如何支持东盟的设计和方案，中国人如何实实在在的支持整个东盟的一体化，东盟的互联互通？日本大使之后对我说，日本人老是说，老是说，中国人是做，非常务实。那天会议结束以后，领导人又提出了"丝绸之路"。"丝绸之路"对我们做事情的人，带来了新的历史感使命感，同时有一个文化人文关怀，因为这是上千年的。我深深觉得有了这个概念以后，使得我们这些中国人在东盟的舞台上，当我们看到互联互通，看到如何和东盟更好的推动东盟一体化，在建设中国和东盟的共同利益共同体方面，我们有了新的使命和历史感。而我感觉到恰恰是这种古老的文明智慧和新的一种理念，包括人民币的国际化，这个都是非常新的理念，一个是新的商机，一个是新的商业模式，一个是新的商业价值。这个就是我们要追求的。

中央电视台白岩松：新的商业价值观特点在哪里？

中国—东盟投资合作基金总裁李耀：过去一段时间，我们的发展实际上很大程度上是依赖于大量外资的进入，从过去十年开始，我们的资金开始走出去，资本外流。比如在非洲，但是你做的事情并不好，在污染环境，用廉价劳动力方面，你只是把低廉价劳动力输出到国外去。我们东盟投资基金，在东盟投资的7亿多美元里面，我们想创造一种或者是和大家一起寻找新的商业价值观。这就是保持社会均衡发展的可持续发展的一个模式。我们如何用我们适当的技术，适当的经验，非常合适的商业模式来给发展中国家，给正在起来的新兴市场国家做我们可以做的事情。如何发挥我们的作用，使可持续发展和商业成功结合在一起，在社会发展上，在人文环境方面可以和谐的发展。我相信，我们能够作出更好的贡献。所以这就是在新商机基

础上,在新商业模式基础上,我们和通过丝绸之路古老的传说和古老的命题中,发展出新的商业价值观,这个就是我们中国商人能够对世界所做的新贡献。

中央电视台白岩松:其实一个新的概念非常重要,尤其这个新的概念有文化的话就更有价值。比如同样的一个动作,盘腿坐着可能会落后,但是打坐就不一样了,它注入了新的凝聚力。第五位嘉宾,我们一直在说我们的想法。刚才大讲堂里就有嘉宾讲到也要听别人的想法。我们听一下中国国际贸易促进会经济信息部副部长贾槐。您了解很多和我们"丝绸之路经济带"也好,"海上丝绸之路带"也好,您很了解其他的国家,那些国家也很愿意参与其中吗?

中国国际贸易促进会经济信息部副部长贾槐:很高兴来到泉州,从2007年开始第一任务就是帮助中国企业走出去,在各地建了很多平台,和很多机构建立了专项合作机制,在27个省搭建了平台帮助企业走出去,包括基础能源、再生能源、生物医药、农业等等,这是我们贸促会的工作职能。连续走访了北京20多家沿线国家,他们高度认同我们的概念。

我再谈一点具体的。刚才说了,贸易促进会的职能,贸易促进会和陕西省政府动作迅速,我们向国家申报了"首届丝绸之路博览会"的方案,现在正在实施。这次来泉州来,我感到非常的震撼。开了一天的会,桌上放了三本书,我休息的时候简单看了一下,让"海上丝绸之路"的概念非常深厚。我们要重振古代丝绸之路的辉煌。我们参加这个会议一个是了解的情况,另外陪着领导策划泉州的海上丝绸之路博览会的相关活动,整合各方资源。这次来一个是认真贯彻国家的海洋战略,另外一个是国家品牌战略。我们也想因为接触到泉州经济发展优质产业,我们想联合国家质检总局等其他单位在这里打造一个品牌博览会。"海上丝绸之路"博览会全面推进国家的发展战略,坚持投资贸易双向驱动。

中央电视台白岩松:您希望它带回来的是什么?

中国国际贸易促进会经济信息部副部长贾槐:火车可能带来的是农产品、蔬菜、水果。这个要根据不同的国家需求来设置不同的实施方案。国家贸易促进会明天还要考察泉州的很多民间设施,我们会全方位的设计泉州的"丝绸之路博览会"的博览活动。西安这个活动是三部分,一个是国家主题论坛,我们会邀请一些政要来讲这个事。还有一个是 30 万平方米的展览,其中一万平方米是国家馆,现在进展都非常好,都表现了很大的积极性。

中央电视台白岩松:第六位嘉宾跟泉州有很深的关系,30 多年前的时候在这里当兵,成功者一定是与时俱进的,他跟上了这个时代,他就是文扬。他 30 年的变化也就是这个局势的变化。泉州这个地方有两大特点,一个是越开放越兴盛越繁华。只要不开放,就会受到牵连。现在重新开放,重新崛起。另外一个特殊的两岸关系在曾经特殊的时期给泉州带来了极深的负面影响。现在又带来了非常积极的正面影响。所以泉州是最喜欢和平的。问您的问题是,您觉得您的名字叫文扬,像"丝绸之路"有文化概念的老故事,装上实实在在的新的内容,文化会让利益很多东西一起扬起来吗?

著名海外时评家文扬:首先申明我是应邀来的,到了泉州以后,我觉得我真的是应该硬要来。我坐在这里,我想了想至少有四个特殊的身份,我第一个身份,我来自新西兰,大家看这个图,新西兰都已经出去了。所以,我实际上是从南半球的角度来看北半球的事情。就给了我一个距离感,可能看事情就会"不在此山中"。第二个身份,同时,新西兰又是新世界,我等于是从新世界来看旧世界,因为"丝绸之路"是旧世界。第三个身份是我 1997 年在这里当兵,那时候是东海舰队福建基地的一名水兵。第四个身份是我是海外华人媒体的代表。回到主持人的问题上,其实我就跟在座的各位一样,这几位市长都是负责具体工作的事情。其实,前面这张图其实就是古代的事,这不是一个区域合作的,也不是刚才主持人介绍的向西向西。所以要说古代丝绸之路 5000 多年,实际上就是世界的尽头。那时候从罗马古希腊来看中国,再往日本就到了大海的尽头。这个图已经把古代世界的面貌都画出来了。

我们重新讲"21 世纪丝绸之路",为什么古代持续了 2000 多年的"丝绸之路"没有了?这就是近五百年被颠覆了。新世界西方崛起,建立了西方大国。大家知道,有一个很著名的事,1493 年那时候的教皇把整个世界海洋分给了葡萄牙和西班牙两个国家,在这之前,世界海洋是被阿拉伯和泉州人划分了。我们看游记,马可波罗在北非和中东转完了以后,到了马尔代夫一路顺风进入中国到了泉州。

从古代的丝绸之路可以发掘的东西到现在已经重现了,和平、友好、互

惠互利,过去的丝绸之路就是这样,而且还不完全是国家,还有民间的。一直就是和平友好的。这里面已经有太丰富的历史的内容。首先,现在把这2000多年的文化内涵发掘出来的话,就已经有很多内容,就是五百年的一小块把过去的秩序给颠覆了。

中央电视台白岩松:其实您给了我们一个话题,古代丝绸之路给我们现在的启示,在这里讲一个小背景,古代的丝绸之路是互利共赢,为什么会终结? 当任何一个国家想让自己获得更大的利润,垄断自己的时候,丝绸之路就走到头了。大量的香料和茶叶是欧洲所需要的,但是到了伊斯坦布尔,中国的货就要卸下来了。最后价格越来越高,欧洲人没办法只有再找一个路,新世界就诞生了,丝绸之路中断了。所以这一切是被逼走的。所以对新的丝绸之路经济带和海上丝绸之路,如何共赢和共享也非常重要。我想跟现场的人说,如果您有什么问题,有什么精彩的言论也有机会,可以举手回答。比如说我现在可以试着问一下,现场有多少人有问题? 我先听一下您的问题是什么?

记者提问:谢谢中央电视台白岩松老师。我是瑞典《北欧时报》的。上一周我们头版就是北欧的"哥德堡号"船 1739 年就开到了广州港,听说要开到泉州来,这是第 6 次,听说泉州在争取。我很想了解一下,泉州这方面做了哪些工作?

泉州市市长郑新聪:这个船的主人跟泉州有渊源,我们想在 10 月份左右,让它进来。船东也在做相关的准备工作。

中央电视台白岩松:面对新概念的提出,我们去理解和消化它是需要一定时间,当你了解了这个政策,今天又开了一天会,今后"一带一路"有关系的商机有可能是什么? 可以泄露一些吗?

香港永隆银行董事长马蔚华:我讲一点,如何支持这个事,获得更多的政策,是对"一带一路"都有意义的。商机很简单,我们无论是"丝绸之路经济带",还是"海上丝绸之路",我想都有金融支持。特别是这个"丝绸之路经济带",东亚五国、俄罗斯这些地方,中资银行进去的程度还不高。所以这个地方如果大发展,需要中国企业走出去,相应的进行金融支持。如何在这些地方建机构。东南亚也是。由于我们总部在香港,我们对东南亚的文化需求了解得清楚,所以我也只是在东南亚这些先建机构,然后要发展人民币业务,这里面有很多需求。

中央电视台白岩松:我感觉马董事长是一个非常棒的商业人。为什么?先在荒漠中看到自己的需求,你首先说的是丝绸之路经济带在东南亚的国家,您觉得这个概念提出来是不是有助于我们的金融机构真的走进去?

香港永隆银行董事长马蔚华:在这个地方,一个是金融机构走出去,这也需要监管单位的相互配合。这个地方我觉得还需要能够动员各方面的资金,瞄准这个地方的优势,比如能源和资源,建设若干产业基金,这个是相辅相成的。还有就是让这个地方怎么加快人民币作为跨境业务人民币结算。我觉得这个是更有利于我们之间减少汇率风险,减少成本,更有利于贸易的便利。

中央电视台白岩松:韩市长,有了这样的概念以后,一个好概念很重要,哪怕是你原来很想干的事,难度很大的,但是有了新概念,可能难度就变小了,您的切身体会是什么?

西安市副市长韩松:人和有了,地利有了,中国有这个枢纽的作用,总书记在中亚大胆倡议的时候,西安人更兴奋的是,总书记说我的家乡在陕西,我的家乡是"丝绸之路"的起点,对陕西和西安人来讲,确实很自豪,觉得是一个机遇。原来我们也想把西安做成一个承东启西连接南北公路铁路航空枢纽,物流集散中心,但是自己做很辛苦,自己做非常难,因为做事一定是大家齐心协力才能做好,而西安只有自己的愿望去做这件事情,不是不能做成,但时间、投入都会很大,因为这里的商机看不出来。现在习主席一声号令,一个倡议,对于整个"丝绸之路"沿线的国家都是一个提醒,都是一个共赢。这个时候,西安毫无疑问就像主持人讲的,我们已经在做准备,而且我们已经采取了一些动作,这个时候西安的机会就比自己去做这件事情机会大得多,可以实现互利共赢。现在我们在做的事情,除了国际港务区,总书记2013年9月份发出号召,我们10月28日就开通了到东亚的铁路货运集装箱班列,名字就叫"长安号",这里有很多的意义在里面,这是一个实质性的动作。接着,想发挥西安交通地理优势之外,还有教育优势,西安有60所高校,跟中亚有很长的渊源,我们主动表示和中亚大使商定要培育他们的留学生,因为文化的认同,留学生的交流,对下一步推动双方的经贸合作和文化合作,会有更大的作用。

民间,比方大唐稀世,是一个典范,要结合当地的文化特色做文化产业,比如沙漠旅游文化的投资,现在哈萨克斯坦已经在邀请他,让他做一个旅游文化设施,吸引双方游客,我们已经在做这件事情。我们跟中亚五国的对话平台,国务院批准了,两年一次,这种东西对我们来讲,都是我们正在做的,下一步还要拓展它的内涵,所以这种东西对西安来讲都是机遇。有了丝绸之路经济带的帽子,像西安这种内陆城市向东开放,向西开放,东西双向开放,机遇意义重大。

中央电视台白岩松:一提起陆上的丝绸之路,首先就是想起西安,这就是形象的财富。

西安市副市长韩松:现在来西安探讨共同做国际港务区的合作商也越来越多。

中央电视台白岩松:给大家讲一个文化的故事活跃一下会场,有文化和没文化区别很大,和财富有关,很多以前著名的文化人天津冯骥才他们家被盗了,冯骥才一听就晕了,那么多的字画、文物、古董,结果就发现小偷就把他的电视机、录像机给盗走了,所有的文物、字画都没拿,冯骥才最后给了一千块钱交给警察,让警察抓到贼以后给贼,说感谢他。然后说了一句"贼没文化,损失巨大"。

新丝绸之路的起点就是泉州,但是新故事的起点就不一定是泉州。您怎么看待这个竞争?

泉州市市长郑新聪:这个挑战我们是这样想的,"新丝绸之路"建设看谁走得慢,走得快。第二个,谁做得少,第三个谁更有生命力。我想我们这三方面都竞争。我们泉州人爱拼敢赢,兼容并进,海纳百川,勇于开拓。这些都是泉州人的精神。

中央电视台白岩松:你感受到了围绕"丝绸之路"的竞争吗?

泉州市市长郑新聪:对,已经感受到了。

中央电视台白岩松:这个会也差点没在泉州开。

泉州市市长郑新聪:我们现在有几件事正在紧锣密鼓地做,"丝绸之路"沿途国家和人民对泉州是非常熟悉的。我们阿拉伯的后裔有五万多人,现在很多知名的企业家丁志忠、丁水波等等,阿拉伯的经贸进来以后,文化和宗教也都进来,这个地方也是宗教博物馆。我们必须在这方面走在别人的前面去。在原有的基础上做得更好。第二个,要赶紧建立沟通、洽谈和展示的平台。也就是刚才贾槐副部长说的,他们专门带了一个小组来泉州考察,这两天会长在详细考察,我们想把这个平台建立起来,只有平台才有地方去沟通。不管是民间的问题,还是外交的问题。第三个,文化方面的展示,海上交通博物馆,我们准备做一个中国"海上丝绸之路"的展示,文化的认同要先走一步,才有经贸上商的合作。

中央电视台白岩松:围绕东盟这一块我们的动作越来越多了,中国和东盟建立战略伙伴关系是十周年,海上丝绸之路这真的可以为如此密切的中国东盟关系完成更密切的可能吗?

中国—东盟投资合作基金总裁李耀:黄金十年到钻石十年,我用两个词来总结,一个是领导,一个是战略,合起来就是领导战略。人民币的国际化,它的国际化一直在变,恰恰这个时候通过丝绸之路把这样一个经济里面的血液输入出去,有了一个很好的动力。比如我们讲到的关于各种各样文化的开发,我们就讲到新的模式。现在商业模式的发展,有了这个以后,就有了很好的推动。我们是非常努力的在做互联互通,产业升级,整个中国和东盟的合作,这个命运共同体的建设,从黄金十年到钻石十年。我们在眼界上也提高了,第二个在整合各种资源的调动方面一下子就到了一个高度。一个民族,有远见的人带着这个民族往前走,就像摩西带着泰西,使得这个民族看到了一个在新的高度上,看到一个新的东西。

中央电视台白岩松:其实这个概念很重要,看到一个新的东西站在一个新的平台,贾副部长无您长期从事工作中,其中有一部分工作是帮助中国的企业走出去,面对"一带一路"你希望中国的企业往哪里走?

中国国际贸易促进会经济信息部副部长贾槐:这个问题很大,因为贸促会这几年做调查,中国企业走出去的比例,50%到60%的企业是走向东盟,因为走向,非洲的一些大的企业,一般来讲还是在东盟地区,这是中国企业投资的走向。这个概念一旦提出了,我自己感觉,对政府部门来讲是一个推动力。政府要做政绩,企业要盈利,企业要抓住商机,对政府和企业来讲都是一个推动力。具体走向哪个地区,肯定是东盟了。因为近,各方面来往也频繁,又是我们周边国家的外交。首选肯定是东盟,其他远一点就是非洲。早年我在非洲市场工作了五年,这个情结也忘不了,我也正在做一个引领中国企业走进非洲。再延伸一点，这也是促进中国品牌企业走出去。商标和品牌这两个概念，品牌代表的含义更多，所以我刚才说，中国的国家品牌战略，我们想把这个基地准备放在泉州。还有就是要有不同的差异性。

中央电视台白岩松："海上丝绸之路"和"丝绸之路经济带"会带来什么样的啊变化？

著名海外时评家文扬：刚才我已经谈到了这个意思，如果说古代世界是起点，近代世界是一个颠覆。首先是期待我们泉州市重新崛起，因为泉州这个历史，如果说我们一个城市在历史上的兴衰有点像股票线，很可能泉州市是高点和低点落差最大的城市。最辉煌的时候曾经是世界第一大港口，到1957年封港就停了。现在看海外，等于另外一个泉州在这里。现在就像股票一样，就有一个价格被严重低估的。可见，泉州港就是到了谷底之后，重新恢复。我最希望看到泉州能够恢复辉煌。现在，它的吞吐量过亿，它实际上相对还是晚了一些，区位优势，像湄洲岛、厦门港都起来了，大家都在争。所以泉州的历史资源被严重浪费了，现在有了"海上丝绸之路"，从大的方面首先要从泉州走，要恢复它的辉煌。

中央电视台白岩松：马董事长说要补充一点，其实完全不用补充。接下来是提问阶段。您期待的是什么？

香港永隆银行董事长马蔚华：两个数字，一个是我们在东南亚有750万华侨，但是我们中国对东南亚的投资只有300亿美元。郑司长刚才讲，在台湾本有一半人的祖籍是在泉州。现在怎么是吸引投资和走出去的问题。我们现在应该说还是刚刚起步，我们还要有更多的政策能够支持国际化的进程。你要非居民，让境外的公司愿意用人民币结算，这样就会沉淀了一批。人民币如何有一个回流货币的机制？这样他们会有更多的意愿用人民币结算。我们沉淀的人民币越多，我们作为无论是对内投资还是对外投资，人民币的离岸市场都可以发展起来，这就解决了对外投资资金来源的问题。

中央电视台白岩松："海上丝绸之路"在和"丝绸之路经济带"在未来十年里面，哪个会发展快？这两个一旦在发展过程中，您最担心的是什么，要避免的是什么？

著名海外时评家文扬：我认为陆路会发展得更快。担心的是"一带一路"对整个世界地缘战略的冲击。

中国国际贸易促进会经济信息部副部长贾槐：我觉得"海上丝绸之路"会更快。我接受文扬的概念。

中央电视台白岩松：您为什么选择的是东盟？

中国国际贸易促进会经济信息部副部长贾槐：因为东盟跟中国的经贸往来，而且基于现在的条件，跟中国更近。中亚也是一个，因为文化和地理，各种难度会更大。因为我现在在做投资贸易工作，我觉得"海上丝绸之路"会发展更快。

中国—东盟投资合作基金总裁李耀："海上丝绸之路"会发展快。更多的是希望在这个过程中，不同民族之间建立一个更好的相互信任、相互支持的情怀。

泉州市市长郑新聪：我觉得是"海上丝绸之路"会发展更快。第二个问题是信任，要打消他们对中国的担心。

西安市副市长韩松：我要在泉州说"海上丝绸之路"发展更快，我怎么回西安。我如果说陆上丝绸之路更快，我怎么在泉州混？

中央电视台白岩松：在未来的时间里，我觉得"海上丝绸之路"对历史的发展变化会是陆上"丝绸之路"发展更快。

西安市副市长韩松：我担心是先冷后热。从战略到战术到实施方案到变成现实，我的关词键是先冷后热，担心一头热。我们做市长是一样的，对基于的认识和理解我相信我们有转抓机遇的劲头和激情。就像总书记讲的五通一样，政策沟通，道路联通，贸易畅通，民心相通，货币流通。这几个通对地方政府来讲，对于民间来讲，对于企业来讲，对于老百姓来讲，能够有所作为的有限。政策沟通必须是中央政府对中央政府，包括法律法规的衔接，政府贸易环境的衔接。货币流通毫无疑问这个是国家层面的。民心相通更多的是文化的融合，也需要国家层面和地方配合，地方唯一能够做的就是贸易畅通。道路联通，我把路修好。国内段的推进城市之间某种程度还可以衔接，还可以形成共识。陆上丝绸之路一个最大的物流障碍就是出了国，铁路换装，因为轨道不同。这些东西的解决不是花钱的事情，或者不止是花钱的事情，更需要国家的政策和国家层面进行沟通。因此，这些事情都很大，很急。地方政府早就看到了这个事情，热切的期盼早日投入，早日解决。国家之间更务实的形成命运共同体，利益共同体。如果真是这样的话，十年之

内,一定是路上比海上快。

中央电视台白岩松:他担心的是热乎一阵,如果是一阵的话,反而会形成谁动得快谁倒,不是一段热乎劲就过去了。我们最后来听听两个问题的答案。

香港永隆银行董事长马蔚华:第一个问题,我听了韩市长的话,虽然他说他选择西部,我想跟你有共识,前十年是路,十年以后可能是带。我担心的不能互利互信。

中央电视台白岩松:非常感谢你马上给我们的点评,希望各位都马到成功。如果问我的话,最期待的是,未来十年谁会发展得最快,我刚才表达了这个意思。您对现代已经看到了快速发展的放在这了,您期待的是在另一个领域快速发展。我最担心的是明年、大后年还在办相同层次的论坛,如何把务虚变成务实。我们按每一年都可以在新的实践和务实的基础上谈论新的话题,这个才是最重要的。非常感谢各位付出了一天的时间。我们套用一句话,有很多的论坛是在被记录历史,但是有一种论坛是在创造历史。今天的论坛其实我们是站在一个新的事情和新的梦想,新的概念和新的起跑线上,我们谁都不知道这个故事十年后会演变成什么样,谁会诞生成为英雄。感谢六位嘉宾,感谢中国新闻社,我们所有的人一起在这里创造了一个让我们好奇的历史。

泉州市市长郑新聪:首先表示我诚挚的谢意!这一次的论坛商机对话我们要感谢中国新闻社。第二个,这一次来泉州举办活动,让我这么激动,要感谢相关领导和专家对泉州的厚爱。第三个要感谢全球的华人媒体来泉州捧场。谢谢大家!希望大家多关注泉州,支持泉州。泉州一定会为大家争气!

中央电视台白岩松:谢谢各位,谢谢各位嘉宾!

"交流与封闭" 国际人类学研讨会

中古时期的闽南区域史研究

——读《刺桐梦华录》

◇ 孙 静

一、作者简介

苏基朗(Billy Kee-long SO)早年求学于香港中文大学,以泉州历史地理作为硕士论文题目。1982 年他以《宋代闽南地区经济发展史论》取得澳大利亚国立大学的博士学位。2001 年,英文版的《刺桐梦华录》面世,2011 年中文版《刺桐梦华录》终于付梓。在华语世界,这本书所带来的影响力进一步扩大。作为海外泉州学三剑客(李东华,克拉克及苏基朗)之一,苏基朗自称深受史学家严耕望先生的影响,对闽南的中古经济史研究具有国史人文地理研究的旨趣。

苏基朗时任香港中文大学历史系主任期间,开始乐于将自己的史学研究推向管理学等应用领域。而《刺桐》中的闽南个案研究为他的公众史学(public history)提供了关键佐证:"中国经济在不同时期、不同经济结构下的潜力。"[①]为新世纪的"繁荣"创造史学话语的基础。

苏基朗博士

---

① 苏基朗著,李润强译:《刺桐梦华录》,杭州:浙江大学出版社,2002 年,第 2 页。

　　苏基朗在英文版的序言中十分谦虚地提及了前人的研究成果,包括日本东洋史学家桑原骘藏的蒲寿庚研究,李东华的泉州的中古海上交通历史研究,以及美国史学家克拉克的唐宋闽南经济史研究。另有两份颇受争议的史料受到了作者的关注,一份是大卫·塞尔本所编译的《雅各布布·德安科纳手稿》,也就是记载13世纪70年代泉州城的《光明之城》(*The City of Light*),另一份是20世纪80年代在泉州发现的一本谱系书籍《西山杂志》。在学术论辩的过程中,苏基朗既表达了自己的研究取向与学术观点,又说明了针对不同史料的存留与删减状况。

　　以上即是苏基朗的简要学术简历及治史风格。

二、本书的结构与内容

　　《刺桐梦华录》总体上把10—14世纪闽南经济的表现视作一个演变过程。在历时性的分析过程中,苏基朗以敏锐的视角捕捉了经济表现的空间性,试图建构闽南繁荣的空间维度。但若需要阐明10—14世纪的长期经济表现,则还需要将制度因素也纳入分析的框架之中。但无论是过程性的纵向表述,还是空间、制度建构的横向表述,"繁荣"(prosperity)始终是苏基朗对于中古时期闽南地区的基本判断。在铺展他的论述之前,苏基朗首先阐明了作为人文地理概念而存在的"闽南地区"的意涵。他主张将北部兴化军涵括在一般意义上的漳泉地域范围内,因而闽南指称的地区为"兴漳泉"。

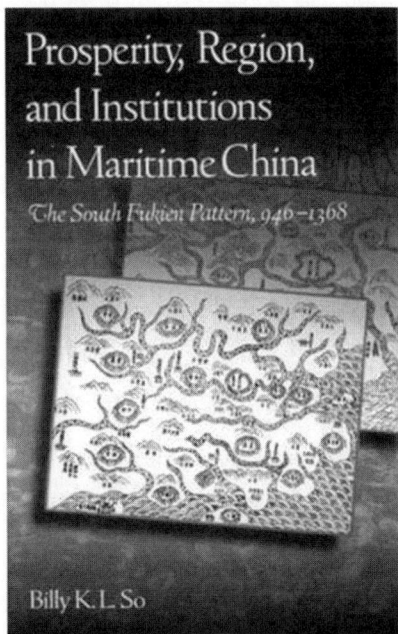

《刺桐梦华录》英文版

(一)过程

苏基朗的闽南经济史研究起始公元 946 年至公元 1368 年,称"中古时期"。这一中古时期的闽南地区经济经历了准备阶段,空前繁荣以及衰落和复兴的四个阶段。

946 年之前作为海疆的闽南地区首先进入了苏基朗的视野。然而他并不同意桑原骘藏等学者的观点,即认为 10 世纪之前泉州即已成为海外贸易的中心。在关键的 Djanfou 港之争中,苏基朗倾向于认为 Djanfou 港是福州,而并非是泉州。隋唐时期的闽南地区农业发展水平还不足以储备足够的剩余产品,当地所生产的纺织品也不以上乘著称。直至 9 世纪末,王潮率兵建立闽国,使得福建地区的权力结构发生重大变化。苏基朗援引克拉克的研究,认为,这一时期的闽南地区达到了某种自治状况,因而使得地方精英势力发展壮大,为留从效和陈洪进两大割据势力相继统治这一区域,促进经济腾飞创造了有力条件。

随着宋代占城稻的推广种植以及农业技术的进步,闽南农耕水平得以提高,超过了自给生产的水平,为经济作物的生产消费带来了空间,从而强化了本地区农业的交易属性。宋代佛寺占有大量耕地,比如泉州开元寺南宋某个时期曾经占有土地 273.5 顷。[①] 高度集中地土地占有方式对当时的闽南农业发展起到了积极的助推作用。另一显著变化是泉州市舶司的设立。这改变了闽南商人进行海外贸易需前往广州港口登记的不利体制,往来泉州的外国商人数量因而大幅增加。赵汝适的《诸蕃志》、祝穆所著的《方舆胜览》都记载说 11 世纪末泉州城就已出现了"蕃坊"或"蕃人巷",表明外国聚居人口带来的市井繁荣。同时,海外贸易伙伴数量不断增加。占婆和三佛齐是闽南两个最重要的贸易伙伴,双方人员和商品数量往来频繁。大食是闽南第三个重要贸易伙伴,其他国家诸如真腊、爪哇和菲律宾群岛各部落也与闽南存在贸易联系。11 世纪末的泉州,从被动的转口贸易向主动的海外市场开拓成功转型。与海外市场开拓并行不悖的是本土市场的活跃。

① 苏基朗著,李润强译,《刺桐梦华录》,杭州:浙江大学出版社,2012 年,第 30 页。

有三股力量在本土市场的活跃中起到了关键作用:海外贸易市场中崛起的本地富商及其家族;定居闽南的外国商人以及定居泉州的皇族宗室。尤其是后者,在贾志扬对宋朝闽南的皇族宗室的研究中提到:"在泉州享受朝廷俸禄的人比其他州要多出 30 多倍,这提高了当地奢侈品消费的需求。"[①]在国内的跨区域贸易方面,闽南商人的祖籍遍布大宋帝国的海南岛、广东路、两浙路、山东半岛及长江流域。这一时期的闽南农业逐步向商品化方向发展。市场效益好的经济作物逐渐取代了主要粮食作物水稻。在工业方面,最为突出的成就来自造船业。闽南的造船材料与技术在当时被认为是最好的。

从一份士大夫真德秀的任命奏折中,苏基朗认为,13 世纪的闽南经济或可面临一场经济的衰退,而衰退的因素可能包括皇族宗亲开销增加,关税的提高,海盗的猖獗以及东南亚政治格局变动带来的海外市场的衰落。13 世纪高棉人、暹罗、越南国以及占婆国的常年伐役使得贸易环境日益恶劣。

然而,随着元朝统治新秩序的建立,短暂的衰落很快消失匿迹,闽南的经济再次复兴。一方面,元朝迫切恢复因战争而失效的市舶司的职能,督促商船出海进行

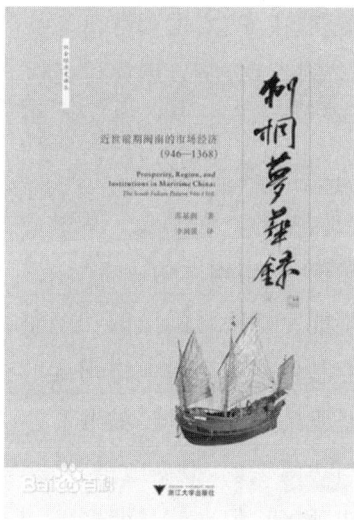

《刺桐梦华录》中文版

海上贸易,收缴关税。另一方面,掌管泉州海上贸易的蒲守庚奉命向海外其他国家通告元朝帝国建立的消息,鼓励他们向元朝朝贡。苏基朗用相当多的笔墨援引桑原骘藏的蒲守庚研究,力图说明这一期间显著的特点,即由外族人"色目人"控制市舶司的职务,蒲守庚等外族人掌控地方大权。这一特点虽促使闽南的繁荣达到了前所未有的水平,但这样的繁荣也使得闽南地区间的差异加大,成为少数人享有的专利,从而最终导致了 1357—1366 年

---

① 苏基朗著,李润强译:《刺桐梦华录》,杭州:浙江大学出版社,2012 年,第 61 页。

波斯军队的毁灭性叛乱。

苏基朗以历时性的年代梳理,铺展了闽南地区中古时期的经济繁荣图景,在这幅图景中他以史家的笔墨勾勒了农业、工业、货币、地方精英、海外贸易在不同时期的跌宕变迁。商业与农业的关系,地方精英势力与地方经济发展的关系的思考已经隐含在苏先生过程性的叙述之中。

(二)空间

借用施坚雅的空间理论,苏基朗将闽南的中古经济史的研究进一步推向横向的结构性论述。首先他通过分析闽南的城市系统和乡村系统,比如晋江、南安、安溪和莆田等县的详细历史数据,来探讨人口的区域分布模式。接着围绕经济发展探讨其他必备要素,比如交通、铁、陶瓷、甘蔗等产业。跨部门的繁荣是整合最重要的方面,10—13世纪的闽南具备了产业繁荣的基础,如在漳浦发现的陶瓷中心等。但这些功能的整合并不标志着闽南是一个同质的空间单位。因此,"整合"是苏基朗的空间理论的第一个关键词。然而,闽南地区的中古繁荣与泉州和它的海洋经济密不可分,因此"整合"并不能完整阐释闽南的功能整合扩展到了整个东南沿海的宏观区域。因此,苏基朗并不乐观地将闽南的整合现象扩展到其他更宏观的区域,也就对施坚雅的"宏观区域"提出了异议。苏基朗对施坚雅的另一个重要修正是中心与边陲之说,根据施坚雅的理论,根据人口密度,可以进一步区分核心区和边陲区。但在苏基朗这里,他并不认同将闽南视作核心区域,而主张将闽南的某些部分视作核心,剩余部分视作边陲。

延续施坚雅的理论,在确立了闽南作为"整合"经济区域之后,苏基朗开始为这个区域寻找空间上的核心,即泉州城。苏基朗对城市研究的关注,很可能受到中华帝国晚期城市发展研究成果的影响,认为,对个别城市的研究,可以大大增强我们对中国城市及其背后的文化与社会经济动力的理解。因此坐拥丰富的泉州城的文献,苏基朗主张对泉州进行城市形态特征的细致分析,包括城市的基本布局,主要建筑的布局模式,商业区与地方产业以及地方精英的住宅区。最后他得出结论认为泉州城内部整体结构有施坚雅意义上的"双核心"的特点,但是他并不认为精英住宅与行政住宅相重合现象也映照在泉州城上。泉州的现象恰恰是一种不平衡的双核心现象,行政区域依旧主导着城市的核心地带,商区被排斥在边缘地带,因此宋朝的商人虽地位有所提高,但是行政功能仍在城市生活中起主导作用。苏基朗显然变通地运用了施坚雅的中心—边陲的空间理论来构筑他对泉州城的理解与想象。

以泉州城为核心的整合功能区域—闽南,在更大的空间区域上如何开展跨地区长途贸易?通过解答这一疑问,才能真正将中古时期的闽南经济繁荣置于一个实在的空间构图中。苏基朗利用史学的优势,列举了闽南外贸瓷作为个案研究对象。闽南外贸瓷大规模生产始于 11 世纪末,一直持续发展到元末。宋元时期闽南的陶瓷分为:青瓷、杂色陶器、白瓷和影青陶瓷。由于转运费用很高,闽南的海外贸易鼓励了当地陶工生产纺织品,因而这里所生产的瓷器多作为廉价品销往海外市场,销售对象是平民而非统治阶层。在产业结构方面,德化屈斗宫提供的史料暗示了这个产业存在劳动分工,也意味着产业规模的庞大。因此,"当地有相当比例的人口参与了这个唯一的非农产业,这是宋元时期中国一个引人瞩目的现象。"[1]通过进一步的与广州、潮汕地区的比较研究,苏基朗认为海外贸易对闽南地区的地区经济整合起到了关键性的作用。

苏基朗对中古时期闽南经济的空间阐释明显受到施坚雅及华南学派的影响,也因此反映了他对中心—边陲划分,及功能整合非平衡状况的思考。

(三)制度

通过对中古时期的闽南经济进行历时性的梳理,空间性的铺展,苏基朗运用现代商业理论的模式,尝试分析闽南贸易的"制度结构"。在斯波义信对《刺桐梦华录》的评论中,认为克拉克与苏基朗对闽南地区经济史研究最大的分歧来源于,克拉克将泉州地区的贸易定义为"转运"贸易,而苏基朗则认为福建的发展源于制度的变化。[2]

如苏基朗在香港中文大学学者自述的网页上所言,他的兴趣是商业历史(business history),因此本研究首先就对商人群体作了类型学的划分,以

---

① 苏基朗著,李润强译:《刺桐梦华录》,杭州:浙江大学出版社,2012 年,第 214 页。

② 斯波义信:《评苏基朗〈刺桐梦华录〉》,《海交史研究》2009 年第 1 期。

此回答商业的参与者如何运作商业这一问题。闽南商人结构的突出特点反映在由常驻的蕃商建立的"商业基地"上。这些群体形成了商业关系网络,达成信任度,降低海上贸易的交易成本。交易模式也发展出多种形态,包括赊账经营。如此发达的商业状况衍生了商业教育的兴盛,如商业信息印刷品的出现,海外地图的绘制,商品名录等等,以此满足商业信息的需求。

日臻完善的商业模式包含群体复杂的商业群体,畅通密布的商业网络,也包括在贸易双方频繁交往中,渗透入商业网络的正规制度制约(formal institutional constraints)与非正规制度制约(informal institutional constraints)。前者包括市舶司条例、宋元的海洋条例、财产所属权以及海上贸易的缔约程序与契约协议以及商业诉讼与调节。虽然在论述财产权的时候,苏基朗注意到了中国传统的财产观念,在对合同契约的论述中也注意到了要"从历史、社会以及文化语境去研究中国古代合同法"①,但是苏基朗在这部分的论述中使用了大量的现代商业概念与术语来分析中古世纪的闽南经济制度。让人不禁质疑苏先生所援引的诺斯的正规制度制约与非正规制度制约的区分模型是否欠妥。而克拉克对非正规制度制约这部分的研究更为赞赏。非正式制度维度包括行为规范、传统习惯和自我行为规范等,这些非制度规范来源于儒家伦理、宗教信仰以及人脉关系(毋宁说,亲属关系)。虽然苏基朗援引了《论语》、朱熹之说和余英时的见解来佐证闽南的商业伦理与儒家的关系,但由于缺乏详实的史料,难免给人有心无力之感。永春"义庄"的例子虽能说明闽南具有凝聚力极强的亲族关系组织,且对商业网络的建立,信任模式的确立意义重大,但是却无法论证海外贸易传统下的商业活动具有同样的儒式商业伦理。

苏基朗的"闽南模式"至此形成一幅跨部门多元繁荣的景象,甚至具有现代理性的商业特征。闽南的经济扩张在内部整合和外部海外贸易竞争之中造就了相对和谐的社会结构。一方面国家扮演重要角色,颁布海洋条例,设立市舶司,另一方面,地方割据势力与精英家族涌现,使得国家权力变得越来越地域化。有意思的是,虽然苏基朗认为闽南具有诸多非正规制度制

---

① 苏基朗著,李润强译:《刺桐梦华录》,杭州:浙江大学出版社,2012年,第263页。

约,但是仍然坚持认为面南商人的经济行为符合经济理性,受到整体的制度制约,因而"近代以前的海洋中国不适用于道德经济的理论模式"。[①]

三、一两点评论

斯波义信对《刺桐梦华录》有一个基本的学术背景的判断。他认为,学界对中华帝国 12—15 世纪的"中世纪的经济变革"具有共识,但是中国向海洋的扩张是否属于这一范畴仍需要进行讨论。也就是,中世纪经济变革因素中内在增长与外来刺激两个并存因素之间到底具有怎样的关系在学界仍争论不断。克拉克与苏基朗对于闽南地区经济的研究分歧恰好印证了这一争论的持续发酵。另外,1960 年代以来,汉学家们越来越意识到研究社会历史的重要,因此经济史的研究渗透社会史的关照也成为本书的重要特征之一。克拉克的另一篇对此书的评论则在史学学理上具体地提出了自己的异议,但在我看来,他与苏基朗之间的异议仍然没有逃脱斯波义信对两者学术背景的基本判断。

如我在前文所指出的,苏基朗对商业与农业关系、地方精英势力与经济发展之间关系以及区域中心—边陲关系的思考都与苏先生想要超越区域史理解一般意义上的中国经济现象有关。中古时期闽南经济状况的研究为他的公共史学提供了"闽南模式"的个案。也基于这个个案,在本书英文版出版十年后,他坚持"中国式的繁荣是可创造的"[②]。

斯波义信对制度性研究的兴趣寡淡,也对"交易成本"的理性经济学的分析方法存疑。如他所说,若苏基朗能对某些社会史的细节追述下去可能将使书所呈现的经济史更为丰富。比如福建造船技术的发达。这样的评论是中肯的,苏基朗在本书第三部分制度的论述中已经呈现出学术取向上的摇摆。在论述正规制度规范时,他所征引的"无讼"案例相当生动,包括朱熹对"乡约"的论述。商业纠纷与法律诉讼过程中,亲族邻里的如何应对,绅士精英如何解决,这些社会结构性因素是苏基朗较为轻视的。但问题是,这种

---

① 苏基朗著,李润强译:《刺桐梦华录》,杭州:浙江大学出版社,2012 年,第 310 页。

② 苏基朗著,李润强译:《刺桐梦华录》,杭州:浙江大学出版社,2012 年,第 3 页。

不同于商业"制度"的"结构"是否也值得深入研究下去,从而成为商业经济史研究的补充呢?

◎ 作者系北京大学社会学系研究生

鲤鱼与渔网：论王铭铭的《帝国与地方世界》

◇ 黄智雄

　　王铭铭，泉州人，是中国著名的历史人类学家。目前在北京大学担任教授。《帝国与地方世界：一个长时段历史人类学的中国模式》是他首次单独署名的英文著作。[①] 这本书以王铭铭于1999年出版的中文书籍《逝去的繁荣：一座老城的历史人类学考察》为基础，该书以宏大的历史书写讲述了泉州从古代到现代的兴衰史。[②]《帝国与地方世界》也包含了一千多年的历史书写，它呈现了帝国与地方世界，商业、政治、宗教与宇宙观之间相互交错的关系。但这本书的焦点是泉州城市社区中的铺境系统。铺境，作为城市空间的基本单位，对于帝国的行政、宇宙观，地方世界的宗教实践及认同都产生了极其关键的影响。

王铭铭教授

　　王铭铭在英国接受教育，而他书里一直与许多历史学家、人类学家如萨

---

　　① Mingming Wang，*Empire and Local Worlds：A Chinese Model for Long-Term Historical Anthropology*，Walnut Creek，California：Left Coast Press，2009.

　　② 王铭铭：《逝去的繁荣：一座老城的历史人类学考察》，杭州：浙江人民出版社，1999年。

林斯（Marshall Sahlins），伊利
亚斯（Norbert Elias），沃尔夫
（Eric Wolf），还有古往今来诸多
泉州当地学者进行对话。他引
用了萨林斯的"历史之岛"
（islands of history）的概念，赞
成其对历史与神话之间关系的
重新思考，而这也促成了王铭铭
自己的一个研究问题。对他来
说，中国的城市与萨林斯所提的
西方的 *polis*（即"理性城邦"）不
同，对于泉州的历史人类学研究
奠基于当地历史和本地人的理
解。于他而言，当地的"历史感"

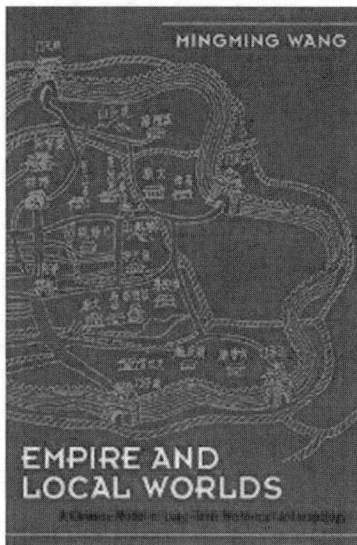

《帝国与地方世界》

（sense of history）很重要。可是与一些仅仅关心泉州的繁华或者复兴的当
地学者不同，王铭铭希望能够通过对一座像泉州这样的中国城市的"变换组
合"的考察提供一种新的历史叙述，引领一种新的历史学模式。

与他强调当地"历史感"有关，作者提到了一个民间传说。在这个民间
传说中，泉州古城状如一条鲤鱼。这座鲤鱼形城市的风水非常好，而根据当
地的解释，只要泉州城能维持它的鲤鱼形状，它就会持续繁荣。可是，泉州
在明朝的衰落，传说提到，明代的开国皇帝朱元璋派了将军同时也是风水师
的周德兴来重构泉州的风水。但"帝国钓鱼人"周德兴想要烧掉泉州两座塔
的计划却由于天下雨而失败，所以鲤市被保存了下来。这个传说反映了帝
国与地方世界相互交缠的互动关系，帝国想要把地方世界纳入自己的统治
秩序之中，而地方世界以自己的宇宙观逻辑与之周旋。

本书的叙述是按时间先后顺序展开的。不过，作者关注的核心是，随着
王朝的更迭，泉州的城市空间及宇宙观秩序被不断重塑的过程，以及在这个
过程中地方世界围绕它所展开的争斗。本书的第二章描绘了唐宋时期处于
帝国边缘的泉州城的繁荣图景。第三章则重点勾勒了元明时期的铺境系
统。朝代之间的分分合合促进了帝国对地方的控制，并使其疆域进一步扩

大。汉代之前的泉州地区在"中央帝国"之外，其居民也被认为是"生的"、没有文明的越人。隋唐五代的政治不稳定时期，大批从北方移民而来的汉人促成了这个地区的城市化和文明化，也促成了闽南地区逐渐地被卷入帝国世界的秩序中。

唐代至宋代时期，泉州因为其在海洋贸易中的纽带地位而得以繁荣。虽然宋代理学强调"华夷之辨"，但泉州市民却视文化和宗教的多元化为常态。通过参与商业活动，非汉人也可以成为泉州城的地方头人。自南宋被蒙古人征服，元朝建立之后，海洋贸易虽然依然持续，但理学所主张的"华夷之辨"却被颠倒了。在元朝的"种族种姓"（racial caste）体系里，蒙古人与"色目人"占了比较高的位置，而汉人的地位比较低。泉州的"铺"就建立在元朝，成为"殖民"政府实施统治的一个工具。元朝的"铺"的基础在于宋朝原有的政治和空间制度，比如军训铺。元朝的铺的网络是用以管理当地汉人的，同时为了支持"殖民"政府征募民众资源和劳动力。

元朝的大部分行政空间单位被明政府保留，然而明政府在元朝的"铺"下加上了一个更小的单位，即"境"。虽然元朝的"铺"对汉人的统治更像是殖民统治，但是明政府对泉州市民的监视却更加普遍。明朝的监视之所以更深更细不仅因为行政单位更小，而且因为他们强化了对市民的规训（discipline），比如征募市民参加民兵，实施"互相知丁"，强迫市民互相监视，"对彼此的工作休闲了如指掌"，及时上报"异常行为"等。进而，本书第四章指出，明朝对市民规训的加强与儒家、理学的复兴，以及随之而来的"教化"有关。朝廷通过礼仪和日常生活的规训，以此培育顺民的内在，从而把明朝的统治合理内化。

明代的朝廷寻求天下的大一统，对泉州市民的生活产生了深刻的影响。理学的复兴，明朝对边疆的防御工事，导致了明政府禁止海洋贸易，并抽税征兵。为了维持当地的社会稳定，明代朝廷还限制了泉州城的移民，并禁止市民转行。此外，与"教化"直接相关的是，明政府决定改建和加固泉州城的城墙。在本书第五章，作者指出，古代中国的城市规划一般会以帝国的宇宙观的原则来进行。可是，明代统治者却认为泉州人"误解"了帝国的宇宙观秩序，而呈现出商业的空间秩序，造成了道统的无序。

通过改建泉州城，重构其城市空间，明政府试图限制泉州"堕落"的商业

文化,并推崇正统儒教来影响城市空间及其居民。明朝早期,政府把泉州的庙宇移动到更符合帝国宇宙观的位置,使得政府与礼仪的空间扩大,商业的空间减少。祠堂和庙宇在城市中的分布与铺境系统相吻合。这与明代大一统的卫道者宣扬的"善"和"正统"观念相符,因此也就成为后者有力的工具。在明朝的礼法治制度下,铺境庙里的礼仪和献祭,成为公共社会和法律的重要方面,神和鬼在其中扮演了惩罚犯罪者的角色。

明朝的大规模建庙被批评为"无理性的"、没有经济效率的,不过在第六章,作者认为,对明皇帝而言,构建"道统"、完善天下的秩序远比经济效率重要。铺境单位可以用来收税。税从底层的社区转到帝国政府,然后从帝国政府再次分配给底层社区来补助当地礼仪、公共事务、防务等费用。十四世纪末,泉州的政治地位升级为"上州",因此增加了行政、财务和教育上的义务。可是,对泉州的影响更重大的是它之前作为市舶的地位被福州取代,随后海洋贸易开始衰落。而明政府增加地方赋税,限制人口流动,给泉州市民带来重大负担,有些市民因此而逃避了铺境下的户口制度,转向违法贸易或者加入倭寇。

十六世纪末,为了应对倭寇的威胁以及一系列的饥荒、瘟疫以及自然灾害,地方政府基于铺境系统建立了乡约制度。它以组织民兵、仪式地方化以及社区自治为特征,强调一种"互相从属感"(a sense of mutual belonging)。然而,如第七章所述,十七世纪初,当地官员怀疑有些地方祠堂或寺庙已经变为"淫祠"。据明代学者施鸿宝的说法,"淫祠",如胡天保与胡天妹的"爱神"庙,"有伤风化",也就是"导淫",鼓励了"通交男女"。随后的"儒教正统复兴运动"毁灭了泉州不少的祠庙。不过,在乡约自治的制度下,淫祠数量增加,草根认同增强,从而挑战了帝国建立正统的意图。

虽然清朝在北京建立于 1644 年,可是清朝军队直到 1680 年才平息了闽南汉人的反抗,统治泉州。虽然他们同样要实现统治的目标,但清政府施行的政策与明朝政府有明显不同,转而采取包括强迫泉州市民离开城市、沿海地区农民搬进城市的"迁界"政策,目的是为了打破紧密的亲属和社区关系以及汉人社会的团结。沿海地区被统治之后,清政府进一步推翻了明朝政策,重新开通海洋贸易,复兴且扩大朝贡制度。地方文化也在"多元统一"的国策下得以激活。如第八章所提出的,这项新地方政策在泉州的体现是一种叫做"东西佛"的暴力"礼仪竞赛"，即以铺境的境界把泉州城分成"两个对立的联盟"。

虽然东西佛的暴力混乱显然与儒教的道统原则相悖，但根据作者的说法，东西佛很有可能是时任福建提督的蓝理统治当地市民的政治谋略。据作者的说法，蓝理有可能根据道教的无为以及孙子兵法，构建了一个能够消解当地械斗、活跃地方文化，使政府免于过多干涉的治理手段。清代朝廷因为蓝理治理混乱而罢免其职，作者在第九章中提出，蓝理去世之后，泉州却被基于铺境系统发展出来的秘密社团和兄弟会控制了，他们的权利斗争的表现就是暴力械斗。这种械斗与当地宗祠寺庙及民间宗教密切相关，而且大部分的械斗都发生在朝圣的节庆期间，信仰神的巡境活动可能会"侵犯"到其他社区的领域，从而产生矛盾和冲突。

鸦片战争后，泉州经历了大规模的经济衰落。因为隶属泉州的厦门港以及福建省省会的福州被选为开放港口，而泉州市却被忽略了。泉州虽然仍然有政治地位，但厦门作为国际贸易中心的经济结构重新界定了闽南地区的中心与边缘的秩序。泉州的边缘化至今为止仍在物质和精神上影响着泉州人。第十章描述的是 1896 年，中日战争结束一年后，在泉州市承天寺进行的"普度"法事。根据作者的解释，这场法事一方面是对天下的崩解表示悼念，另一方面也反映了当地人基于本土宇宙观秩序的宗教表述而呈现出来的文化内在一致性（cultural integrity），这种文化内在一致性正是现代民族主义的初步形式。

读者大可不必因为以上的概括性的论述而将王铭铭的研究理解为简单的线性历史叙述。他的论述有一定的口述史的风格，包含了众多的典礼、传说、人物、学派等细节，还有早期的地图和历史文献。由于篇幅有限，在此不再赘述，可是值得注意是这些细节正好折射了他研究的重要意义。作者的叙述能够显示出时间和空间的灵活性，如中心（帝都）和边缘的不稳定性，以及地方知识和历史感的必要性。王铭铭强调中心和边缘的关系以及长时段研究的重要性，与世界体系学派具有共同点，不过他并没有将经济当做经济来研究，而更多把经济视为一种文化，因而跨国经济网络的活动在他的描述中被地方化。

王铭铭很明确地想把西方"理性"的逻辑和西方的历史观念去中心化，

试图以"本土"的历史观念如鲤鱼和渔网背后的"治"和"乱"替代。不过,他所描述的像泉州这种文化多元的城市,是以长时段历史的中国模式来重写这种文化多元的历史,它会不会成为汉人为中心的历史呢?与中心和边缘不稳定的关系相关,文化批评和文化帝国主义之间的关系也很微妙。虽然这些问题在中国的语境中难以避免,王铭铭的细致研究不仅对闽南地方历史和学术做出了贡献,而且也展现了一个有新意的长时段历史人类学的中国模式。这一模式将如何应用于中国之外的研究,或许会很有意思。

◎ 作者系哈佛大学东亚研究博士生

1979 年之后闽南的传统复兴与认同政治

◇ 兰　婕

　　20 世纪 70 年代末,中国社会的转型
为汉学人类学提供了再研究之契机。这
一时期也正是后毛时代的开端,十年的动
荡与疯狂已经落下帷幕,代之以社会转型
以后的松动与整体复兴。正如陈志明
(Tan Chee-Beng)所说,自 1979 年开始整
个中国社会都经历了社会经济上的转变。
经济改革的宽松促使了中国在经济和社
会上的转型。[①] 作为汉学人类学经典田野
地点的闽南地区,其宗族、大众宗教、传统
文化的复兴呈现喷涌之势,对这一地区的
再研究顺势而生。《闽南:中国后毛时代

陈志明教授

传统的再创造》正是时为香港中文大人类学系教授陈志明开展的研究计
划——"传统、变迁以及认同:中国和东南亚的闽南人研究"——成果之一。
从 1970 年代起,陈志明教授对东南亚的原住民和少数族裔有着深入研究,
曾在马来西亚进行了为期十七个月的马六甲土生华人的田野调查工作。在
对东南亚华人进行文化变迁、认同的研究中,他开始将视线转向海外华人,

　　[①]　Tan Chee-Beng, "Introduction", Tan Chee-Beng ed., *Southern Fujian*: *Reproduction of Traditions in Post-Mao China*, Hong Kong: The Chinese University Press. 2006, p. ix.

其间也不乏继续对马来西亚少数族群社区的关注。自 1996 年进入香港中文大学担任教职以后,他的研究兴趣开始明确地指向对东南亚华侨与闽南人的关注,之后更是将目光放置在更为整体的海外中国人（overseas Chinese）上,因而主持了一系列关于海外华侨与东南亚的研究课题。

"传统、变迁、认同"在这一时期的中国东南与海外关系研究中成为关键主题,并贯穿于《闽南:中国后毛时代传统的再创造》这一 2006 年编辑出版的论文集中。本书的七篇文章围绕"传统的再创造"、"宗族复兴与民间宗教"、"性别视角"的内容分为了三个部分。第一部分包括前两篇文章,探讨传统文化复兴在闽南社会中发挥的新作用及遭遇的阻碍;接下来的三篇论文构成了第二部分对宗族、地方组织与民间宗教复兴之间关系的探讨;第三部分中,最后的两篇论文集中关注于女性的社会角色及其不匹配的社会地位,两位作者结合闽南妇女的生命史展开了分析。

《闽南:传统的再造》书影

书中的七位作者分别是北京大学社会学人类学系教授王铭铭（Wang Mingmng）、南京大学社会学学院教授范可（Fan Ke）、香港人类学系教授谭少薇（Siumi Maria Tam）、泉州海外交通史博物馆馆长丁毓玲（Ding Yuling）,以及当时仍为香港中文大学人类学系教授的陈志明（Tan Chee-Beng）、时任日本平安女学院大学人类社会学系教授的潘宏立（Pan Hongli）、时任香港大学社会学系副教授的柯群英（Kuah-Pearce Khun Eng）。以上学者几乎都在闽南或东南亚开展过田野调查,在此书中各自的论文都呈现出了后毛时代闽南社会文化变迁与认同的境况与问题。

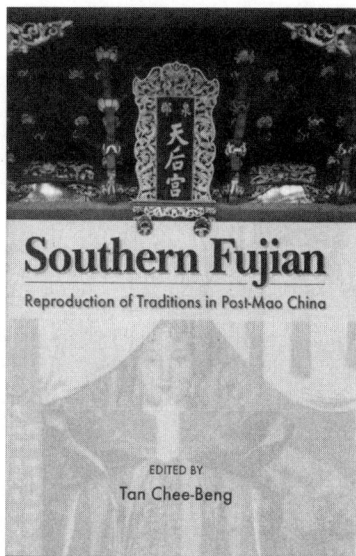

一、传统的再创造

第一篇文章《大传统及其敌人：东南沿海的中国文化问题》[①]中，王铭铭以泉州文化局在上世纪末以来传统文化重建过程中遭遇的困境为例，指出所谓泉州文化局设想的官方正统文化的对立面，即大传统的敌人，正是其本身。泉州作为中国古代面向海外的开放型都市，其历史沿革展现出了开放与封闭交替不断的过程。面对新中国的十年动荡，整个国家进入封闭状态，直到 1979 年改革开放重新打开国门。复苏期间，泉州文化局以一种官方的姿态主导了当地传统文化的复兴，因而"功不可没"。文化重建过程中文化局对民间宗教持反对态度，认为"迷信活动"不应该被扩大化，因此以一系列官方举办的文化节引导这种不良风气。实际上，群众与文化局的对话过程中可以看到，民间宗教营造出的浓厚氛围恰恰能吸引更多的海外华侨与游客，也在一定程度上使文化局相信民间宗教的存在是有实际意义的。泉州文化局在传统文化重建中创造的敌人，在王铭铭看来并非是以民间宗教为代表的小传统，反而是官方认定的大传统本身。当文化局在大小传统之间建立起清晰界限时，即是否认了大小传统之间的互动交流，否认大传统对小传统的借用，否认了民间宗教本身具有的社会性与历史性。[②]

范可在《闽南丁氏回族群体中的传统主义与认同政治》[③]一文中，将陈埭丁氏对回族身份的认同与中国传统文化中"光宗耀祖"的家庭主义核心观念相结合，探讨了传统主义复苏对获得身份认同的促进作用。居住在闽南的陈埭县丁氏一族在 20 世纪 90 年代中期开始了对自己回族身份的追求。根据史料记载，丁氏后人对自身宗族体系的建立很早就开始了，可一直上溯至

---

① Wang Mingming, "Great Tradition and Its Enemy: The Issue of Chinese Culture on the Southeastern Coast", Tan Chee-Beng ed. , *Southern Fujian: Reproduction of Traditions in Post-Mao China*, Hong Kong: The Chinese University Press. 2006, pp. 1~34.

② 王铭铭：《社会人类学与中国研究》，桂林：广西师范大学出版社，2005 年，第 162 页。

③ Fan Ke, "Traditionalism and Identity Politics among the Ding Hui Community in Southern Fujian", Tan Chee-Beng ed. , *Southern Fujian: Reproduction of Traditions in Post-Mao China*, Hong Kong: The Chinese University Press. 2006, pp. 35~68.

逝世于明洪武年间的三世祖,他曾要求建立祖先祠堂。这一举动也表明丁氏的穆斯林祖先受到了程度较深的汉化,其本身的穆斯林的认同遭到了改变。在中国传统文化的语境之下,受宗族意识影响深刻的丁氏后人通过对"光宗耀祖、惠及子孙"这一人生成功标准的认定追求对回族身份的认同,使其祖先、后代都能享有回族之名,得到新的身份认同。当然,这也与中华帝国崩溃,丁氏一族无法通过科举制彰显功名,重修祠堂带来家族荣耀有关。对传统重新借用,人们被鼓励获得新的身份认同即是被鼓励获得一种"符号资本",那么追求回民身份也就变得顺理成章。另一方面,国家对其身份的认定也将其纳入到了国家的宏大叙事中,以此展示基层民族社区在党和国家正确领导之下获得的成功。

可以看到,地方传统在新时期中既被继承也被再创造,传统与现代之间并非是巨大的鸿沟,反而于再创造中得到重新利用,为开放的经济发展或是身份认同提供了一种合情合理的思想支持。传统的复兴带来的是官方与民众之间的互不信任,对"大传统"的不同态度导致了民间宗教背负着"迷信"色彩。这些图景都表现出,后毛时代的闽南在国家政策的松动下以一种急不可待的状态开始了传统的复兴。

二、宗族复兴与民间宗教

《闽南当代村庄中的老人会及宗族复兴》①是潘宏立对容卿地方组织与宗族的研究。在潘宏立的研究中,容卿原先以宗族为基础的"长老统治"被政府建立的强大的地方政权组织所取代,宗族势力衰弱。20世纪80年代初宗族力量试图复兴,却要借助当地老人会的力量才得以完成。老人会,实际上是政府领导下属于地方管理机构所辖的"群众组织",但却与宗族结合成为了既来源于宗族(人员来源),又沟通宗族与政府机构的桥梁。一方面老

---

① Pan Hongli, "The Old Folks' Associations and Lineage Revival in Contemporary Villages of Southern Fujian Province", Tan Chee-Beng ed. , *Southern Fujian: Reproduction of Traditions in Post-Mao China*, Hong Kong: The Chinese University Press. 2006, pp. 69~96.

人会成员本身具有社区内的宗族威望;另一方面运用现代政治管理中的民主选举协商等方式,老人会在政府与宗族两方都有了较高的认可度。正是由于老人会的存在,宗族的振兴找到了可靠的促进者,与政府的对立中有了缓冲地带,众多宗族事务得到了有效解决。由此作者认为社会与国家得到了和谐的共存。通过将自己纳入进的中国当代的政治实体中,老人会获得长久性维持,也确保能对宗族的复兴起到促进作用。作为多方沟通中介的老人会被潘宏立认为享有三个方面的权威:官僚型权威、传统型权威及卡里斯马型权威。通过老人会政府找到了一个制衡点,对地方宗族的振兴拉开了一定距离,保持了社会的平和。作者认为,现在中国社会稳定与发展还是需要这样的地方组织发挥作用。

关于大众宗教的复兴,陈志明(Tan Chee-Beng)的研究路径是对后毛时代中国宗教表述的探究。他的《福建永春后毛时代的中国宗教表达》[1]一文通过对地方宗教中以家庭为焦点的祭拜活动和公共祭祀活动的调查,认为:首先,传统复兴后宗教成为人们社会生活的一部分,它的再制造是人们对于有意义的社会生活之需要;其次,公共的祭拜活动则是将地方宗族内的公共生活戏剧化地展现出来,将人们共同的认同公开化。作者笔下的村庄,宗族在人们公共生活中被生产小组所取代,发挥作用。其原因在于,这并非那种拥有众多海外亲属可以提供资金支持的村庄。因此,作者认为可以更加真实地看到,在没有财富因素的干扰下,一个地区宗教复兴所带来的意义生活重建。同时在这一地区私人化的求子仪式中,国家计划生育政策的实施导致了某些仪式的意外兴盛,证明了大众宗教的复兴不仅再制造了传统,也同样与现代生活息息相关。这种相关联建立在现代化与传统之间,本身充满着不断对话与调试的过程。

柯群英(Kuah-Pearce Khun Eng)在《华南地区清水祖师的祭拜与宗教

---

① Tan Chee-Beng,"Chinese Religious Expressions in Post-Mao Yongchun,Fujian", Tan Chee-Beng ed.,*Southern Fujian:Reproduction of Traditions in Post-Mao China*, Hong Kong:The Chinese University Press. 2006,pp. 97~120.

复兴》①一文中认为安溪作为一个与众多海外华侨有着密切联系的侨乡,这种密切复杂的联系在当地清水祖师和宗教复兴中扮演着关键角色。地方传统复兴、宗教活动繁盛,且人们拥有的海外亲属关系让当地政府转变了对这些仪式的态度。结果就是以政府对宗教复兴的支持换取资金投资,因为九成的海外华人来到安溪时都会到清水祖师面前上供。以吸引海外华侨的到来的目的使清水祖师的祭拜复苏,成为这地区宗教复兴的一个面向。另一面向则是当地祖先崇拜的恢复。除了一如既往在仪式、祭拜中占主导地位的男性,女性在这样的大型仪式中同样扮演重要角色,因为她们对集体性的、公共性的宗教事务应对有着娴熟的技巧,主导着仪式的进行,作者对女性社会角色转变的讨论得以体现。柯群英认为民间宗教履行着两方面功能:老年群体之间关系的维系,以及青年群体之间的彼此熟悉。整体来说,这仍然是对民间宗教的社会整合以及宗族间相互认同的区别之强调,最终其功能被认为是对海内外华人之间亲属关系与社会网络关系的恢复,前提则是一套共同的观念形态。

总体看来,民间宗教之复兴在于人们对现代生活新需要的重新表达。一方面,是将被削弱或是丢失的生活意义从十年的断裂期间重新拉回当下;另一方面,文化的联系与纽带作用已经在闽南与华侨(即当地人眼中的国际)之间发挥了不可忽视的作用,以民间宗教为代表的闽南文化被塑造出来,勾连起海内外华人对闽南家乡的认同,以此带来新的繁荣契机。而地方的宗族自然也是塑造这种共同文化的力量,由此,他们和地方宗教的复兴联系起来,并依托新的地方组织得到巩固。

三、性别视角

最后的两篇文章都将视角集中在了对闽南妇女的关注。谭少薇(Siumi

---

① Kuah-Pearce Khun Eng, "The Worship of Qingshui Zushi and Religious Revivalism in south China", Tan Chee-Beng ed., *Southern Fujian: Reproduction of Traditions in Post-Mao China*, Hong Kong: The Chinese University Press. 2006, pp. 121~144.

Maria Tam)在《闽南流动性的产生:家长制世界中的女性寄居者》①中,集中
探讨的是闽南妇女在移民浪潮中的流动生活。1949 年以后的数次移民潮流
中,闽南地区相当数量的男性劳动力走向东南亚,使得他们留守在家中的配
偶面临着家庭在经济、人际关系方面的种种困境。困境塑造了闽南妇女柔
弱却又坚韧的本性,她们对自身的作为"留守者"认同也出现在这一过程中。
闽南妇女的流动性发生在三个地理层面上:流动源头的晋江、作为中间跳板
的香港以及最终目的地的菲律宾。在对一系列闽南妇女的生命史的呈现
中,谭少薇认为,处于家长制世界下的闽南妇女被传统主义要求成为成功的
企业家、家庭生计承担者、同乡亲属关系网络的操持者,被紧紧地束缚在了
传统观念之中。实际上她们的社会、经济技巧应该得到承认,毕竟她们已经
在新建立的社会主义国家成功地为自己谋取了生存。

　　丁毓玲在《福建蟳埔妇女中的经济活动与性别地位的建立》②一文中对
蟳埔妇女的探讨与谭少薇的研究形成了截然不同的对比。蟳埔妇女并没有
呈现出很大的流动性。相比于 1978 年之前被社会化和制度化的妇女角色,
妇女们在 1978 年后整个社会的大转型下借由政策宽松化的契机大大提升
了自己的经济实力。然而,蟳埔妇女拥有的独立的经济实力却没有打破传
统家长制在性别分工上的界定,仍旧是由男性掌控公共管理,由女性管理家
庭范围内的事物。但这并不代表说,蟳埔妇女在社会地位谋求上的失败,她
们运用自己的策略建立自己的社会地位——通过自建的"佛教社会"影响村
内男性的村庄管理、重修村庙、协调纠纷等等。妇女的社会结构在丁毓玲看
来并不被认为是一种合适的类型,这也证明社会结构只能处于规则与资源
不断地重组与变形中。尽管国家政策在 1979 年开始走向开放,但蟳埔妇女
并未试图借此机会彻底摆脱家长制的束缚,她们只是在原有框架下不断做

---

① Siumi Maria Tam, "Engendering Minnan Mobility: Women Sojourners in a
Patriarchal World", Tan Chee-Beng ed. , *Southern Fujian: Reproduction of Traditions in
Post-Mao China*, Hong Kong: The Chinese University Press. 2006, pp. 145～162.

② Ding Yuling, "Economic Activities and the Construction of Gender Status among the
Xunpu Women in Fujian", Tan Chee-Beng ed. , *Southern Fujian: Reproduction of
Traditions in Post-Mao China*, Hong Kong: The Chinese University Press. 2006, pp. 163～
183.

出调整。

性别研究的探讨在这一时期的研究中是具有特别意义的。开放的社会环境下，妇女的生命史同样能够呈现出闽南的社会文化变迁，尤其是妇女们的流动与行动仍是在传统观念下展开的。这使得对闽南女性社会地位、社会角色的探讨既充满了张力，又具有启发性。

闽南与世界的联系一直处在"开"与"合"的历史过程中，但1979年后的中国却遭遇了最具冲击力和影响力的重新开放。在特殊的历史时期中重新思考闽南与世界的"内/外"关系，成为本书在"传统、变迁与认同"主题之外展现的另一个面向。不同于商业贸易史视角的研究，集结于本书的文章是在历史的断裂与冲击中发现社会传统延续的可能性与新遭遇，而十年疯狂后的重新开放也是再度了解整个闽南社会、文化的契机。人类学以亲属制度、民间宗教、性别意识等视角切入重新看待闽南与世界的内外关系，即是村庄的研究的复兴，在小地方发现大问题。尽管现代的世界体系仍会依靠贸易维持紧密联系，但已与帝制时代有了明显差异，小地方遭遇的大问题更是整体关联社会的。

本书研究中呈现出的闽南与世界之关系，是在共同的宗族认同基础上由海外华侨与闽南人的相互交往构建起来的。对亲族的顾盼促使闽南地区的经济、文化、政治，必须与宗族紧密关联。从亲属制度的角度来看的闽南与世界的关系，和从世界贸易的角度看待宗族在贸易中所起的作用，是截然不同的两个视角。视角的转变，带来的结果就是对海外中国人研究的兴起，对移民历史、族群认同，集体记忆问题的关照。伴随着移民迁徙的是传统文化，这也塑造了他们对家乡的共同记忆。这一点成为闽南人与海外华侨之间共同的联系，也是民间宗教可以得到官方认可的关键因素。

在国家的政治意识形态之下，地方认同发生了更多的变化。一方面，闽南人与国家意识形态结合，在传统家庭观念之下追求新的身份认同，获得对外交往中新的符号资本。另一方面，性别意识开始被强调，与女性社会角色相匹配的社会地位希望得到认同。这些并不是通过当地人在新时代的新活动中所确定的，相反，是在传统观念的范围之内体现的，如宗教仪式，如"光宗耀祖"的传统观念，如父系家长制下的女性职责。传统中国社会作一种身份的社会，在帝制时代落幕并向共和国转变时开始逐渐转变为角色社会。

对身份认定的式微通过对传统的复兴与再创造唤起了人们对身份认同的渴求;而角色社会中,人们与社会角色相匹配的社会地位没有得到足够关注,从而重新诉诸于对地位的认同。

柏桦(C. Fred Blake)认为在人类学的中国研究中,"中国如何在千年历史里于不同的文化与语言之上仍旧保持其统一的意识"是一个值得思考的问题。这一问题在 20 世纪中国由帝制转向共和形态时,与人类学对地方传统展开研究的转变有关,并且越发尖锐①。本书对"传统的理解"与"认同政治"的探讨即是为理解闽南的传统提供了一个新视角,宗族组织的延续、民间信仰的繁盛突显了闽南在后毛时代可以展现诸多研究议题的社会场景。处于不断变化中的传统在不同的环境中被再创造和实践,于是我们才有可能对大传统的敌人、丁氏族人追求回族身份认同、容卿宗族的复兴、永春地方的宗教表达、清水祖师祭拜的复兴、闽南妇女的流动性、蟳埔女性的社会地位有着深刻的理解,并发现闽南社会的转变。尽管本书讨论的主题,是试图看到传统如何被用于地方政治以及传统对于文化认同的关联性,但是对"认同"的追求是否是达成对社会变迁理解的唯一途径仍然是需要思考的。

◎ 作者系西南民族大学研究生

---

① C. Fred Blake, "Review: *Southern Fujian: Reproduction of Traditions in Post-Mao China*", in *China Review International*, Volume 14, Number 2, Fall 2007. pp. 558~561.

施坚雅之前，苏基朗之后

——评《社区、贸易与网络》

⊕ 蔡逸枫

在海外泉州史的研究中，休·R.克拉克博士凭借其研究闽南中古经济史的专著《社区、贸易与网络》占有重要的一席。此书是海外第一本专门研究闽南地方经济史的英文专著，毕业于美国宾夕法尼亚州立大学的克拉克因此与澳洲国立大学毕业的苏基朗、台湾大学的李东华并称为"海外泉州学三剑客"。克拉克现今依然在美国尤西纽斯学院专门从事宋史研究。对于为他奠定学术名声的《社区、贸易与网络》一书，同为宋史研究专家的美国哥伦比亚大学的罗伯特·海姆斯

休·R.克拉克博士

(Robert p. Hymes)评价道："在一个接一个的论题中，其著作表明了，如何能利用零碎分散的史料进行历史研究。克拉克写出了一本充满智慧和成果的地方性著作，同时它又不失却在更广泛的空间和更长时段中关于中国社会历史方面的视野。"

《社区、贸易与网络》一书以朝代为线将全书分为7个章节，并附有5个附录。第一章"问题与方法"作为导论，通过对闽南人口变迁史的关注梳理了以泉州为中心的闽南在远古至中唐各个历史时期社群聚落的发展，将泉

州作为一个都市的成长过程纳入研究视野。第二章"唐朝晚期"继续关注人口问题，追溯了自安史之乱后闽南人口的变迁及因此引起的泉州行政区域在划分上的变动。在这一章中，克拉克还注意到了北方人口移民的加剧增长导致了泉南地区农业开始兴起，主要由水稻种植和两种经济作物（苎麻和大麻）的生产为代表。克拉克还引用了他认为有且仅有的一处史料——即清《十国春秋》中刘安仁传的资料——来论证泉州早在唐代就出现了繁荣的南洋贸易。

第三章和第四章研究五代时期，第三章"政权空白时期的政权、结构与行政管理"，第四章"政权空白时期的社会与经济"分别从政治史、政治社会结构、地区财政、税收情况、人口迁徙、土地占有和贸易发展七个方面论证了泉南地区在五代时期得以进一步发展自身，成为国际性港口城市。第五章"宋代的人口与网络"、第六章"宋代的贸易与经济"将研究的时间维度推进到宋代，并开始出现了本书的主题：克拉克所关注的运输"网络"的形成，以及此"网络"与泉南地区贸易相互作用的关系。至此，闽南地区由人口的迁徙、商业的兴起而组成的社区，进一步推动市场的完

《社区、贸易与网络》书影

善和城乡经济结构的发展，导致闽南地区出现了复杂的交通—贸易网络。泉州作为一个港口城市至此成长到了最繁荣的巅峰时期。

最后一章"结论"中，克拉克论述了泉州地区在经历宋代极盛的经济繁荣后由于帝国皇室的奢侈需求、东海地区海盗的盛行以及官场的腐败，多种因素综合起来阻碍了泉南地区转口贸易（transshipment trade）的发展，最终一步步导致了泉州这个国际大港的衰弱。

克拉克在全书中有两个着重关注的着眼点，即对闽南地区人口增长和商业化进程的重视，这种重视体现在各个章节关于人口和商业发展的详细论述中。

在人口问题上，克拉克在史料稀缺的情况下不懈地梳理了闽南地区人

口在唐代前的变迁状况。到了晚唐时期，人口开始出现持续两个世纪的快速增长，直到 12 世纪开始放缓。伴随着人口增长的是地区网络的扩张，闽南地区的人口在增长的同时也发展了聚落与交通的联系网络。到了 13 世纪，闽南地区的人口虽然已经呈现了负增长趋势，但整个以泉州为中心的地区已经发展出了一套商业贸易兴盛、运输交通错综复杂的，由多个聚落接连而成的网络。值得一提的是克拉克对于闽南地区人口的相关史料的敏感，如仅依据"都保"（brigade）的信息就重构了一个宋代闽南八县乡村的人口分布图。

另一个重要的关注点是闽南地区在历史上的商业化的进程。克拉克之所以如此关注这点，是因为他认为闽南的商业化繁荣相对于其他地区具有非常不同的特点，而这个特点的关键就在于泉州地区所从事的南洋转口贸易。转口贸易的兴衰史可以说即是整个泉州城的兴衰史。泉州港的转口贸易在唐末时期已经开始（一些历史学家对此论点颇有争议），但彼时，转口贸易还未对整个泉州地区的经济生活造成重要的影响。到了五代时期，藩镇割据、群国并起的乱世迫使占领泉南地区的闽国政权开始转而关注海上贸易所带来的税收，将其视为重要的财政手段而鼓励发展。宋代建立后，泉州被重新纳入帝国的行政区域，成为政治结构的一部分，而此时的泉州地区已经作为从事转口贸易的大港确立了其独特的经济职能。因此，被重新整合进宋帝国的泉州，其贸易量不减反增，并且在 12 世纪呈指数增长。

克拉克论述到，转口贸易与彼时中国其他经济模式的不同点在于，转口贸易贸易的发展动力不依赖于地方自身的中国内陆腹地，而依赖于两个条件：其一，国外的货物流动；其二，国内的市场。闽南地区土壤贫瘠、不适合耕种，最好的土地也被寺庙所占据，在小农经济主导的经济模式下很难由人口和经济上的长足发展，但转口贸易的经济模式扭转了这样的局势：转口贸易使得以泉州为中心的整个区域的经济可持续地繁荣发展，摆脱了粮食生产的禁锢，泉南地区在宋代反过来成了吸引大量外来人口的经济大都市。虽然经过 11 世纪和 12 世纪的人口增长，泉南地区的粮食生产实际上已经无法符合其人口的需求，但泉州港通过转口贸易的带来的财富，通过从其他地区进口粮食来满足其人口对粮食的需求。在宋代，泉州已经形成了南洋转口贸易对外（印度洋沿岸及东亚各国）、对内（各大小港口及内陆腹地）的贸易网络，通过从内地的网络中输入粮食。由此可见，转口贸易不仅使泉州地区得以通过进口粮食弥补人口增长所带来的农业负担，也反过来促进了内陆腹地粮食剩余地区的粮食出口贸易。

摆脱了粮食——人口公式禁锢的泉南地区，所获得的进一步发展契机是将农业生产中心调整到经济作物的种植上，以及更具商品属性的手工艺品的制造上。唐代前的闽南只有苎麻、大麻两种商品化与市场化规模都很低的经济作物，到了宋代，闽南农村已经普及了棉花、甘蔗和荔枝这样的经济作物。在非农外贸产品上，则有外贸瓷、铁器、丝棉纺织品及各种各样的手工艺品。其中以外贸瓷最具有海外市场的声誉，在闽南的区域产业部门中具有举足轻重的地位。所以，转口贸易的经济模式进一步造就了闽南地区商品化手工业的繁荣。

转口贸易带来的第三个变化——这部分也是克拉克特别关心的——经济互动带来的交通运输系统的改善。11世纪晚期至12世纪，整个闽南地区随着海外贸易的发展出现了大规模的造桥运动。克拉克依据相关史料绘制了闽南八县的桥梁分布图，其史料显示：自978年至1275年，泉州兴建了156座桥梁，其中建于12世纪的就有82座。桥梁的大规模兴建反映了作为商品分配机制的运输系统的改善，同时也意味着泉州地区商品市场化程度的提高。克拉克承袭施坚雅的理论，认为宋代闽南的市场呈现出一种等级制，由都会—县城—地方集镇等多重市场构成。

在此，克拉克指出，他眼中农业的商业化和桥梁的兴起并非其中一个决定另外一个，而是相互作用的两个关系：农业的商品化促进了道路交通系统的改善；桥梁的兴建反过来也方便了经济作物的运输。而这一对相互作用的关系则共同依赖于南洋转口贸易：他们因转口贸易的繁盛而兴起，也因转口贸易的衰弱而式微。因而，克拉克在结论中指出，13世纪早期，皇室的奢靡、海盗的猖獗和官场的腐朽同时造成了泉州港转口贸易的衰弱，这一衰弱则直接引发了一连串灾难性的结局，最终使泉州港的繁荣成为逝去的历史。

从克拉克此书所做研究的方法论看，可以看出他较为明显地受施坚雅理论的影响，并有意无意对其理论进行继承与发展。克拉克对施坚雅"区系论"的继承，体现在他与施坚雅一样，认为闽南地区在中国是自成一体的一块区域，并且其历史就是一部区域经济史。在论及泉州地区的市场结构时，

克拉克也沿用了施坚雅的"市场秩序"界定出不同等级的市场与市场之间的联系。但在施坚雅之外,克拉克在反复强调泉南地区在历史上之特殊性的同时,又多次提醒到,泉南地区经济社会的发展与整个国家的格局变动息息相关。因为如果没有国内"腹地"—诸如杭州、开封等港口城市—更为普遍的经济模式上的变化(无论是不是主导性的变化,亦无论是否由泉州的经济变化而带动),泉州地区就不会通过与其他地区的贸易而解决粮食进口等事关生存的问题,也就不会出现如此灿烂的区域性繁荣。因而在这一层面,泉州在一定程度上又代表着整个唐宋中国商品经济萌发的缩影。

更为重要的是,克拉克的这项研究试图论证早在唐宋时期的闽南,通过高度发达的海外转口贸易,闽南地区的商业化已经达到了常规化水平,其程度足以比肩明末清初。这一观点是对以罗威廉为代表的历史学家"明末清初论"的修正。

所以,克拉克此书对于闽南经济所折射的中国"共性"的提出,也可以视为一种以区域为中心的整体主义方法论,这种方法论在承接施坚雅"区系论"的同时,也做出了试图不忽略整体的尝试。克拉克在这个意义上也修正施坚雅理重区域轻国家的缺陷。

本书是一本研究泉州中古经济史的专著,也是迄今为止研究唐宋闽南经济史最全面的英文专著。受克拉克此书最大影响的人,也许莫过于同为海外泉州学研究者的苏基朗。苏基朗《刺桐梦华录》里,提到与克拉克这本书的注释就多达20条。虽然苏基朗对克拉克此书多有不同意见,但二位学者在"闽南模式"上的基本共识是一致的:即闽南在中古史上的经济繁荣实际上是一种跨部门的多元繁荣。在闽南地区发展的长期回环过程中,繁荣从一个部门(海上贸易)传递到其他经济部门,如农业和工业。作为这个发展过程的一部分,越来越广泛的地区和越来越多的人口,或从日益繁荣的海上贸易中直接受益,或从其他因应出口商品大量需求而发展起来的部门中间接受益。经济机遇向其他不同社会阶层的扩展,提高了人们的总体生活水平。这与其他中国传统的滨海中心地区经常看到的情景有很大的不同,在那些地区的经济机遇,职能让小部分城市商人富裕起来。而在苏基朗和克拉克看来,正是以转口贸易为代表的繁荣的海上贸易整合了不断增长的各种社会资源,使闽南的经济扩张因此走上了一体化道路,造就了一个内部整合区域和一个相对和谐的社会结构。

此外，克拉克博士对于零散史料的精准把握和别具一格的研究手法也颇为令人称道：例如他对唐代闽南农村人口分布情况的总结，对晋江和莆田的灌溉工程与闽南移民开垦行为所做的详尽分析；以及前文所述，通过仅有的一点有关都保的资料重构宋代闽南八县乡村的人口分布图，绘制闽南八县的桥梁分布图等等。这种处处以史料为据，却又能灵活在各种庞杂零散的史料中穿梭编织文本的学术能力，也从另一个方面体现了此书的价值。

◎ 作者系北京大学社会学系研究生

理解历史泉州及其视角

——读《世界货舱：公元 1000—1400 年的海上泉州》

◇ 王超文

主题为"宋元时期泉州地区的海上贸易和经济社会发展"的国际会议，1997 年在荷兰莱顿举行，来自不同学科和领域的十一位参会者，包括美国宾汉顿大学历史学教授贾志扬（John W. Chaffee）、美国尤西纽斯学院教授休·克拉克（Hugh R. Clark）、英国维多利亚和阿尔伯特博物馆的约翰·盖（John Guy）、芝加哥大学田野博物馆的美籍华裔陶瓷专家何翠媚（Ho Chuimei）、加拿大英属哥伦比亚大学教授理查德·皮尔森（Richard Pearson）、德国慕尼黑大学的教授罗德里希·普塔克（Roderich Ptak）、香港中文大学的历史学教授苏基朗（So Kee Long）、剑桥大学教授思鉴（Janice Stargardt），以及泉州市文物保护研究中心主任陈鹏和泉州海交馆研究员李玉坤等，可谓是"众星云集"。他们共同致力于探讨涉及宋元政治、社会经济历史、以及海上贸易的历史和考古方面的更好且更为标准化的理解，同时也包括泉州地方的当代发展、与泰国或印度的贸易关系以及后者的发展等议题。当时在莱顿大学亚洲研究国际中心（IIAS）进行博士后研究的女汉学家萧婷（Angela Schotenhammer），组织并参与了这次会议，而后她

萧 婷

在 2001 年编辑出版了包括自己的作品在内的论文集《世界货舱：公元1000—1400 年的海上泉州》①。

按照编者在导论中的考虑,本书的八篇论文大致可以分为三个部分②。首先,前三篇论文致力于分析那些相对而言被忽略的社会政治或政治经济问题方面的资料和数据,而其立足点,是把泉州的地方发展放到超地域的历史情境中去看待,即是说要把泉州当做宋朝的一部分;而第二部分包括之后的四篇论文,大体而言是基于考古学方面的证据分析海上贸易的结构,涉及目的地、路线、港口、商品等多个方面,在具体论述中都考虑到了历史背景和时代环境,也就是说一方面把泉州整合进宋元时期的中央政府系统,而另一方面

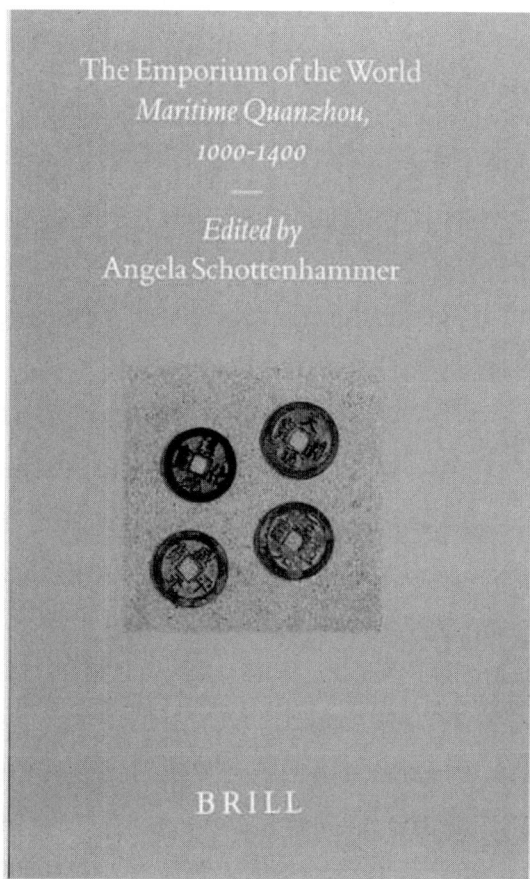

《世界货舱：公元 1000—1400 年的海上泉州》书影

则把泉州与更为广泛的南洋联系起来;最后一篇论文则自成其类,也可以说作为前一部分的延续,是把泉州放入到更大的范围中——"大东南亚"——进行讨论,其关注的问题是:泉州是与中国其余部分的联系更为紧密,还是与假象中的"南洋地中海"联系更密切。下文将以此划分为基础,对本书的

① Angela Schottenhammer（ed.）,The emporium of the world：Maritime Quanzhou,1000—1400,Leiden,Brill,2001.

② Angela Schottenhammer（ed.）,The emporium of the world,pp. 4～10.

主要内容进行概要式的梳理,并在最后提出自己的初步思考。

一、宋代泉州的社会变迁及其衰落的原因

12 世纪是泉州海外贸易发展的高潮,而海外贸易不仅给闽南地区带来了深刻的商业革命,包括内部经济的变迁以及与外部经济联系的日益密切,更进一步说,以此为基础闽南地区也发生了影响广泛的社会变革。休·克拉克在《宋代泉州的海外贸易与社会变迁》一文中[①],探讨了海外贸易带来的商业革命与深刻的社会变革之间的联系。对于商业革命,他看到从唐代后期开始,闽南从作为联系海外与北方中央政府的贸易中转站,到十一世纪泉州港超越广州港成为帝国的主要港口,海外贸易对闽南地区产生了诸多影响。其中一个重要方面就是泉州城的变化,包括城墙的重修、多种宗教寺院和石桥的兴建、打破内地农业经济的限制以及城市人口的激增等等。总而言之,商业革命带来的地方财政增长,而这种海外贸易所取得的成功与当地社会在科举考试中所取的成功是同步进行的。基于对地方志中进士和特奏名进士名单的分析比较,克拉克认为在兴化、泉州和漳州三地,上述两个方面的兴衰同步性[②]。具体而言,通过参加科举考试并取得成功,是宋代闽南社会中实现阶层流动的真实途径,而对于培养考生所需花费的大量资金,则是由参与海外贸易的宗族提供财富支持的。文中提供的韩国和日本的证据,以及方白杜、黄烨等宗族谱系的详细案例,对作者的观点给予了证明。

由此可见,泉州的海上贸易的兴衰对于地方社会有着重要意义,而关于泉州海上贸易兴衰的原因则是一个聚讼不已的问题。贾志扬和萧婷的两篇论文,从不同角度提出了对此的看法。前者在论文《宋朝的影响:泉州海外贸易中的宗室》中[③],从宗室与海外贸易的关系、作为监管者的宗室成员、宗室对海外贸易的直接参与以及作为消费者的宗室成员等四个方面展开论述,其分析反对的是此前认为供养宗室所需的巨大花销是泉州衰落的主要

---

① Angela Schottenhammer (ed.), The emporium of the world, pp. 47~94.

② Angela Schottenhammer (ed.), The emporium of the world, pp. 54~65.

③ Angela Schottenhammer (ed.), The emporium of the world, pp. 13~46.

因素的观点。基于地方学者提出的需要对宗室活动给予全面的关照,作者从南宋早期的宗族活动入手,包括宗室南下泉州的整个过程、福州和泉州两个宗室事务中心的成立和运行、宗室人口数量的变化及其分布等方面。在贾志扬看来,首先应该承认的是,供养宗室的花销是巨大的,这可以从人均津贴的数额以及人口数量的增产看出来,甚至地方长官上书朝廷诉负担沉重、财政缺空之苦。在此种背景下,海外贸易的收益实际上起到了补充供养宗室花费的作用。而且,宗室成员也直接参与到商业贸易中,这从关于宗室事务中心长官涉嫌非法获取航船的丑闻、宗室官员私自造酒以及出土的大型远洋航船的标志和货物等方面都可看出。不仅如此,宗室成员还在市舶司中的任职,并且占到历任部门管理者数量的 10%～11%。此外,宗室(官员)参与的一些与"海神"或其他航海者保护神的宗教祭祀活动,也可以作为他们卷入海上贸易的例证。与此同时,贾志扬对于作为消费者的宗室成员是颇为看重的,他认为宗室大量的津贴用于消费,实际上对泉州的经济以及其海上贸易的发展都产生了有力的影响。至此,作者描绘的泉州宗室的角色是双重性的,一方面由于其掌握的资本和消费能力,他们是兴盛时期的重要加速器,而另一方面,由于供养他们需要大量的资金从而加重了已然垂暮的政府的负担,他们又是衰落时期的拖累[①]。

萧婷则从苏基朗的观点出发,即在十二世纪朝廷的财政仍是在可控的,其后衰落的主要原因在于纸币的引入和铜的缺乏[②]。她的论文题为《金属的角色与泉州引入会子对于宋朝海上贸易发展的影响》[③],其论点是,除了高税收、腐败、海盗等因素外,泉州经济相对衰落的一个主要原因是朝廷的贬值铜币以及之后引入会子的货币政策。首先应该认识到,金属,包括贵金属的金银以及基本金属的铜、铁、铅、锡等,在古代社会和海上贸易中具有使用价值和交换价值,不仅在贸易中作为一般等价物,而且特别是在亚洲社会的宗教仪式、装饰、建筑等领域内都占据重要地位。宋代最初的流通货币是铜币,在一些地方和大型商贸中也有铁币和银的使用。随着商业和贸易的发

---

① Angela Schottenhammer (ed.), The emporium of the world, p.43.

② Angela Schottenhammer (ed.), The emporium of the world, p.14.

③ Angela Schottenhammer (ed.), The emporium of the world, pp.95～176.

展,在商人的私人合作中出现了能够在时间和地理上分离购买和支付的交易票据(会子),这既是贸易的结果,同时也是扩展贸易关系所必须的。公元1172年开始,朝廷对福建私人会子的使用发布禁令(公元1186年则开始强力推行),并开始印发官方会子。这实际上对于朝廷是有颇多好处的,包括减少生产铜币的花费、通过税收持有和吸收大量铜币,并能够以此进行信贷而从流通中收回铜币应用于政治和军事方面。但随着政府赤字印发的财政危机以及宋金战争的影响,朝廷大大加大了会子的印发量,导致其迅速贬值和物价上涨,从而对国内和国外贸易产生了消极影响。实际上,只要朝廷能够保证其借贷的可兑换性,会子的引入并不会引起问题。问题的关键在于,宋代政府试图将自己的行政权威和权力凌驾于一般经济规则之上,才导致了一系列现象的出现。一方面,朝廷在从流通领域中回收铜币的同时,开始降低新生产的铜币中的铜含量;另一方面,朝廷越是想以铜币形式吸收财富,商人就越致力于从流通领域中收回现金。综合起来,最终导致了铜币本身成为商品,因为新铜币的贬值使得纯铜的价格高于铜币,而且超地域的金属价格差异刺激了金属贸易。此外,萧婷还考虑到了海外市场对于金属需求的原因,包括上文提到的金属在不同领域的作用,也包括一些社会需要宋代的铜币作为自身社会的流通货币的方面。

综上,首先我们必须意识到,泉州在十三世纪的衰落有着复杂的原因,萧婷把朝廷政府的失败的通货政策作为其中的主要因素,贾志扬的论文则反驳了把南宋宗室的影响作为主要因素的观点。实际上,这两篇论文都试图把泉州整合到宋朝的整体中进行分析,也就是说,在泉州的兴衰过程中有更为广泛的经济力量在发生作用,包括福建地方经济、整个帝国范围内的经济,甚至是亚洲航海时代的经济波动[①]。

二、基于考古学证据的泉州内外关系

从休·克拉克的论文中,我们看到了闽南地区的海上贸易带来的商业

---

① Angela Schottenhammer (ed.), The emporium of the world, pp. 42~43.

革命,对于地方社会的深刻影响,虽然也涉及城乡关系、城市建设、人口的增长与迁移等方面,但他较为集中论述的是以宗族为主体的社会流动背景下的地方精英社会的形成。本书的第二大部分的四篇论文,则以考古学证据为基础,提供了关于闽南以及泉州城市、陶瓷产业、港口与内陆关系等方面的更为细致的描绘,与此同时,把视角转向海上贸易的更为具体的方面。

对于泉州的城市规划方面,《港口、城市与内陆:考古视角下泉州及其海外贸易》一文给出了详细的说明①。整体而言,泉州由罗城、子城和衙城构成,并分为十个区域,理查德·皮尔森、李敏(音)、李国(音)三位作者进一步给出了二十四个宗教场所、行政部门、经济中心、学校及宗室聚居区的具体分布,并认为泉州地处晋江沿岸是其兴衰的重要因素。而且,城市规划中显示出的宗教多元化,可以说是作为泉州经济扩展的关键因素。继而作者转向泉州地区陶瓷生产的方面,这与何翠媚的论文《宋元时期闽南地区的陶瓷业繁荣》相关②,但有着不同的侧重点。

在《港口、城市与内陆》一文中,作者首先关注的是泉州地区烧窑的时空分布,确定了宋元之际和明清之际是陶瓷产业发展的高速时期,同时也看到烧窑地点从沿海向内陆高地的变迁过程,这实际上涉及沿海地区与内陆地区的关系问题。作者在认同克拉克关于泉州的发展类似于地中海地区的观点的基础上,指出泉州沿海与其内陆的关系是动态的,即是说两者在不同时期有着不同的经济结构。进而,论文概括了泉州地区政治经济的主要特点以及在地方层次出现的一些变化,在笔者看来较为重要的是:国内贸易性质的改变,使得商品范围从奢侈品转向日常必需品,这就把周边地区整合到泉州经济之中,使得农民不再是自给自足的;在闽南地区出现的多个方面的技术进步或变化,包括陶瓷产业以及航海技术;地方精英卷入贸易,并且作为官员对贸易政策产生影响,而资本和贸易的增长,使生产者、消费者、投资者、管理者之间形成复杂的利益网络;等等。综上,作者基于针对中心—边缘模式的批评,认为泉州的特殊政治经济是一个树状结构,简言之,是中心对其内地没有政治控制力,同时中心从边缘获得经济需求。而《宋元时期闽

---

① Angela Schottenhammer (ed.), The emporium of the world, pp. 177～236.

② Angela Schottenhammer (ed.), The emporium of the world, pp. 237～282.

南地区的陶瓷业繁荣》一文,更为关注于陶瓷的类型学以及生产的阶段划分,认为这实际上与陶瓷产业地点的变化、产品存货数量的变化,以及此种时空变化如何与泉州地区的整个政治经济图景相适应的议题有着密切关联。具体而言,基于对闽南地区博物馆和古代烧窑遗址的考察,并在对传统分类方法的调试后,作者把十一到十四世纪的闽南陶瓷制品分为十三类。而对于生产时段的五阶段划分,何翠媚的观点是认为应该把长时段分为合适的时间单位,如此才能近距离地检视工业的兴起和衰落。此种划分,使她看到了陶瓷生产在地理上的两种迁移方向,即从泉州沿海的南部到北部,以及之后的从沿海向内陆的晋江沿岸迁移,而这些都反映了闽南地区的社会经济情况,以及陶瓷产业中阶段性的技术改良。最后,作者提出闽南陶瓷的巨大成功,并非由于其有比其他地区更为出色的工艺和技术,关键在于市场策略、推销基础以及特定的海外客户。

实际上,虽然在宋元时期本地对于陶瓷的需求增长很快,但是生产的大部分产品仍是通过海上贸易出口[①]。在这一部分的三篇论文,分别考察了泉州以及中国其他港口与琉球群岛、印度、泰国等地的海外贸易。泉州与琉球群岛的关系一般认为是不那么重要的,因为史料少有记载,但《港口、城市与内陆》一文基于考古证据,主要包括出土的陶瓷、货币以及其他日常生活或用于宗教仪式的物品,试图表明两方之间密切的贸易关系。约翰·盖的论文《泰米尔商人行会与泉州贸易》[②],强调了印度与中国之间贸易的长期性和持久性,以及印度教与泉州地方文化之间的相互影响。实际上,中国是作为印度商品在东方最早的市场之一(另一个是中东),印度商人早至六世纪就出现在中国南方港口的早期贸易中。作者主要考察了大多信奉印度教(也包括佛教和伊斯兰教)的讲泰米尔语的印度商人的贸易活动,由于在九世纪末期中国意识到东南亚而非西亚与印度才是奢侈品的来源地,使得在公元最初几个世纪在东南亚半岛定居的印度商人,以其在当地已经建立的贸易体系与行会组织为基础,广泛地参与到中国与东南亚的海上贸易中。而此种对贸易的密集参与,也使得他们深刻地卷入到泉州社会当中。实际上,宋

① Angela Schottenhammer (ed.), The emporium of the world, p. 257.
② Angela Schottenhammer (ed.), The emporium of the world, pp. 283~308.

元政府为了发展贸易,采取了一系列措施鼓励外国商人造访泉州和广州,并且在两地建立了市舶司。而且,泉州的外国商人社区获得了一定程度的法律上的自治,另一个重要的方面则是拥有不同宗教信仰的商人在泉州地区建立了清真寺、寺庙、神殿等宗教场所。通过对泉州泰米尔铭文、印度教寺庙的建筑和雕像遗迹的考察,作者认为泰米尔商人与泉州社会处于一种双向的影响关系中。他提到两个重要的例子①:一个是在明代开元寺的建设中,体现出来的受印度教影响的建筑元素;另一个则是在泉州的泰米尔商人所创造的,带有泉州地方特色的神话。把眼光转向泰国,思鉴的论文《阴影之后:十到十四世纪泉州与泰国南部塞丁普拉的双向海上贸易的考古资料》②,试图打破之前研究中由于文本材料的缺乏和偏见,而局限于关注经济产品的名单,忽略了产品来源地具体情况的状态。塞丁普拉作为海洋和文化的十字路口,其出去的中国瓷器自公元十世纪中期起就不断增加,这种趋势持续了整个宋代直到元代早期才开始减少,而这表明了其在中国贸易中扮演越来越重要角色。具体而言,当地出土的中国瓷器,其特点是来自特定的中国的烧窑,以及具有特定的且有限的形状和特定的质量,在作者看来,这表明了此种海上贸易是极具组织性的,因为商品能够明确地对应目的地的需求,并且这种对应有着很长的持续时间。此外,作者还考察了卷入海上贸易,对塞丁普拉的社会、经济以及文化的深刻影响,并在与中国和福冈之间贸易的对比中,分析了中国的南海贸易中不同参与地区的同与异。

　　概而言之,泉州兴起的原因是由两个方面构成的,一方面是由于地区内部的人口众多而农业生产能力有限的事实,另一方面则是来自外部的转运贸易的刺激③。因此,对历史泉州的理解,应该在考虑沿海与内陆的关系之基础上,把泉州与宋元中央政府的系统整合起来。从《港口、城市与内陆》一文中可以看到,整个泉州贸易体系实际上是一个非常复杂的网络,有本地商人的维持,有地方乡绅和官员的参与,到明代更涉及朝贡体系的因素,也就

---

① Angela Schottenhammer（ed.）,The emporium of the world, pp. 296～302.
② Angela Schottenhammer（ed.）,The emporium of the world, pp. 309～394.
③ Angela Schottenhammer（ed.）,The emporium of the world, p. 180.

是说,贸易的发展使得生产者、消费者、投资者、管理者之间形成复杂的利益网络①。同时,不可忽略甚至在一些研究者看来更为重要的是,泉州与更为广泛的南洋地区的相互依赖或相互关联的重要性和影响,这就涉及到从更为宏大的体系来理解历史泉州。

三、理解泉州的视角问题及相关思考

汉学家与海洋历史学家之间,存在一个看待泉州的视角上的不同:前者从陆地看海洋,后者则从海洋看陆地。而这种差异是有意义的,从中可以看到,泉州的重要性正是因为其处于两个世界之间,其一是中国世界,另一个是中国南部海域世界,或者如罗德里希·普塔克所言,可以称之为"大东南亚"。作为本书的最后一篇论文,《泉州:地处一个东南亚"地中海"的北部边缘?》②,作者试图把泉州放到一个更为宽广的空间,指出其在大东南亚概念中的重要地位,并给出对下述问题的看法:泉州是与中国其余部分的联系更为紧密,还是与假想中的"南洋地中海"联系更密切。而笔者也将基于对本文的介绍,陈述个人的初步思考。

作者从概念问题出发,分析了把布罗代尔(Fernand Rraudel)关于欧洲地中海的研究,运用到中国南部海域的适用性问题,他认为"大东南亚"的概念在一定程度上,与中国古代的"南洋"概念在空间上是吻合的。他强调说,本文的目的不是要解决上述概念问题,而是关注宋元时期历史的一些特定方面,具体而言就是空间概念及与其有关的想法或想象。基于对中国南部海域的贸易路线、航海障碍以及空间的细致考察,作者分析了在"大东南亚"概念下宋元两代的空间概念。需要指出的是,普塔克的分析几乎都是基于古代中国文本,包括宋代的《岭外代答》和《诸藩志》,以及元代的《南海志》和《岛夷志略》。从这些文本中可以看出,对中国南部海域的认知有一个变化的过程,这种变化既与文本作者本人的背景有关,比如宋代的两位作者,一个更熟悉两广和安南,一个则在福建为官,这就导致了两人在地理上的不同

---

① Angela Schottenhammer (ed.), The emporium of the world, p. 204.

② Angela Schottenhammer (ed.), The emporium of the world, pp. 395~428.

视角。而另一方面,这种变化也与航海路线的兴衰联系密切。其中,普塔克比较关注的是"洋"与"海"的描述。在宋代,把整个海域分为没有边界的东西大洋,"海"的指涉范围似乎更小而且在一定情况下是被陆地包围的,而现代的东南亚大部分被认为是东南海和南海的一部分。在元代,则提供了关于东部航线的更为细致的信息,显示出当时这条航线的重要性。总之,在作者看来,不同的文本作者把东南亚划分到不同的空间部分,这实际上显示出的是共时性视角而非历史性的,而贸易流通的改变只有在不同的"共时性层面"的比较中才能显现出来①。

与第二部分的几篇论文不同,普塔克的论文完全是基于文字资料的分析。虽然他也指出了文字资料的诸多限制:中国的文字资料具有强烈的政治倾向,关注的是"中国性"而非地方的特殊性或"他性";对中国南部海域的认知,都是来自于此处"大东南亚"北部边缘的中国,忽视了南部国家和地区的观点;这些资料大多基于儒教伦理,从而把中国描绘为处于优越的地位,而没有给予"他者"以平等的对待②。与上述文字资料中体现出的"偏见"相反,考古学证据则以一种完全"客观"的姿态出现。在笔者看来,就文字资料而言,一方面其中的所谓"偏见"是有意义的,正也是普塔克的论文得以展开论述的基础,而另一方面,文字资料相比与考古资料,可以完成休·克拉克那种细致的涉及个人或家庭的社会经济变迁的研究③。而考古学资料相比而言的客观性和直观性,是其最重要的优势所在,但却不得不在一定程度上局限于考古发现的偶然性因素。因此,要完成普塔克所希望的那种,关于可见与不可见的不同地域的联系和交织的全观的研究——既包括具体之物与人的流动,也包括观念、宗教、制度、技术等的流动④,需要两种资料的共同使用,以及不同领域研究者之间的进一步合作。

本书是聚焦但并非是孤立的,围绕泉州而展开的关于海上贸易的研究。泉州兴起的内外双重原因,以及导致其衰落的原因的复杂性,使得本书的作

---

① Angela Schottenhammer(ed.),The emporium of the world,p. 421.
② Angela Schottenhammer(ed.),The emporium of the world,pp. 399~403.
③ Angela Schottenhammer(ed.),The emporium of the world,p. 313.
④ Angela Schottenhammer(ed.),The emporium of the world,p. 396.

者们从两个方面着手:一方面,他们关注泉州与其内陆地区、闽南地区、福建地区以及整个国家和政府的关系,把泉州整合进宋元两代的历史背景和时代环境中;另一方面,则是基于海上贸易而把泉州与广泛的南洋地区相联系,强调此区域的贸易参与方的相互依赖或关联。我们可以从第一个方面中看到,对弗里德曼(Maurice Freedman)关于中国东南宗族组织的研究的回应①,首先是泉州或南方沿海地区对于北方中央朝廷的意义问题。约翰·盖德研究指出在九世纪末,中国发展了对于南方港口重要性的认识,即南部中国不再是边缘地区,而且随着持续的城市化,其发展了自己的对于南海产品的内部市场②。其次是宗族在地方与国家层次上对经济和政治活动的广泛参与,以及中央政府及其成员对于地方贸易商业活动的参与和促进。萧婷在本书的导论中指出,对于海外贸易的一般认识是重朝贡而轻商业的,但我们应该认识到在中国南部研究有很多未记录的"私人"贸易存在,而且,对于官方朝贡贸易与"非法的"私人贸易之间的区分并非绝对的③。对于地方宗族而言,他们并不满足于通过海上贸易获取大量财富,以及把财富投入到地方建设当中,中国传统思想中的重文轻商驱使他们把财富投入到科举考试的准备和进士的培养中,由此实现了社会阶层的流动以及地方精英社会的构建,而也使我们看到了商业革命对于社会面貌及其变迁的深刻影响。

由于本书是围绕泉州展开,因此在与外部关系的层面上主要考虑了泉州与中国南部海域体系之间的关系。而从更大的范围来看,我们可以把泉州作为中国或东方的一部分,在整个世界体系中对其加以理解。实际上,本书的一些研究也涉及这一方面,虽然并不作为论述的重点。何翠媚在关于宋元闽南陶瓷工业的研究中,讨论其是否具有资本主义早期特征的问题。她认为在公元十一初期到十二世纪初期阶段,陶瓷生产已经超出了西方意义上的家庭手工业的范围,是建立在认识市场知识的可靠基础之上的,而且

---

① 莫里斯·弗里德曼,刘晓春译. 中国东南的宗族组织[M]. 上海:上海人民出版社,2000.

② Angela Schottenhammer (ed.), The emporium of the world, p. 287.

③ Angela Schottenhammer (ed.), The emporium of the world, pp. 1~3.

有着非常资本化的运作管理方式①。关于宋元工业化的争论很多,但或许我们应该向杰克·古迪(Jack Goody)学习,从更为宏观的角度来审视这一问题。在他看来,工业化不仅是欧洲之事,而且是从东方"偷窃"得来的②。他揭示了关于西方资本主义兴起的特殊性之为幻象,而且我们应该认识到,资本主义本身的多种的可能性,并不存在那种唯一的西方的资本主义。由此,理解历史泉州,需要在资料、视角、方法等方面采取多样化的策略,才能为我们还原一个更为真实也更为完整的航海时代。

◎ 作者系北京大学社会学系博士生

---

① Angela Schottenhammer (ed.), The emporium of the world, pp. 268~272.

② 参见杰克·古迪,沈毅译. 西方中的东方[M]. 杭州:浙江大学出版社,2012. 以及杰克·古迪,张正萍译. 偷窃历史[M]. 杭州:浙江大学出版社,2009.

《中国东南的道教仪式与民间崇拜》书评

◆ 罗　杨

一、前　　言

丁荷生（Kenneth Dean），著名汉学家，加拿大麦基尔大学东亚研究中心主任。他本科就读于布朗大学中国研究方向，后获得斯坦福大学博士学位。他致力于中国道教、民间宗教与文化、中国文学研究，后又转向东南亚的华人宗教研究。其著述除《中国东南的道教仪式与民间崇拜》(*Taoist Ritual and Popular Cults of Southeast China*，1993）外，还包括 *Lord of the Three in One：The spread of a cult in Southeast China*（1998）、*Ritual Alliances of the Putian Plains*：Vol. 1：*Historical Introduction to the Return of the Gods*，Vol. 2：*A survey of village temples and ritual activities*（与郑振满合著，2010）、《福建宗教碑铭汇编》（与郑振满合编）等，并拍摄了一部关于莆田元宵宗教仪式的纪录片"天堂无聊"。

丁荷生

本书是丁荷生三个时段（1984—1985：台湾；1985—1987：福建；1989—1991：台湾、福建）田野调查的成果。他在一次访谈中谈及之所以对中国宗教，尤其是道教和民间宗教感兴趣时说，1984年他到厦门继续他的博士研究，主题是道教仪式的传统和17世纪起传播至台湾及闽南地区的民间信仰。当他到厦门的时候，正遇上闽南地区许多主要的民间信仰（如保生大帝、妈祖、广泽尊王、清水祖师）的寺庙重建或修复，他参加了这些寺庙数十年来首次举行的道教仪式。[①] 根据本书《导言》中的描述，当时的福建留给他最深感触是"两难"：历史与现实的选择——"文革"结束、改革开放初兴，手头刚有余钱的人们首先不是购买现代物品反而去拾老古董，整个社会似乎都在倒回历史传统之中，重修庙宇、祖祠，恢复公共道醮仪式，海外华人送先人遗骨回乡安葬；国家与地方的拉锯——如地方干部对宗教活动的矛盾态度，这又与他们在地方经济与社会中的权力和地位变化相互交织。

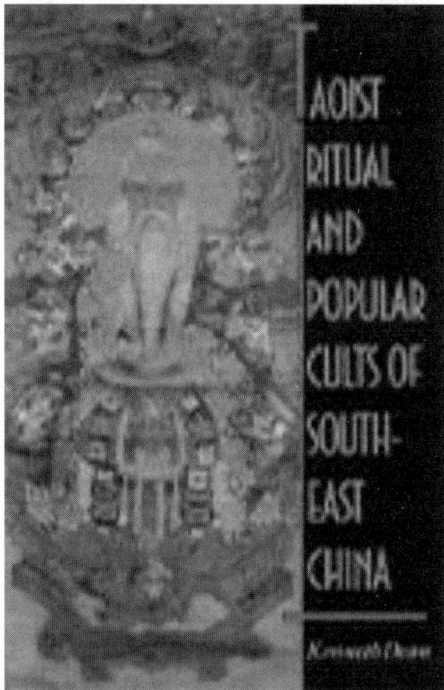

《中国东南的道教仪式和民间崇拜》封面

基于上述写作背景，本书的主题是道教和地方崇拜在地方历史与现实社会中的互动。作者将道教置于历史与现实、帝国（国家）与地方的四角关系之中，以它贯穿历史和现实的生命力，以及既不做帝国的模仿、也不被彻底地方化的驾驭力，说明道教的"礼仪结构"在中国社会中的作用。

---

① 卢云峰：《中国每个文化区域都需要用新的概念来解释——访丁荷生教授》，中国民族宗教网，2008年10月7日。

二、时间与空间:道教的历史发展和仪式结构

丁荷生认为本书中所讨论的崇拜在福建成形于五代至唐时,因此本书的时间跨度从那时直至他做调查时的 20 世纪 80、90 年代。福建的道教除北部的武夷山地区属全真教外,大部分为正一道,也叫天师道。前者创立于宋金时期,类似于佛教,道士住道观、不婚娶、修真养性、不尚符箓;而正一道道士有家室、不忌荤、尚符箓,其传承采取家内传子的世袭制,道士外出去为寺庙、家庭和个人提供仪式服务。

正一道为东汉末张陵所创。三国时,正一道首领将其仪式传统引入曹操朝廷,通过与世俗领袖协商,使道教获得监管神灵领域的地位,这也反映在南北朝帝王加冕的道教仪式中。晋时衣冠南渡,一方面南迁的大家族通过扶持道教以确认其祖先及地方仪式的正统地位,另一方面,南传的道教传统也在被当地既有的地方崇拜吸收和改造。唐代,李氏王朝自称是道教老子的后代并宣称其王朝的建立得到神助,皇子受到道教的加冕;其次,开始系统化 5 个世纪以来的各种道教传统,皈依者的提升遵循一套制度性的规矩;这种层级体系表明存在一个统一的道教教会将道士和信众紧密联结,道士对其教区信众的婚丧嫁娶等有很大的管辖权力。

丁荷生指出唐末到宋初是中国社会、经济与宗教的分水岭,南方商业的崛起使各种秩序与力量重组。在帝国的层面,许多新兴的道教团体寻求朝廷的支持,道士常常与儒士为伍压制地方崇拜。帝王也想借道教将地方崇拜整合为统一的、官方认可的宗教,并使帝王在其众神中占据主导,宋徽宗还在福州开始印刷道教经典,这两种行动反映出在宇宙连续统上重建帝国力量的努力。但帝国的计划遭遇到地方的阻力。一些地方贵族在官僚体系中失去权力从而转向地方事务,一些大家族崛起积极寻求进入官僚体制,伴随着众多地方权力中心出现的是众多造神运动,并且围绕地方圣人和神灵组织起来的各种组织逐渐发展成全国性的文化、经济、政治合作网络。道士们受雇于这些地方崇拜活动而不是领导它们,他们表演仪式、书写经典,将这些地方崇拜吸收入道教的神殿中。唐代道教的统一性在这些飞速发展的地方造神运动中四分五裂,地方上的道教活动与力量日益强大的地方民间崇拜之间越来越多的互动,给北宋朝廷一统道教及民间崇拜的计划难以维系。虽然道教在与地方崇拜的互动中被其分裂,但其仪式传统的潜在统一结构却得以留存至今。

明代,帝国进一步加强对道教的控制,官方三次编写道教经典,但每一次材料的出入反而反映出地方崇拜力量的增大;皇帝使江西龙虎山变成道教中心,道士都应从那里获取行道的资格;官方设置的道教事务管理机构下至地方层级,城隍庙和东岳庙都有道士驻扎。但地方上的大家族也在拉拢和利用道教。因为佛教和道教在土地税收上相对优惠,大家族先是为祖先建立佛寺,随后逐渐侵吞了这些财产,进而反过来利用它们来扩大或超越其宗族的影响范围,实现更广泛的区域联合。这时期除官方道教经典外的很多碑文都是地方士绅所写,他们和地方大宗族构成的寺庙委员会成为管理公共事务的新机构,而这些寺庙中有很多神灵,代表着不同地方和社会群体的联合,这些群体甚至扩大到城市中的行会或从事海外贸易者。清代,道教来自帝国层面的支持衰落,形成一些体制外的地方区域性网络,与官方和地方士绅的等级力量相对,而渗透到地方社会之中。

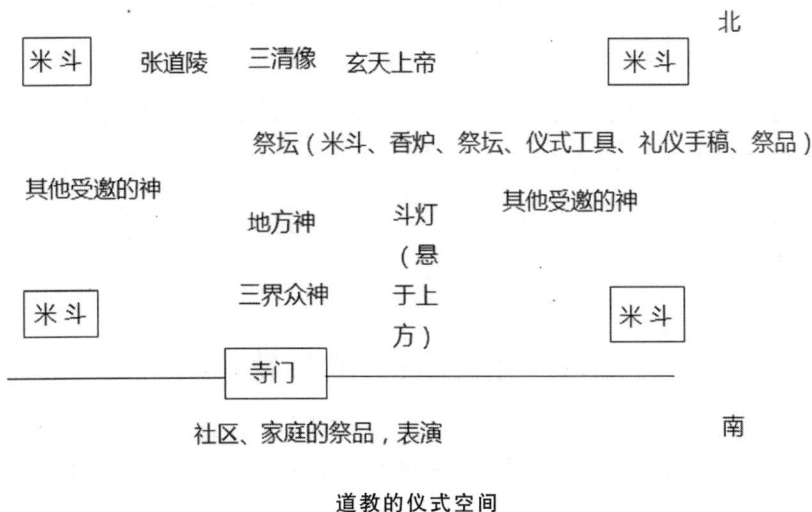

道教的仪式空间

道教仪式可分为寺庙内的仪式——仅允许道士、和尚和作为社区代表的会首参加,以及配合寺内仪式的寺庙外供献和娱神表演;寺庙内的仪式又可分为宏观宇宙的仪式过程和发生在作为小宇宙的道士体内的。道士体内

小宇宙的变化影响和作用着外部众神所在的世界。

宏观宇宙的仪式过程为两个相反的阶段,其关键都是"符"的运用。第一阶段的仪式步骤是进入、净化、祈祷、分五符,第二阶段是献祭文和奠酒、送神、净化、退出。第一阶段的最后一步和第二阶段的第一步是整个仪式的核心:道士将五符分置于庙内四角以及中央祭台的米斗中,神圣的道场由此建立,最后焚烧五符,道场随之夫圣化。而道十在仪式第一阶段开始献祭的祭文通常也是一些充满原始无穷力量的符号。道士焚烧这些符号,将相应的讯息传递至神那里,实现了人与神的交融,而他们对文字符号而非动植物祭品的献祭在某种程度上也拓展了献祭理论。这些符或被送达阎罗殿要求释放某个鬼魂,或被送往天界,或被鬼魂自己留作为他举行过某种仪式的凭据。它反映出帝国公文对其的影响,但其创造宇宙世界的力量又是属于俗世的帝国公文所不具备的。符的这种特定功能可追溯至它的起源得以理解:据道教《度人经》记载,原始的气填满虚无世界,它们逐渐汇集成浩瀚的云气,产生光与声。很久以后,天界的文官将它们转誊在金简上,保存于天庭的藏经阁中。又过了许久,它们被天赋于道士。因此,仪式中焚烧的香升至天界,形成唯有众神才可读的信息。焚烧转化符的形态,与原初气聚成符的过程一致,所以这些符又回归到它们的本原,道士分配五符建立神圣道场后焚烧这些符,实则代表天赋和回归的过程。宏观宇宙的仪式过程与道士体内小宇宙的相互作用也通过这些符。符不仅在仪式中被焚烧献祭,其灰烬也被道士们吃掉。他们吃下之后能够召唤众神至其体内,从而与外在的宏观宇宙交融。

三、道教"礼仪结构"的三种面向

丁荷生以保生大帝、清水祖师、光泽尊王为例,这三者分别偏向道、佛、儒三教,围绕他们的朝圣敬香网络、游神巡境组织、传说与仪式的不同版本,展现道教在帝国与地方之间、在儒佛和其他民间信仰之间,将这些具有竞争冲突关系的不同因素联系组织成一体,但又使其各自在这体系中维持自身认同的"礼仪结构"。

（一）保生大帝

保生大帝本名吴夲（979—1035），北宋福建同安白礁乡人。传说他是紫微星君转世，少时得昆仑山西王母授法，先后有使书童起死回生、助皇帝退兵、医治太后乳疾、旗退贼寇等灵异事迹，他毕生最令人敬仰的是悬壶济世、医德高尚。除供奉他的白礁慈济祖宫（西宫）外，还有南宋祖籍青礁地区的尚书颜师鲁奏请朝廷所立的青礁慈济宫（东宫）、泉州花桥宫、安溪感德玉湖殿以及遍布福建和台湾各地的庙宫。这些寺庙通过分香和敬香，根据与祖宫香火的亲疏程度构建起一个彼此有等级但成体系的网络。

道教的"礼仪结构"不仅通过朝圣敬香将横向分布的各个寺宫联合起来，在保生大帝被敕号加封的纵向过程中，它又成为模仿和利用帝国的力量但并不与之等同的超越性因素。丁荷生发现保生大帝的封号过程复杂且混乱，一部分在官方的道教经典或其他文献中并无记载。地方神灵头衔的提升以及与此相匹配的寺宫的重修扩建，往往借助道教的礼仪结构。地方神灵只有通过道教礼仪体系被纳入它的万神殿中才能超越其地域性，而相应的神像、寺宫等的圣化仪式也必须由道士完成。这虽是对帝国等级、官衔等的模仿，但这种封圣却使地方尤其是主导这些神灵信仰的地方精英以半独立自主的地位以对抗行政体系。

在地方上，通过编纂庙志碑铭、重修寺庙等积极助推地方神灵信仰的有高级官僚、地方学者、士绅、宗族领袖和成功商人等，这些重建过程必然要举行道醮仪式，而这些精英群体都会参与这些仪式，因此，道教的礼仪结构能同时吸收地方精英与民间崇拜。此外，它也为反映不同地方崇拜网络间的交融与冲突关系提供了渠道。例如，在厦门、莆田、同安等地，很多寺庙同时供奉保生大帝和妈祖，甚至传说两位神之间有男女关系，但在台湾，这两位神祇却充满矛盾，在彼此的生日呼风唤雨羞辱对方。丁荷生认为这是以海洋为基础的妈祖崇拜与以河流为基础的保生大帝崇拜网络的重叠，而在台湾则是海洋崇拜与内陆崇拜的冲突分裂了这两者的信仰网络，但它们依然都置身于道教的礼仪结构之中。

（二）清水祖师

清水祖师（1037—1101），俗姓陈，名荣祖，出身于科甲世第，年幼出家，法名普足。宋元丰六年（1083 年），安溪大旱，崇善里的乡绅刘公锐请普足来设坛祈雨，普足就在这里住下修行，圆寂后乡人刻沉香木为像，把它供在岩寺中，奉号清水祖师。

在安溪，清水祖师像每年正月下山绕境三日，古时应由县官亲自主持绕境，按照县衙仪仗排驾，但为使仪式不与县衙事务冲突，后由县令授命拈得"大旗"股的推出一名长者代行职责，立官衔"清水巡境司"，绕境迎春就照此例执行至今。所谓的"股"是指今蓬莱镇平原及金谷镇的汤内、涂桥按照姓氏居住地的人口和自然条件分为顶、中、下三个庵堂，各个庵堂再分出三个保社，每个保社组合三个佛头股，每年清水祖师的绕境活动从每个庵堂中各选一股轮值。"大旗股"则是抓阄拈得"大旗"的佛头股。清水祖师虽属佛教信仰，在安溪清水岩的祖庙也一直由和尚主持，但其巡境仪式却是由道士引导整个仪式过程。正是在巡境过程中，丁荷生看到地方官员、警察与道士、和尚和信众在多方面的矛盾：如对"宗教信仰"与"封建迷信"的模棱两可；对"文革"意识形态的心有余悸与恢复传统的现实需要；在地方宗教活动中，对话语权和掌控权的争夺；试图利用巡境活动拉拢海外华侨、台湾同胞，实现国家层面的一统，但又不希望巡境活动打破村、镇的行政区划而实现超地域的联合。

清水祖师先后受到南宋皇帝的四次敕封，前两次从安溪地方向朝廷请封到朝廷最终敕封，几乎相隔了十年时间，其间礼部先后派遣地方官员、邻县官员或朝廷下来的官员前去反复核实当地上报的清水祖师事迹是否属实，依照敕封条文能否增加相应封号等，这与保生大帝加封过程中地方的半独立自主有所不同。但通过道教礼仪结构的灵活性，清水祖师信仰依然保留了民间崇拜的痕迹。他的每一次加封原因主要是祈雨灵验、医术神奇等，而各种官员考察其事迹的真实性是以民间信仰为基础的。此外，灵媒也是各地清水祖师庙中的重要人物，他们常被清水祖师附体，占卜、行医等。在这个意义上，道教的礼仪结构促使地方精英将地方神灵信仰推上帝国的万神殿，却又为它保留了自主的生存空间。

(三) 广泽尊王

广泽尊王,原名郭忠福,生于后唐同光元年(923 年)二月二十二日,对于其成神的过程丁荷生比较了杨浚 1888 年出版的《凤山寺志略》(或《郭山庙志》)、戴凤仪 1897 年出版的庙志以及德格鲁特的记载三个版本。在杨浚的版本中,郭忠福的父亲早逝,他和母亲为一家杨姓地主干活,杨家请了一位风水大师,却把掉落粪坑的羊肉给他吃,风水大师气愤不过,便把羊棚中的一处真穴指点给郭忠福的母亲,让她依计将丈夫的骨灰埋入此处,并带着儿子离开杨家,又暗示了母子俩将来的栖身之处。在德格鲁特的版本中,郭父是杨家的奴隶,杨家请的风水大师感念他照顾有加,应他的愿望为他指了一处良穴,并让他在暗示的时间点把自己父亲的遗骨葬入,郭父刚藏完父亲的遗骨,儿子郭忠福便出生了,他梦到自己将要成圣,便自己梳洗好,双腿盘坐到椅子上,母亲拉住他的一条腿想要阻止他升天,所以后来神像是一条腿盘着,一条腿拉下来。在戴凤仪的版本中,郭忠福从小非常孝顺,他父亲死后无钱安葬,一个风水大师被他的孝心感动,在杨老爷的地上为他指了一处良穴,郭忠福得到杨老爷同意后安葬了父亲,他回到郭山脚下伺奉母亲直至他得道升天。他母亲死后,姓李的人家感动于郭忠福的孝心,将他的父母合葬。丁荷生指出,这三种版本围绕这座坟刻画了这位神灵充满矛盾的特征。在杨浚的记载中,死者的骨灰转变成具有破坏性的魔法武器,夺去了杨老爷家的土地在风水上的灵力;而在德格鲁特的记述中,郭忠福祖父的尸骨则带来神的降生和好运,奴隶想要建立他自己的宗族、超越他本来的地位,也反映出阶级间的紧张;戴凤仪的叙述更有儒家色彩,所有的矛盾都被神的孝心和恰当礼仪所化解,他是征得杨老爷同意后才将父亲葬在他家地上。

对光泽尊王的祭祀仪式,包括对其父母、杨老爷坟茔的祭祀,与上述不同文献版本一样,这些仪式中包括儒家与道教的不同取向和礼仪。但丁荷生认为,儒家的仪式更多限于宗族的边界之内,而不能提供一个将社区所有不同社会群体纳入其中的礼仪结构,因此,当二月二十二日当地所有社区庆贺光泽尊王诞辰的时候,不得不转向道教的礼仪。在仪式中,儒家的仪式在寺庙内进行,所有的民间崇拜都在寺外,道教仪式穿插在寺内外,道士们既在寺内其他地方举行仪式,邀请道教神祇,也请各种地方神灵,还到寺外圣

化供品，到娱神的戏台上宣告众神和众人都从仪式中得到了好处。道教的礼仪为儒家仪式和其他民间信仰嵌入其中提供了一个基本的框架。在光泽尊王的祭祀仪式上，人们为他献上猪、牛、羊三牲，这本是儒家礼仪中，由帝王或地方官献给天地的祭品，但据说光泽尊王本来让他母亲带一瓠一书来，他母亲误听成带一头牛和一只猪。在仪式中，人们依然对此津津乐道，儒家的最高祭祀仪式就这样与民间崇拜交融在一起，但地方精英和村野信众都能在仪式中找到自身的定位和诉求。

四、结语："第三方"与"不固定的符号"

道教的"礼仪结构"在中国社会的帝国（国家）与地方之间有两重功能：统一与联合，区分与等级。它的礼仪结构具有统一性，根据丁荷生在闽南、西南、台湾甚至东南亚等地的观察，不同空间地域的道教仪式似有相似的潜在结构；道教礼仪从古至今也具有时间上的连续性，历代各版的道教经典虽然都留下不同时代增添与忘却的痕迹，但从今日的道教礼仪体系中甚至依然可窥见张道陵创教时代的传统。这种礼仪结构也具有联合性。社区内部不同阶层、不同宗族之间的冲突通过与外部宗族、政府官员和军队等的对抗实现某种程度的团结，这种团结在众神的巡境中得以巩固，道士、和尚，地方精英和选出的社区代表，艺术团，地方信众等都参与到这些仪式活动之中。而朝圣和区域性的信仰网络使在更大地域范围内实现了不同社区之间的联合。道教礼仪结构统一和联合的力量之所以能够超越不同地域并跨越三教九流，因为各种群体都能在这种礼仪结构中找到自身的定位，而这恰源于道教从不强加任何教条式的信条，这是它最根本的原则，它假设精神力量即"灵"的各种形式都有其效用，因此应该得以崇拜。

道教礼仪结构在维系一体的同时，也有区分和等级。在帝国体系内，专制符号渗入社会生活的每个角落，天、神、鬼山界也是某种帝国的隐喻，而宗族内部的祖先崇拜也与政治原则相联，帝国的专制符号似乎是全能的、至高无上的。道教礼仪结构某种程度上是对这种全能和至高无上的反应，使地方不完全受制于帝国专制符号的压抑。它吸收了帝国的隐喻因素，但使它们导向非常不同的方向，不是对它的再确认，而是赋予地方力量，并且不限于地方精英,也包括灵媒、演员等三教九流的人物。而道教与民间崇拜的最重要区别在于它献祭字符而非血祭,但道士在庙内献祭符箓之时,庙外则允许血祭,血祭被整合入道教的礼仪结构中。庙外除了血祭,还有仪式专家和灵媒为代表的带有萨满附体式的民间崇拜。仪式专家和灵媒都属于地方上的寺庙组织并为地方神灵服务。他们区别于道士,不同于道士的书写传统,灵媒用声音、流血等方式展现神的力量,他如同神操控的木偶,仪式专家指导灵媒,叙说神的传奇,向阴曹地府传递讯息等,所以他们是道教仪式的补充。灵媒是被迫被神附体,道士则可以号令天兵天将执行他的仪式命令,此外,在他入道之时通过他的箓除接受道袍和仪式文书之外还有一系列的神灵。但道教总在为中国的萨满底层,他们的"入迷宗教"寻求释放力量的渠道,并将它引入道教的神启和仪式效用中。

因此,丁荷生将道教归为帝国与地方之间的"第三方",它的礼仪结构为中国的社会文化系统注入"不固定的符号",譬如其仪式中最重要的部分"符"。道教的仪式重于它的信条,即使是主持仪式的道士,其仪式效果并不取决于他遵循的不同教派的不同教条,而只是有无道德这类普遍的信条。所以,正如道教的主张,其礼仪结构的"一"恰源于它本身的"无"。它通过对帝国的模仿反而为地方崇拜创造出自治的空间,同时,使它们超越了各自的地方性而进入帝国的万神殿。

◎ 作者系中国侨联华侨研究所博士

"交流与封闭"国际人类学研讨会纪要

◇ 王超文

　　一个主题为"交流与封闭"(Communication and Isolation)的国际人类学研讨会,于 2014 年 5 月 22 日～25 日在福建泉州海外交通史博物馆召开。本次会议由北京大学王铭铭教授召集。参加此次学术研讨会的境外学者有 David Parkin(巴大维,英国人类学会前任会长、牛津大学万灵学院院士、大英学院院士)、Peter Van Der Veer(范笔德,荷兰皇家学院院士、德国马普研究院族群与宗教研究所所长、教授)、Stephan Feuchtwang(王斯福,伦敦经济政治学院教授)、Michael Rowlands (罗兰,伦敦大学大学院教授、文明动力学研究中心主任)、FrederickDamon(戴木德,美国弗吉尼亚大学人类学系教授、研究部主任)、Jean DeBernardi(白瑾,加拿大阿尔贝托大学人类学系教授)、Hans Steinmüller(石汉,伦敦经济政治学院讲师、中国比较研究项目部主任)、Roberto Malighetti(马力罗,意大利米兰比卡可大学人文科学院教授)、YiJeong-Duk(李廷德,韩国全北大考古文化人类学科教授,全北大稻作、生活与文明研究院院长,韩国文化人类学会前副会长),境内学者有王连茂(泉州海外交通史博物馆名誉馆长)、丁毓玲(泉州海外交通史博物馆馆长、泉州市文广新局副局长)、陈健鹰(中国闽台缘博物馆副馆长、研究员)、陈志明(中山大学人类学系特聘教授)、朱晓阳(北京大学社会学系教授、副主任)、王铭铭(北京大学社会学系教授)、肖坤冰(西南民族大学副教授)、罗杨(中国侨联华侨研究所研究人员)、熊燕(四川报社报业集团资深记者、安仁博物馆城负责人)、何贝莉(中央民族大学藏学研究院博士后、摄影家),及研究生黄智雄(北京大学社会学系澳大利亚籍留学生)、王超文(北京大学社会学系博士研究生)、孙静(北京大学社会学系研究生)、蔡逸枫(北京大学社会学系研究生)、兰婕(西南民族大学研究生)等。

会议于2014年5月23日上午9点在泉州海交馆伊斯兰馆学术报告厅拉开帷幕。开幕式上泉州海交馆名誉馆长王连茂和现任馆长、泉州市文广新局副局长丁毓玲博士致欢迎词,之后,北京大学王铭铭教授就会议主旨作出说明。王铭铭教授说,他召集这次会议,启发来自结构人类学对于交流和交换的论述。结构人类学致力于协调社会构成研究的内外关系分析,这一学派指出,所有社会共同体都是在与其他社会的关系中形成的。不过,晚年的结构人类学大师列维·斯特劳斯(Claude Lévi-Strauss)则指出,我们处在一个过度(强调)交流的时代,而在他看来,社会本身是包含交流和封闭两个方面的。王教授说,本次会议的主题定为"交流与封闭",既是出于对结构人类学研究的考虑,也与会议所在地泉州本身的研究有关。以往的研究大多关注的是地方的开放性,而没有关照到也许更为重要的封闭性和社会的"自我认同"。泉州的人文研究,有助于人类学研究者思考交流与封闭关系演变的历史,并进而对人文关系作出深入探究。

会议分为两个环节,包括两个主旨研讨会,分别是"横向性:长时段历史的跨地区地理志"与"纵向性:人物神交流、区分与距离"。现将与会学者在上述专题研讨中提出的观点择要介绍如下。

横向性:长时段历史的跨地区地理志

研讨会由王铭铭教授主持,王斯福教授(Stephan Feuchtwang)、巴大维(David Parkin)教授和王连茂馆长作评议,邀请三位从事中国以外地区研究的人类学家作主旨发言。

罗兰教授(Michael Rowlands)的讲题为《重新挖掘文化传播:从非洲到欧亚及其外》。他从质疑杰克·古迪(Jack Goody)关于青铜时代城市革命的论述出发,以考古学的视角重新梳理文化传播的历史。在他看来,古迪的研究在一定程度上存在欧洲文明中心论的问题,而且所谓的城市革命及其标准的普适性也是值得怀疑的,他认为应该把非洲与欧洲相对平等地置于对全球历史和文明的考察中。新石器时代是他关注的重点,而出发点是对食物(稻米和粟米)的分布及其烹饪方式和工具的描述,他看到了烹饪实践与

更为广泛的社会和宇宙观信仰之间的联系。基于对亚非大陆和地区之间食物传播路线和过程的描述,罗兰进一步考察了金属、香料等的传播情况,并提供了亚非大陆在治疗实践中平行发展等例证。罗兰试图由此打破之前局限于东西比较的研究,而把作为"南方"的非洲也纳入到整个全球文明历史的体系中。在他看来,指向"现代性"的新石器时代而非青铜时代才应该是我们研究的起点,不一定要经历古迪意义上的城市化过程才会有文明,整个世界体系的联系是更为多样的,而且也是多中心的。

戴木德教授(Frederick Damon)的演讲主题是"分布结构:形塑东亚—南岛两边的交流秩序"。他认为会议的主题可以置换为交换(exchange)与封闭(seal off),而他的讲演可以作为罗兰讲座的补充。戴木德以比较和历史的视角,看待典型的中国东南传统帆船与南太平洋帆船的结构和重要性。在导论部分,一方面他探讨把船作为联系东亚(福建)和南岛两地的中介物是否可能的问题,另一方面,他力图在两地水与火的不同传统中,发现在所谓的"乱"(chaos)之前存在的深刻的社会秩序。对于南太平洋地区的情况,他主要介绍了巴布亚新几内亚的库拉圈东半部制造和使用的带有舷外支架的独木舟;而对中国东南造船工艺的理解,则是基于他对当地工匠制作帆船模型的观察和对东南亚与中国工艺文献的阅读。基于对库拉圈造船工艺的研究,他试图用相似的路径对中国东南的造船工艺进行研究,即以几千年来的历史和当地人创造的景观(landscape)为基础来理解某一地区的不同类型的帆船工艺。在"交流"或"交换"方面,他比较了龙舟与毛利独木舟的相似性,并假设两地在宋朝时期就关于造船工艺方面的联系;而在"封闭"方面,他考察了帆船龙骨木料的获取区域范围,以及造船工艺中南太平洋的星团象征和中国东南的关帝象征,并以此分析该地区的社会等级原则和观念。总体而言,戴木德认为,工艺形式是从当地人自己的历史和景观中创造出来的,并且在其中加入了当地社会关于等级的观念,而这与列维-斯特劳斯的观点是一致的。

范笔德教授(Peter Van Der Veer)以"陌生人"为主题展开演讲,主要关注的是商贸联系和陌生人的关系(stranger hood)。他从简述印度、欧洲、中国等不同地区文明的相异内涵、形式和关系出发,引出其问题意识,即一个文明体系中包括了哪些地区或人群,又排除了哪些地区或人群,而后者即所谓的陌生人。范笔德引用安东尼·史密斯（Anthony Smith）关于陌生人的论述,指出陌生人既非朋友也非敌人,在商贸和消费社会中实际上每个人都是陌生人,而要与不认识的人打交道并进行贸易,问题是我们如何知道他们的想法以及如何与他们进行贸易实践。实际上,只要价钱合适且物品无缺,与陌生人的交易是不存在问题。基于此,范笔德以哲学和宗教的视角,分析了契约、货币、语言、个人等贸易中的几个方面。在他看来,契约作为经济活动中的道德因素降低了可能产生的风险,而货币所具有的想象的度量衡价值使得陌生人之间的交易得以进行,而西方现代的自我概念带来的人与人的陌生化则是商业社会的主要特征。但他继而根据中国的"礼"和"关系"以及不同地区的穆斯林的例子指出,现代西方的陌生化过程并非陌生人之间进行贸易的必要条件。总而言之,范笔德的论点在于贸易交换的不仅仅是物品,也包括意义、词汇以及对陌生人的认知。我们应该从中看到贸易双方互动的局限性与货币超越这些局限性的方式,看到不同的文化是如何引导交易的进行,以及不同的评估与陌生人关系的方式。也就是说,研究者不仅要关注哪些人被包容（including）,而且要关注哪些人被排除在（excluding）。

演讲结束后,与会专家学者就世界体系中的南北关系、中国与南天平洋的关系、chaos 的概念、混沌与秩序的关系、文明的等级性、贸易中的语言等议题展开了热烈讨论。

纵向性:人物神交流、区分与距离

本研讨由李廷德（Yi Jeong-Duk）教授主持,罗兰教授和马力罗（Roberto Malighetti）教授评议,有四位主讲人发言。

巴大维（David Parkin）教授演讲的主题是"巫术的沉默与声音:非洲人对于表达的模糊态度"。他首先指出,在非洲存在这样的认识:社会隔离即是巫术,而社会交流排除巫术。他继而以田野调查中亲身经历的一则故事说明在非洲作为一个孤独者的危险性,与此相对的则是社会遵奉者（social conformist）。他论述道,在非洲存在两个类型的巫术,其一是人可以理解的合乎情理的巫术,另一个则是超出人的理解能力的不合情理的恶意的巫术。而关于口头交流也可以分为两种,即作为交谈的一部分的逻辑命题（logical propositions）与交际性的交流（phatic communion,例如打招呼、道别、寒暄

等),两种交流方式都能够成为社会遵奉者,但前者比后者更易于出错。巴大维试图解决的问题是后一种交流方式仅仅是一种礼貌,还是一种策略。一种观点认为,交际性交流仅仅是一种礼貌形式,并没有超出表达的范围;另一种观点则认为,交际性交流是避免社会孤立的工具性方式,以避免受到怀疑和被施加巫术。他以肯尼亚关于流动与定居的案例加以说明。在相距很远的乡村住宅情境中,人们的离开、进入和路过都需要有相应的问候形式和规则,在此地所有人都相关联并形成一个交流网络。而此种交际性交流为人们处理其他事项或习俗,诸如迁徙、放弃家园、记忆、婚姻、纪念祖先等提供了模板。也就是说,流动与定居实际上是与人的生命与死亡相对应的,死者或英雄因长眠于家园而得以"永恒",但也因此而被抛弃和鼓励,而活着的人则在不断地交流、问候、道别并流动。

王斯福(Stephan Feuchtwang)教授关注的是政治方面的自我牺牲(self-sacrifice)议题,具体而言即是其中的恐惧、牺牲、忠诚与爱的关系。他试图从两个脉络中展开分析,即欧洲的哲学传统和中国的礼制与政治现实。王斯福首先考虑了三个概念的横向和纵向的关系:首先是 people,可以翻译为强调族群性的民族和强调共和性的人民,两者之间是存在张力的;其次是翻译为群众的 masses;再次是翻译为老百姓的 ordinary people。在他看来,三个概念在分类意义上都具有自身的反讽性,不过在日常的个人使用中,人们可以称自己为"老百姓",不会以前两个概念称之。而在中国情境中,自我牺牲的纵向性是指向国家的,而横向性是指向他人的。这与汉娜·阿伦特(Hannah Arendt)的观点相联系。也就是说,纵向关系体现的是集体的自我,而横向关系体现的是所谓的"爱",即"你必须与他们分享世界"。与"爱"相反的则是"恐惧",意指惧怕他人。在王斯福看来,与阿伦特论述的西方式的革命的共和基础和原子化私利化的政治行动者或社会主体不同,中国社会中人们参与政治活动是老百姓的身份,不同于德里达(Jacques Derrida)所言的亚伯拉罕传统中的自我牺牲,中国哲学传统并不像欧洲那样有着强烈的关于存在的本体论(strong ontology of being)。在中国,人们给予纵向性更集中的关注,这时常使国外学者难以理解"中国文明"的政治价值。而王斯福则指出,西方那种侧重横向性的传统是有问题的,它没有在行动上容许上下关系这一轴的考虑。

　　白瑾教授(Jean DeBernardi)以她近期的考察为基础,介绍了茶与闽地区语言文化的关联性。中国在文化和语言方面有着高度的多样性,不同地区有着不同的历史叙述,而在商周时期实际上只占有中国现今很小的一部分,由此白瑾引入中国南方在早期是否有文明的问题。她主要考察了福建和江西的历史,指出两地都有着与中国北方非常不同的文明。将此与茶文化相联系,她认为中国并不存在一个统一的茶文化,中国的茶文化是多样的且极具地域色彩。考虑到制作方法、喝茶的方式、与茶相关的语言等方面,可以说不同地区的茶文化是在一个整体的结构体系之下而具有相同之处与不同之处。而与本次会议的主题相关,白瑾阐述了跨越边界的茶文化,并认为茶的跨地区传播在历史与当下都是普遍现象。例如在东亚茶的传播,实际上是与佛教的传播密切联系在一起的。而且在古代,经由水路和陆路,闽地区的茶已经与欧洲以及世界其他地区联系在一起。在白瑾看来,闽地区及其人群拥有族群(ethnic)的所有特质,在福建和台湾大概有 600 万说闽方言的人口,而且其宗教有着自身的特殊性,并且由于朱熹的关系,闽文化实际上也是与中国传统儒家文化有着密切关联的,如考虑到茶的贸易,实际上闽地区与世界的其他地方是相联系的。

　　石汉(Hans Steinmüller)则从自己在湖北恩施的田野经验出发,以《社会理论中的桃花源:相对距离与相对规矩》为题发表演讲。恩施地处武陵山区,基于此,他从陶渊明的《桃花源记》出发,并与清朝顾彩的《容美纪游》相比较,进而探讨费孝通在 20 世纪 90 年代对恩施地区的考察。石汉认为,这些地区在人们的想象中是矛盾的状态,一方面是贫穷、偏远、落后且难以到达的,但另一方面又是景色宜人。由此,他引入埃德温·阿登纳(Edwin Ardener)的"偏远地区"(remote areas)概念,试图探讨偏远地区对于人们来说意味着什么。由于经验的缺乏,人们对于偏远地区的认识大多基于想象,即中心有政府、市场、固定的边界,而在偏远地区则有自由。那么,与此相关的问题是从远处看中心是什么样的,也就是说在考虑什么是社会或如何定义社会的问题时,必须纳入对来自边缘的声音(the voice of periphery)的考察。通过把"偏远地区"设定为"山",他比较了詹姆斯·斯科特(James Scott)与王铭铭的相关作品。前者把山视为逃离国家或政府管理而享有自由之地,而后者则以藏彝走廊的研究挑战了关于中心与边缘、神圣与世俗的

二分,认为山是可以作为中心而存在的。进而,石汉结合王铭铭、罗阳、孙静等研究者对安溪铁观音的研究,即茶在山上与山下之间扮演着中介性角色,而且山上的茶是具有超越性的,认为这一论述与他的观点是一致的。最后,石汉基于上述论述,结合了玛丽琳·斯特拉汉(Marilyn Stratham)的案例以及拉图尔(Bruno Latour)的研究,这可以对中西社会理论的发展有所裨益。

演讲结束后,与会专家学者就社会系统中的交流、社会中的沉默、人与物的关系、中心与边缘、旅行的意义等议题展开了热烈讨论。

本次国际研讨会可谓是跨地区人类学研究的高峰论坛。研讨会学术召集人王铭铭教授以"横向性"与"纵向性"来定义两组学术论文,这与他近期从事的比较文明宇宙论研究有关。而研讨会上实际发生的学术讨论却并未受类型划分的限制,如,关于"横向性"的论述,多切入"纵向性"因素,而被列入"纵向性"阶段的学术论文,均触及横向关系问题。"纵横交错"、"交流封闭并举",成为所有讨论的主要关注点。在研讨会上,来自世界各地的一批著名人类学家从各自的角度为我们重新把握人类学方法提出了富有启发性的观点。其中,罗兰对文明中间地带的重要性及"新石器文明"的论述,戴木德对环太平洋地区船的模型的宇宙论分析,范笔德对文明之间的"陌生人"的核心地位的强调,代表不同的比较文明研究的人类学方法。而巴大维、王斯福、白瑾、石汉对于交流的社会价值、纵向(等级)关系的现代意义、"特产"的多元一体格局、"桃花源"与士人关系的论述,则从另一些角度指出了辩证的交流与封闭关系论,对于人类学研究有着重要意义。

研讨会后,参会青年学者与研究生召开了"闽南文化研究海外成果读书研讨会"。作为研讨会的有机组成部分,闽南文化研究海外成果读书研讨会选择了六本研究闽南地区的英文学术著作,包括四本专著和两本论文集,涉及的议题广泛,在闽南研究的学术脉络中占有重要地位。研讨会的报告人包括中国侨联华侨研究所的研究人员,北京大学和西南民族大学的硕博研究生,他们报告了 20 世纪 90 年代以来六本英文泉州学论著的基本内容。这些著作包括:(1)克拉克(Hugh Clark)的《社区、网络与贸易》。这是海外第一本专门研究闽南地方经济史的英文专著,其关注点主要有两个,即闽南地区的人口增长和商业化进程。(2)丁荷生(Kenneth Dean)所著的《中国东南的道教与民间信仰》,主题是道教和地方崇拜在地方历史与现实社会中的互动。此书以保生大帝、清水祖师、光泽尊王为例,三者分别偏向道、佛、儒三教,围绕他们的朝圣敬香网络、游神巡境组织、传说与仪式的不同版本,展现道教在帝国与地方之间、在儒佛和其他民间信仰之间,将这些具有竞争冲突关系的不同因素联系组织成一体,但又使其各自在这个体系中维持自身认同的"礼仪结构"。(3)苏基朗的《刺桐梦华录》。此书总体上把10~14世纪闽南经济的表现视作一个演变过程。作者将这一时期定义为"中古时期",认为这一时期的闽南地区经济历经了准备阶段、空前繁荣以及衰落和复兴四个阶段。借用市场空间理论,苏基朗为这个区域寻找空间上的核心(即泉州城),认为泉州城内部整体结构恰恰是一种不平衡的双核心现象,行政区域依旧主导着城市的核心地带,商区被排斥在边缘地带。(4)萧婷(Angela Schottenhammer)主编的《世界货舱》。此书是论文集,包含的八篇论文均来自1997年在荷兰莱顿举行的关于泉州的国际会议。此书致力于涉及宋元政治、社会经济历史以及海上贸易的历史和考古方面的更好且更为标准化的理解,同时也包括泉州地方的当代发展、与泰国或印度的贸易关系以及后者的发展等议题。(5)陈志明主编的《闽南:传统的再创造》。七位作者对"传统的理解"与"认同政治"的探讨为理解闽南提供了一个新视角。宗族组织的延续、民间信仰的繁盛也凸显了闽南在毛泽东之后的时代可以展现诸多议题的社会场景,以及处于不断变化中的传统如何在闽南得以实践和再创造。(6)王铭铭的《帝国与区域世界体系》。此书关注的核心是州的城市空间及宇宙观秩序被不断重塑的过程,尤其是泉州城市社区中的铺境系统以及帝国以儒教为基础的教化过程,描述分析了帝国与地方世界,商业、政治、宗教与宇宙观之间相互交错的关系,明确把西方"理性"的逻辑和西方历史性的概念去中心化,试图以"本土"的历史性的概念替代之。叙述显示出时间和空间的灵活性,如中心和边缘的不稳定性,以及地方知识和历史感的必要性。可以认为,读书研讨会解读的六部地方史之作,呼应了研讨阶段人类学家们提出的纵横交错的文化动态论。

(原载《西北民族研究》2014年第3期)

◎ 作者系北京大学社会学系博士生

中国香文化高峰论坛

【编者按】

香文化是一个古老而全新的命题。它陪伴中华民族走过了数千年的兴衰风雨,是中华文化无形的脉,不变的魂。中国香文化历史悠久,萌发于先秦,初成于秦汉,成长于六朝,完备于隋唐,鼎盛于宋元,广行于明清,至近现代则进入较艰难的发展时期。当代,随着人们物质与精神生活水平的提高,越来越多的人喜欢品香、用香,致力于传统香文化的继承与弘扬。

永春香文化发展历史跟中华香文化发展历史一致。永春是中国四大制香基地之一,既是中华香文化的千年传承,又有中东阿拉伯制香技艺的一脉相承;既是中原文化、西域文化和本土文化的聚集地,又是"海上丝绸之路"的起点和闽南多元文化的宝库之一。四百年来,永春制香人书写了一部艰辛而神奇的创业史,经历了从家族经营到形成制香专业村,从享誉"中国四大制香基地之一"到冠名"中国香都"的发展演变,创造了制香业界的奇迹和辉煌。近年来,永春县委、县政府高度重视香产业的传承与发展,出台了《永春县关于支持和促进香产业发展的八条措施》,注重人才引进、园区建设、创新研发、科技投入、品牌打造,致力于发展香产业集群,推动制香特色产业做大做强。全县现有制香企业296家,规模较大的有53家,制香人员超过3万人,产品300多种,行销国内外。2015年,全县香产业链总产值将超过47亿元,香产业初具规模。经过共同培育,永春香产品产业链已基本形成,产品种类、品质、产业规模、市场占有率、服务平台建设、社会影响力等方面已处于行业领先。永春对香产业重视程度之高、建设投入之大、产业发展之快,前所未有,全国独树一帜。永春荣获"中国香都",将极大地彰显其香产业发展上的突出地位和强劲的影响力,有力地推动永春跨越式发展。特别是泉州市荣获"东亚文化之都"称号,给全市和永春人民带来更大的鼓舞,给文化产业带来更为广阔的发展前景。

为配合泉州市"东亚文化之都"的宣传活动,永春县于2014年7月、2015年11月先后举办第一届、第二届东亚文化之都——香文化高峰论坛,邀请国内外专家学者和本地专家讲座、座谈,交流香文化,并面向国内外开展"香之鼻祖"征文活动,香文化研讨处于一个比较活跃的时期。本书"中国香文化高峰论坛"部分由永春县香文化研究会承编。共分三辑:第一辑:专家座谈,主要是收录各地专家在香文化高峰论坛(第一届、第二届)演讲的文章;第二辑:香史争鸣,主要是"香之鼻祖"获奖征文、香文化工作者研究香历史文化的文章;第三辑:香业论谈,主要是收录香业从业人员关于香业发展、制香技术和香道文化的文章。所收的文章,有的还不能说是严格意义上的论文,但却是基层一线同志的感知感悟、心得体会和经验总结,不乏一些真知灼见。我们期待这些文章的发表,进一步丰富永春县香文化研究的成果,并成为泉州市"东亚文化之都·泉州论坛"的重要组成部分。

海上丝绸之路史迹在永春

◇ 陈进国

　　海上丝绸之路是古代中国与外国交通贸易和文化交流的重要通道，对推动世界文明的进程贡献巨大。中国丝绸、瓷器、茶叶、漆器、酒醋等物产都是通过这条黄金海道运往世界各地。永春县是泉州海上丝绸之路（又称海上陶瓷之路）的发祥地和起点之一。

　　自宋迄清，桃溪流域、湖洋溪流域的陶瓷（青瓷、碗盘等）、漆器、茶叶、老醋等物产都是重要的出口商品之一，远销日本乃至非洲坦桑尼亚等地。

　　湖洋溪流域的海上丝绸之路史迹——始建于南宋绍兴十五年（1145 年）的东关桥（通仙桥），历来是大田、永春、德化通往泉州的必经之地。"无永不开市"，海上丝绸之路既成就了永春人能商善贾的"南洋神话"，也培育了永春人开放进取的创业精神。

　　湖洋溪流域现存的外销古瓷窑遗址有湖洋镇的蓬莱窑（蓬莱村湖丘山，宋代）、溪西窑（溪西村原茶厂后，宋代）、碗窑芸窑（龙山村畲厝岭至金鸡亭一带，宋至清代），东关镇的内碧窑（内碧村南洋宿船潭附近，明代以前）、外碧窑（外碧村祖厝附近窑址，外碧桥亭附近古窑址，加莲埔北山宫附近瓦窑隔，明代以前）等。

　　内碧（内八坑）、外碧（外八坑）二村人口口相传，民国以前湖洋镇龙山村的瓷碗粗坯做好后，主要转运到宿船潭边上的内碧窑再烧制，以方便船运。《桃源李氏族谱》保存的明万历四十二年（1614 年）立约书——《二世果斋公设立听山祀山》已有"灰窑隔""瓦窑隔"等外碧古地名。外碧村李氏三世李旺（1453—1490 年）、四世遁斋（1488—1544 年）之墓所的古地名叫"苏陶垅"

（外碧村林口右山麓，即现今桥亭附近）。外碧村清代道教科仪《福簿》同样录有"碗窑仑""瓦窑垅""宿船潭"等陈坂溪流域的古地名。这些地方史料充分证明，很早，永春就已是重要的陶瓷、碗盘的生产基地。

而在介福乡，曾有考古发现到商周时期的陶瓷旧址。如果能够进一步发掘，或许永春的陶瓷史可以更加完整起来，同时可以力证永春为中国陶瓷产业最原初的发源地之一。

此外，曾经有中国社科院印度教专家到外山乡云峰村天竺寺考察，认定该寺是古印度教的重要遗址。目前，寺中还可见一些古印度教神像，比如作为古印度教三大神之一的毗湿奴神。同时，永春还有很特殊的铜狮表演方式"刣狮"，使用的铜狮还有藤牌，这种形式可能跟永春早期是古印度教重要传播地有相关。

永春作为古印度教传播地之一，可见它与海上丝绸之路有很深的渊源。

陈坂溪和东关桥

据《桃源李氏族谱》记载，明代的内碧、外碧的溪段隶属和平里十五都，统称陈坂溪、碧溪。因湖洋溪流域较短，港狭滩多，多利小舟，且受到航道水深的限制，明代之前渡口主要开设在离东关桥几里远的外碧村陈坂溪沿岸一带，以作为湖洋、东关、外山、向阳等地的陶瓷、茶叶等货物的转运码头之一。

明代外碧村李氏望族、进士兄弟李开芳（1544—1622 年）、李开藻（1564—1619 年）的祖父李阳初（1507—1579 年，号慵素）掌管的山界地界，就包括陈坂溪沿岸渡口："渡头一所，坐在本都内碧坑俗呼宿船潭及山麓余地并溪边旷窑溪。上至北碇喉，下至东关双溪口为界。"李阳初孙子李开芬（1563—1635 年）继承祖志，"凿南安县狮函大滩（按：南安九、十都大力滩），以通舟行，人比为龙门禹穴之功"。

陈坂溪西畔土名祖厝及汤洋的溪岸旧称长潭、渡船头，至民国时期还是本地重要的水上交通枢纽之一；对岸的东畔土名盛溪边上则称田牛港；陈坂宫明代以前旧称洋尾妈宫，宫门前碧溪蜿蜒曲折，其东畔曾经也是明代以前的古渡口之一，《桃源李氏族谱》谓之"曲港"。由于这些渡口在开展对外商贸方面的地位，外碧村清代道教科仪《福簿》还保存着拜请这些渡口土地神

的科目。

东关桥因是桃溪、湖洋溪汇聚处,水陆皆发达,还形成"东关铺",俗称铺口街。近代湖洋溪流域"下南洋"的侨胞,相当部分是走这座桥前往泉州乘船出海。永春人,或许还包括周边地区的人们,正是沿着陈坂溪这条海上丝绸之路,开始"睁眼看世界"的。

黄金家族与摩崖石刻

陈坂溪流域与海上丝绸之路的千丝万缕联系,还可以从落户在此岸畔的蒙古黄金家族、桃陵公摩崖石刻等处发现蛛丝马迹。

明天启壬戌年(1622年),蒙古黄金家族后裔、元宗相月鲁帖木儿不花公(干洪木)九世孙干裕源(公讳以镗 1588—1649 年)因续娶永春太平李氏之女,而馆居于现内碧村宿船潭对面碧坑,繁衍生息。其二世先祖世袭制明指挥使昭勇将军八秃帖木儿不花公(干洪休),镇守晋江永宁卫(现石狮永宁镇),与明代航海家郑和同下西洋,开辟海上丝绸之路,授封万户侯。干裕源家族的子孙或外出读书业儒(如长子干方生系晋江禀生),或经商"财富致万金"。干氏先祖最初信奉伊斯兰教并跟随郑和(原名马三宝)出海,内碧村尚存有"三宝田"的古地名。外碧村道士科仪请神科还专门拜请"三宝田土地公""南洋台湾公"等。清末民时,有干德源南渡马来西亚传授永春白鹤拳,知名的白鹤拳师李载鸾、林宝山等人皆出其门下。

此外,在外碧村的福建陈坂宫左侧石壁现存有一处"永春第一绝"文物——桃陵公(颜廷榘,1519—1611 年)书法摩崖石刻,刻有"明万历戊戌(1598年)秋邑人颜廷榘书:明锦城李氏始基。七世孙开芳、开藻刻石。遁斋李公暨配陈氏尤氏墓道。万历廿六年戊戌秋孙应元、应辰刻石"等字。

永春民间有句俗语称"全识石壁字,尽收潭底金",或许是曾经创造对外贸易财富神话的陈坂溪渡口的历史回声吧。

从通远王到妈祖

据史料记载,桃溪流域、湖洋溪流域很早便是宋元航海之神——通远王(福佑帝君)和妈祖(天上圣母)的信仰圈。

通远王是福建一带最早的海神,主要是发端于永春和南安交界的五台乐山（旧归永春治内）的唐代隐士——李元溥，又称白衣叟、白须公、乐山神（王）、福佑真（帝）君、通远王、善利王、善利广福王等名号，现南安向阳乡已复建昭惠祖庙（顶庵、下庵）。

清乾隆《永春州志》卷十四《坛庙》记载，宋代大观间（1107—1110 年）令留镕、绍兴间（1131—1162 年）令任敞相继在永春县城州治西兴建昭惠庙即乐山行宫。桃溪沿岸的石鼓镇卿园菩提宫、东关镇马甲宫，敬奉乐山海神福佑帝君、陈公圣侯。湖洋溪流域的湖洋镇玉柱湖桥殿、外山乡云峰村龙云堂尚在祭拜通远王。外碧村陈坂溪东畔是五台乐山的余脉，离本村约数公里远的海龙坑脚旧有神潮庵拜通远王，已废圮。

外碧村清代道教请神科仪名册尚有"通远福佑真君""广福庙陈公圣侯、夫人、舍人"等字样。福建陈坂宫的科仪请神法事特别是年度绕境请火活动，仍然保存着拜请海神通远王的地方传统。

而随后替代通远王海神地位的莆田湄洲妈祖，也是宋元以后德化、永春等地海上陶瓷贸易的航行保护神。如共和《永春县志》卷三十一《文物志》记载，"原在西门外，又名天妃宫。清乾隆三十八年（1773 年）移建于河通门外卫城坝内的交通桥畔。此宫系以舟楫为行业的小老艄、牵夫、码头苦力等营建，宫内塑天后像，以祈水上平安。1974 年拆除，兴建县文化中心大楼。"

◎ 作者系中国社会科学院世界宗教研究所副研究员，当代宗教研究所副主任。本文为作者在"中国香文化高峰论坛"的讲座概论。

略谈中国香文化发展史

◇ 孙 亮

　　香,可悠然于书斋琴房,可缥缈于庙宇神坛,可闭观默照于静室,可怡情助兴于席间,可安神开窍于闲时,可化病疗疾于实处,于有形无形之间调息、通鼻、开窍、调和身心,妙用无穷。正是由于深谙此理,历代的帝王将相、文人墨客才竟皆惜香如金、爱香成癖。

　　春秋战国时期,人们不仅对香木、香草取之用之,而且歌之咏之。伟大的爱国主义诗人屈原在《离骚》中就有很多精彩的咏叹:"扈江离与辟燕兮,纫秋兰以为佩";"朝饮木兰之坠露兮,夕餐秋菊之落英","户服艾以盈要兮,谓幽兰其不可佩"等等。秦汉时期,随着国家的统一,疆域的扩大,南方湿热地区出产的香料逐渐进入中土。

　　随着"陆上丝绸之路"和"海上丝绸之路"的活跃,东南亚及欧洲的许多香料也传入了中国。苏合香、鸡舌香、沉香、木香等在汉代已成为王公贵族的炉中佳品。西汉初期,在汉武帝之前,熏香就已在贵族阶层广泛流行起来,而且有了专门用于熏香的熏炉,长沙马王堆汉墓就有陶制的熏炉和香茅出土。汉代的熏炉甚至还传入了东南亚,在印尼苏门答腊就曾发现刻有西汉"初元四年"字样的陶炉。汉武帝在位期间大规模开边,遣使通西域,使战国时期初步形成的丝绸之路真正畅通起来,在促进东西方交流的同时也便利了西域香料的传入。相传,"博山炉"(模拟仙境博山)就是汉武帝遣人制作的一种香炉。

　　隋唐时期是香文化史上最为重要的一个阶段,随着唐王朝成为一个空前强盛的帝国,其对外贸易及国内贸易空前繁荣。西域的大批香料通过横跨亚洲腹地的丝绸之路源源不断的运抵中国。而且,随着造船技术和航海技术的提高,唐中期以后,南方的"海上丝绸之路"开始兴盛起来,从而又有大量的香料经两广、福建进入北方。香料贸易的繁荣,使唐朝还出现了许多专门经营香材香料的商家。隋唐之前,上层社会对香就已推崇备至,大多数香料,特别是高级香料并不产于内地,且多为边疆、邻国的供品,所以可用的香料总量很少,即使对上层社会来说香料也是稀有之物,甚至级别稍低的官吏也难以享用。到了唐朝,香更成为宫廷的御用品,唐代的许多皇帝,如唐高宗、唐玄宗、武后等都对香料十分钟爱,而且依仗国力之雄厚,在用香的品级和数量上都远远超过前代的帝王。香檀木虽贵以斤两相论,唐皇宫内仍取之为香床、香几等大件物品;皇帝行经之处,甚至"以龙脑、郁金铺地",还常用沉香、檀香、龙脑、麝香等配入涂料涂刷皇宫内的楼阁殿柱。社会的富庶和香料总量的增长,为香文化的全面发展创造了极为有利的条件。在大唐的盛世环境中,中国香文化所获得的前所未有的全面发展,形成了一个成熟、完备的香文化体系,为其在宋元明清的兴盛奠定了良好的基础。

及至宋代,中国封建社会的政治和经济都进入了一个高峰时期,香文化也从皇宫内院、文人士大夫阶层扩展到普通百姓,达到了鼎盛时期,遍及于社会生活的方方面面,成为普通百姓日常生活的一个部分。在居室厅堂里有熏香,在各式宴会庆典场和上,也要焚香助兴,不仅有熏烧的香,还有各式各样精美的香囊香袋可以挂佩,在制作点心、茶汤、墨锭等物品时也会调入香料;集市上有专门供香的店铺,人们不仅可以买香,还可以请人上门作香;文人雅士则多设香斋,不仅用香品香,还亲手制香,并呼朋唤友,一同鉴赏品评。宋代的航海技术高度发达,南方的"海上丝绸之路"比唐代更为繁荣。巨大的商船把南亚和欧洲的乳香、龙脑、沉香、苏合香等多种香料运抵泉州等东南沿海港口,再转往内地,同时将麝香等中国盛产的香料运往南亚和欧洲。(沿"海上丝绸之路"运往中国的物品中,香料占有很大的比重,也常被称为"香料之路"。)当时香料贸易征收的税收甚至成为国家的一大笔财政收入,足见当时香料的用量之大与香料贸易的繁盛。宋朝政府甚至还规定乳香等香料由政府专卖,民间不得私自交易。在这一时期,香在医药方面的应用也有了很大的发展。宋代沈括的《梦溪笔谈》,以及苏轼与沈括合著的《苏沈良方》等书中都有许多专门的记载。

到明朝时,线香开始广泛使用,并且形成了成熟的制作技术。关于香的典籍种类更多,尤其是周嘉胄所撰的《香乘》内容十分丰富。李时珍的《本草纲目》中也有很多关于香的记载,例如:香附子,"煎汤浴风疹,可治风寒风湿";"乳香、安息香、樟木并烧烟熏之,可治卒厥";"沉香、蜜香、檀香、降真香、苏合香、安息香、樟脑、皂荚等并烧之可辟瘟疫"。《本草纲目》不仅论述了香的使用,而且记载了许多制香方法,如书中所记:使用白芷、甘松、独活、丁香、藿香、角茴香、大黄、黄芩、柏木等为香末,加入榆皮面作糊和剂,可以做香"成条如线"。这一制香方法的记载还是现存最早的关于线香的文字记录。明朝宣德年间,宣宗皇帝还亲自督办,差遣技艺高超的工匠,利用暹罗(今泰国)进贡的几万斤黄铜,另加入国库的大量金银珠宝一并精工冶炼,制造了一批盖世绝伦的铜制香炉,这就是成为后世传奇的"宣德炉"。"宣德炉"所具有的种种奇美特质,即使以现在的冶炼技术也难以复现。

晚清以来,连绵不断的战争和政局的长期不安,以及西方社会思潮的传入,使中国的传统社会体系受到了前所未有的冲击。中国香文化也进入了一个较为艰难的发展时期。品香用香在很大程度上是一种"奢侈品",所以香文化的发展特别需要一个安定繁荣的"盛世"环境,晚清后期时局的混乱使早已融入了书斋琴房和日常生活起居的香文化也渐行渐远,失去了安神养生、美化生活、陶冶情操的内涵,而主要用作祭祀仪式被保留在庙宇祭祀之中。以至当今有很多人都将香视为宗教文化之一隅,甚而归入封建迷信的范畴,实为时代之遗憾。

现在的香与香文化还都逊于古代,古代的香,所用都是天然香料,而现当代以来,化学香精(人工合成香料)成为制香的主要原料。化学香精不仅能大致地模拟出绝大多数香料的味道,而且原料易得,成本低廉,能轻易地产生非常浓郁的香味。现在我们在市场上能见到的绝大多数香品都是这类化学香精香。名为檀香、沉香,其实只是使用了有"檀香味"或"沉香味"的化学香精。化学香精和化学加工技术的采用等因素以及人们对香之内在品质的忽视,都使得制香的技术门槛大为降低,以至于现在的制香商家大大小小,星罗棋布,香品质量也参差不齐。

◎ 作者系松风中国传统文化研究会创建人

关于香的讲座

◇ 刘 岩

一、关于香与宗教的关系

人争一口气，佛争一炷香。什么意思呢？就是说佛可以什么都不在意，甚至可以把自己的性命都交出来，佛教典故里有以身侍佛，把自己的性命都可以交出来。但是对香，他是在意的。就这一点而言，我们在佛教的经典里也查询了一些资料，确实香是佛的精神食粮。世界上几乎所有的宗教，主要是五大宗教，全部都在用香，这一点就很奇怪。基督耶稣诞生的时候，圣经上就明确写东方三博士，东方的三个智者，拿着很多香材香料去朝拜他，去觐见他。里头就有用到沉香，还谈到了沉香的数量，可能是 200 斤的样子。耶稣诞生的时候有种过沉香树，耶稣死的时候，也是把他的尸体内脏掏出来，然后用香料去泡。也就是说耶稣诞生或者逝世的时候，基本都跟香有关。现在我们去欧洲，有的教堂里头也在点香。道教就更不用说了，其实道教用香比佛教用香更具多样性，在什么时辰，什么活动当中用什么样的香，都很有讲究。从道教的经典当中，可能这种香材，香的作用，说法有几十种之多。穆斯林也是这样。其实我觉得谈宗教问题，也要演化到历史上。就是一个地方的用香，肯定跟这个地方的历史有关。我们先从宗教这个问题先演绎一下，然后再从历史这个角度去谈。现在宗教活动中，也经常要点香。点香也有重要的选择，就是沉香。只不过他们用香跟我们有所不同，他们是大把的拿着香往炭盆里烧，中国用香又有一些演变。尤其是高档的香，

主张隔火烧,这是有一些中国特色的。包括以色列教,包括所有的宗教仪式都在用香。有的用这种,有的用那种。道教里头常用的一种香叫降真香,认为点上这种香的人,神仙一定会迅速降临。就是说香跟他所祈求的那种有非常密切的关系。

二、关于中外用香的历史

每个地方用香的历史跟宗教用香同步甚至还早。用香最早的地方是中东,有两个标志,六千年前有一个出土木乃伊嘴里头有几粒胡椒,这个胡椒也是香料之一,这个是有明确记载,有明确的证据的。四千多年前在埃及也有关于香的诗。中东应该是用香、产香发现最早的地方。这可能跟当地的条件有一些关系,天气干燥,然后水又比较缺,洗澡又不方便,中东人腺线分泌又比较旺盛,香对他身体内的这种遮掩,对肌肉的气味的遮掩,肯定是有作用的。然后宗教借鉴它,利用它。在中东这一带,用香还有一些很著名的例子。比如说埃及艳后,据说每天要用 16 种的香水来沐浴,所以她才勾引了罗马的两位伟大的领导者。然后她出行的时候也要用香水把船帆都洗清。香在中东这一带,在埃及,应该说从贵族到平民有非常广泛的使用。还有就是木乃伊,刚才我们也提到了,把木乃伊掏空了,然后用香料去泡,所以这个尸体才能保存五六千年以上。这一点跟香料有绝对的很直接的关系。欧洲这一带也是,中东发明了香料使用了香料然后传到了欧洲,欧洲香料的运用就肯定更多样性了。我们知道欧洲有很多大的公共浴池,公共浴池里都用香料。有的帝王每天必须要用有香的鲜花搁在床上然后才能睡着,这一点在欧洲历史上也有明确记载。当然大致在一千年前的时候,也是中东人发明了香料的萃取技术——蒸馏法。鲜花保存时间不会太长,可是这个蒸馏法可以把鲜花的精华提取了,这个保存的时间肯定会比较长,另外推广的范围也会比较广,实际上为后世的香水奠定了一个基础。

中国用香有一些典故。西汉时期,汉武帝打通了西域,然后也把广东这一带,纳入了自己的版图,很多香料陆陆续续就来到了中国。这在《乐府诗》有很明确的记载。有一个例子说得很好,有小国使者进贡了一些香料。据说宫里头有上两斤的香材才登记入库,如果不够两斤的不能记录。然后有一个使者就拿出了一个香材,说这个香材在他们国家很受重视,但是不符合入库的标准,就对这个小国使者也没太重视,对这个香材也没吸纳。结果这个时候宫里产生瘟疫了,很多太医用了各种办法左治右治都治不好,小国的使者来中国一次不容易,也并没有走。于是又要求觐见汉武帝,汉武帝说你有什么事儿,使者就说我这个香料对瘟疫有很大的遏制作用,在我们国家每当瘟疫发生的时候,就烧这种香,基本上病就会好了,他说皇帝陛下你不妨试一试。汉武帝也没有别的办法了,那就试试吧。确实在宫里一烧,瘟疫就因此而消灭。这个典故就说明香在医学上,在治病上的作用。文献上没有明确提到这个香叫什么香,但是很多人乐意把它说成是沉香,确实有一定的道理。其实不管任何香,他对疾病、传染病的遏制作用都是有的。只不过有些香,像沉香、檀香作用更大一些。所以在非典的时候,广东有一些专家就提议一定要用沉香,尤其是有这种沉香香材的地方,对疾病,尤其是传染病有比较大的控制作用。刚才我们说到汉武帝的这个例子,这个故事就是说明香材第一次在中国,在宫廷,在皇帝眼中发挥了比较大的作用。当然这个作用越往后演变越突出。一开始又由于人家各国使臣有意识的进贡一些香材到中国,中国的皇帝、贵族有意识的,主动寻求这些香材,这个过程是从被动到主动,而且它的量非常大。最早的利用香材祭天的活动明确的记载就是梁武帝,梁武帝就用沉香祭天,就是跟道教发生了一定的关系。当然这个阶段呢,其实佛教也传进来,佛教和道教共同的作用,推动了香材在宗教仪式上的演变,或者说是推广。唐代的时候,有无数的诗和文章说到香。唐代的香,基本上改成木本香了。其实从汉武帝开始,草本香和木本香并行,但是逐渐往木本香过渡。在之前,比如说在春秋战国时期,在山东这个地区,我们从诗经和古词上见到它,都是草本香大概有三十多种。汉武帝以后,西汉以后基本上从草本香过渡到木本香,到了东汉,木本香占据了主导的地位,当然这个时候也有一些动物香,如麝香,已经开始使用。这是香大致演变的一个过程。然后经过从汉代到唐代的这种摸索,推敲,使用,演变,基本上总结出适合中国人用香的特点,就是沉檀龙麝。到了唐代,到了宋代就基本上定型了。然后又有一个说法,叫君臣佐使,就是说认为最好的香是君,然后剩下是臣,然后再往下排列。那么沉香就排在君的位置上。就这个问题我们也请教了很多人,也做过一些研究,在国外并不见得沉香就是绝对的

主导地位,沉香固然也很贵,但是檀香,比如说在印度,檀香是主要的。甚至在佛教用香里头,有一种叫牛头旃檀,认为释迦牟尼死了以后就不存在了。可是其他的檀香,一直到现在仍旧使用,在印度都是主要的用香,现在宗教用香,檀香也是很主要的一种。在中国的用香文化内涵里,是以沉香排第一。这里头挺好玩的。中国人注意的是什么呢,就是它的内涵和使用特色,你比如说沉檀龙麝,两种动物香,两种植物香,都有很大的香气,到底哪一个香起了一个主要的领导作用。后来我们就找到一个比较关键的地方,就是说因为这个沉香,它是调中的,它是阴阳平衡的,它是多用对人身体无害的。其他的香可能都有问题,包括檀香,包括麝香,当然龙涎香就不用说。就是说有的香是主阴的,有的香是主阳的,唯独沉香它是调和的,所以这一点也跟中国人讲的以和为贵,讲究平和,阴阳平衡,跟这个天地人和的哲学思想有关。所以,从汉代一直到宋代,就奠定了以沉香为主的中国用香的体系。

三、关于文人与香

北宋时期,有几个重要的文人参与了用香,参与了对香的推广,像苏东坡,黄庭坚。苏东坡就有著名的诗句,谈到一种海南的香,大家就经常引用,作为香的一种极致,尤其是作为奇楠香的一种极致。黄庭坚也是,我们十天前在日本,几乎所有的香店里都有关于黄庭坚写的《香十德》,日本人其实还不知道这是黄庭坚写的。我们去的时候告诉他这是黄庭坚写的,他们表示很感谢。宋代使用香,不仅是贵族,不仅是帝王,主要是文人参与了。当然,这个时候香的专著也出现了,比如沉香的专著。丁谓原来是北宋的丞相,后来这个人因为人品不好,又由于权力斗争,最后给他发配到海南。他在海南就跟苏东坡慢慢体会沉香,然后他写了一本关于沉香的书,这本是最早关于香,关于沉香的专著。由于这些文人的推动推广,香就上升到一个文化的高度,它不光是宗教的性质,也不光是民间老百姓对香的追求,它就上升到文化的这个层面。这个层面就组成了中国多元文化或者说各类文化汇总到一起,那么香文化也是其中最重要的一个分支。宋代以后,像明清有大量的关于香的论述,大量的诗词,就不用一一叙说了。包括《红楼梦》,包括《西厢记》,尤其是在故事当中,尤其是在男女之间,香的这种描述,香的这种运用非常普及。《西厢记》很经典的一个细节,就是崔莺莺替红娘烧香拜月。《红楼梦》一个经典细节,就是有一次林黛玉送给贾宝玉一个香囊,其他女孩子也送了很多礼物,然后下次这些女孩子碰到贾宝玉的时候问他,我们送你的礼物呢,贾宝玉很不当一回事的说我送人啦,别人哈哈一笑,就说贾宝玉薄情,就跟他开个玩笑。但是唯独林黛玉就比较在意了,因为林黛玉有这种小脾气,小性儿,在文学作品当中这一点刻画深刻,然后她就比较在意了。等别人都走了,只有贾宝玉和林黛玉两个人独处的时候,贾宝玉把林黛玉送给他的香囊拿出来。就说别人的东西我都可以送人,你送我的东西,我没有送别人,我格外的珍惜。然后林黛玉破涕为笑,转怒为喜。当然,我们提到香囊,香囊是在中国古代男女之间,在中国古代的香文化当中,都是一个重要的角色。古代女孩子一旦订亲了,没订亲的时候她就要佩戴香囊,但是她订亲了这个香囊的丝带要改成五色的。所以在南北朝时期,有很多诗谈到了我已经系了五色丝,意思就是你们别人就不要再追求我了。系上这种五色丝,我就是有所属的人了。它跟现在的戒指一样,在哪个手指头上表明了哪种关系。对别人也是一种明示或者暗示。所以我们说香文化跟我们中国的很多文化是一样,汇集在一起,然后形成了蔚为大观的中国文化底蕴。我举个例子,所有正史没有记载。可是在有一些野史或者传抄的秘史上是有记载的,袁世凯当了八十三天皇帝,有些秘史上就曾经有这么一段描述,袁世凯一登基,北京上空有一种很特殊的,很奇异的,很馥郁的香气。这个香气香到什么程度,三天不散,然后当时北京拉水的毛驴闻到这个香气,都呼呼的打响,就足可见香气不但人能闻到,连动物都能闻到,对很多动物感官上都有刺激。后来有人就说了,就是因为袁世凯登基的时候把明朝故宫留下来的一块奇楠,两公斤的奇楠给烧了。本来是想通过这种奇楠香,对上苍有一个祈求,保护他这个王朝子子孙孙能够繁衍下去,传递下去。但是人家说因为烧的明朝这块奇楠是天物,所以有点暴殄天物了。所以有的秘史上就说,原本寿命都不止是八十三天,因为烧了这个奇楠了,所以暴殄天物,缩短了他的寿命。这个典故说明两点,一是沉香奇楠是非常重要的,一个祈求上天,不管是宗教活动,还是民间,还是帝王,祭天祭地的一个载体,同时也是很大的很有效的功能,在民间,甚至把它神化。我们再从文化这个角度再多说一会,其实生活当中有很多词汇是跟香有关的。春秋时期,草本香,屈原

或者诗经上经常提到的大致上有三十多种。汉代以后木本香传递进来，也有三十多种。中国人主要选定的是沉檀龙麝，两种木本香，两种动物香作为代表。其实很多词用意都跟香有关，或者香跟玉都是并列的，如怜香惜玉。大家念出这个词，已经不是这么理解了。也就是它意思发生歧义，有所转变了。比如我们简单举几个例子，书香门第，我也查了辞海辞源，早期的意思是这么解释的。书香门第的香，是墨香的香味。他就基本上就谈到这。现在电脑上对香有一些其他的解释了。因为香又有一个防虫蛀的功能。书里就提到香的这么一个作用。当然你说年轻一些的知识分子，还有浪漫一些的，于是又演化出红袖添香夜读书，就是知识分子苦读书达到的目的或者说追求的境界，就是要达到这么一个境界。就是有红袖，有红颜知己在旁边侍候着，然后又有香让自己能够迅速地达到学业上的进步，这也是一个理想目标。其实香的典故，香的这方面的成语还有很多。你比如说曹操临死的时候就留下他的遗言，就是分香卖履，什么意思呢？就是人马上要死了，他把他的夫人叫过来，就说我没有给你们留下什么财富，留下的这些香你们分一分，曹操生前是禁用香的，不许用香的。他的夫人也不允许。认为香绝对是奢侈品里头的奢侈品，你们把这些香分分。当然卖履的意思是如果你们自己没什么事干，那你们学一下草鞋，然后去卖草鞋。通过这个例子我们也可以感觉到曹操也并不是那种比如说七十二遗冢啊，富可敌国，其实他不是这么样一种人。他是挺小心谨慎的，而且在财富这一方面呢，可能主要用在他的政治上，军事上。他的家庭生活肯定很简朴。所以三国演义赤壁的电影，一开场什么都没有，先听到声音是曹操出场，意思就是把曹操烘托成一个带了很多东西，富可敌国，像帝王一样。其实真实的曹操未必是这样，包括安阳曹操墓也发掘出来了嘛，其实曹操墓里头寒酸得不得了，就是并不像传说当中的有七十二疑冢。但是他实际上在财富，在个人财富的拥有上，不像传说中的那样。我刚才说的分香卖履这个典故，似乎能感觉出来一点。在座的都是当地的领导干部，比如说两袖清风，其实这个典故也是跟香有关。原本这个典故的出处是明代的于谦的一首诗，于谦是什么人呢？保卫北京城，如果没有于谦，北京城已经让敌军占领了，于谦站出来说，一定不能迁都，一定要死守北京。这个人在明朝历史上应该有突出的杰出的贡献，尤其是在政治军事上成就很大。两袖清风，原本是什么意思呢？指的是他一个地方官到北京去,就是要带很多土特产去进贡。其中最重要的东西是蘑菇和线香,他说这些本来是应该让老百姓能够使用的东西,但现在都成了送礼的东西了,老百姓都用不起这些东西了,我自己是清风两袖朝天去,这就是清风两袖的出处,我什么都不带,我连香都不带,我连蘑菇都不带。就是足可见说我们生活当中,很多很多的东西都是跟香有关的。但是由于这一百年香文化的衰微,致使大家对香的认识只是局限在庙里用香,只是局限在这么一个类别当中。这个肯定是大错特错的。

四、关于香的功能问题

提出一些问题,在全世界也没很好的解释,为什么世界五大宗教,或者说五大洲全部都在用香。那个时候没有太多的文化交流,用香的区域也不知道摸索了一两千年。这个问题大家有兴趣也可以研究研究。就跟财富似的,为什么那个时候五大洲的人共同选择了黄金作为主要的货币。就是说物质上选择黄金,精神上选择香,这种选择到底关联度是什么。如果有兴趣的人,其实大家可以深入研究研究。我们简单聊一聊大致上有这几个方面,除了香材自己本身特殊的使用性之外,比如说香气,一闻肯定给人带来的是愉悦,带来的是幸福感,带来的是这种满意程度,它又是开窍的。我们闻到好香的时候绝对是一下就能感受上来的,然后就觉得好像确实是开窍了,就是他往脑子上窜嘛,而且那股凉凉的甜甜的味道,对人的感官有很大的作用,或者精神层面的刺激。然后让自己突然有什么很丰富的联想。这种作用实际上也是一种心理暗示,也是一种神秘文化的关系。这方面我们可以深入去研究一下。还有就是烟雾缭绕,其实你说谁见了神了,谁见了佛了,谁见着真人了,都不敢说。就是因为这些神啊佛啊这些虚无飘渺,看不见摸不着,又有很多的关系。然后这种芳香物质能够给人带来一种感官上的刺激,那种情绪上的刺激,然后又有这种飘忽不定的这种形式,然后加上这种烟又是直冲而上的。它除了是一种方式上的,一种法规啊,一种仪式啊,或者从宗教仪式上,拿它作为一种道具一种仪式,就是他自己的内涵,这个形式其实全都符合神秘文化的特点。就是这一点我倒觉得,在精神层面上应用是极特殊的。所以一直有宗教,一直有人类对香马上就捕捉到了,共

同找到了它这种特殊的地方。

这一百年由于国力衰微,香退出了日常生活,退出了文化层面,甚至退出了贵族。只在宗教活动当中还保留他一个小的位置。但是又由于这一百年工业革命,这种天然的东西让工业产品替代了。我昨天还请教了一下我们做香的老板们,师傅们,他说这个差价大了。化学香和天然香的这种差价可能要差二十倍甚至几十倍。所以在宗教的活动当中往往用的都是化学香。可是这些化学香大家想一想,肯定对人身体都是无益的。甚至我们夸张点说,它都是化学武器。这种化学武器常年在那熏陶,严格意义上说,是熏佛熏自己,对自己对佛都不好。我们刚才谈到了佛要闻好香,烧好香拜好佛,最起码要烧五线檀香,但是如果你用的是化学香,佛本身不愿意闻这种,本来一个人,每个人都有善的一方面,生活当中可能愿意保佑你的一些因素吧,或者说比如说一种能量吧。比如说神人啊,佛呀他都无形当中愿意关照你一下,为什么有人有好运啊,其实跟这个也有些关系。可是你烧这种香是化学香,一下就把这些真佛真神全给熏跑了。实际上你腾出空缺来,那么恶人小鬼就来了。你本来到寺庙有心愿,有一个祈盼,这个祈盼实际上你是需要一种外力共同推动的,比如说拜拜佛祖啊,或者说拜拜菩萨啊,如何如何。可是你的这个香是令人厌烦的,适得其反的,是完全抵触的,那么你想想你的愿望能达成吗?虽然我们说香是人与佛沟通的唯一的媒介,但是你这个媒介一定要突出,你不能光有这个形式而内容不突出,就好比我们手机似的,你有这个机子但没开通。你并没有通电,那你也打不了啊。所以我们提倡大家,最起码烧天然的香,或者有能力的话烧一些好香,可能你心愿达成。如果你烧的香,是化学香,那我们刚才说的,可能作用达不到,不但达不到,而且可能会适得其反。我们在这不是提倡封建迷信,不是在说一定有神啊,有佛啊,有什么有什么。但是起码这是民间这么多年的这么一种思维定式。或者说这是一种宗教的这么一种理念吧,我们不强调它,但是我们起码可以理解他。从这个角度上来说,应该可以部分接受吧。

刚才谈到香与各国的历史与中国的文化有密切的关系。与宗教的关系可能更紧密,这一点是几千年来各个国家都是这么传承的。尤其是在中国,我们再简单聊聊。比如说我们现在大家到庙里,有的人讲究一点,可能还请教一下香怎么上啊,头怎么磕啊,很多人不在意,点着香往那个大的香炉一扔就完了。其实在古代，尤其是佛教，道教，你有什么心愿你烧什么香，在什么时辰烧，用什么方式，这个有严格的一些界定，或者说有一些严格的一些讲法。我们应该逐渐的让大家了解一些这方面的内容。在用香的内容上，用香的规范上，以及跟寺庙的结合上可能都可以。佛教协会最近也出了这么一些章程，肯定不提倡或者遏制这种烧高香，1米多的，很粗的这种高香。既是严重的环境污染，又是原材料的浪费。你也肯定从宗教的要义上来讲，你也达不到你的心愿。现在逐渐也牵涉到产业化升级，这方面的一些内容。就是香不一定要烧得多，但是要用些方法，还要烧一些好香。那么对我们企业来说，对永春大量的香企来说，恰恰是一个升级换代的机会。捕捉住这个机会，捕捉这个高档养生香，礼品香，宗教用香的比较高级化，升级版，绝对对我们的香企，对我们的香文化有直接的，有很大的好处。我们昨天跟有家香企简单一聊，说一年也得生产两百多吨，可是利润似乎并不是很高。我在日本也请教了一些关于日本香商跟宗教的关系，他二者之间怎么处理好这种关系，大家简单一聊，反正是个参考吧。就是日本也是这样，香是在寺庙里头的，日本的香是从中国宋代的时候香商就签订了这个合同。我拜访的那家就是这样，拿出来的合同他说这就相当于中国宋代的时候，公元一千多少年，他的祖上也是和尚，和尚有一次在抢救寺庙着火的过程中做出了贡献，后来主持就跟他说，你不要当和尚了，你身体也不方便，但是你退休之后干什么，给你一份营生，你去做香，你把香弄好，这些香是有收入的。后来老主持死了，新主持再跟他签约，他们家祖上死了，年轻的新一代跟主持签约。从宋代一直签到现在。我们现在可能主要是把香交给批发商，批发商去跟寺庙打交道，这里头高额的运作成本，主要的钱都被寺庙赚走，据说在寺庙当中反倒得癌症的僧人比老百姓的并不低。按理说他吃得清淡，山清水秀，应该没有什么得癌症的人，可是香火越旺的寺庙反倒有得癌症的人，原因就是香里头有大量的化学成分，造成大家每天在空气污染当中。我们可以适度的调整一下，把比较好的香让主持能够接受，利润也不要完全在中间环节就全部占有，尽可能也让香企有一个比较好的利润，香客才能享受到这种好香带给人的这种愉悦。

五、关于香材问题

中国早期的香,西汉以前,基本上都是草本香,这个草本香是直接可以用来点燃的。所以这在古代当中,屡屡发现有没有烧完的这些香。汉代以后,草本香挥发性低,一点一烧就完了,不像木本香,木本香点燃的时间长,有两个技术大家一定要听一下,一个是阿拉伯人发明了精油,香油的提取,用蒸馏法。利用技术把玫瑰丁香里头的香油,精油提取出来,可以带到很远的地方,这就是我们现在用的香水的前身,香水本身就是从这萃取的,提取的,蒸馏的这种方法,当然这也跟炼金术有关。中国道家的炼丹术里也有一些合理的成分。那么很多文化现象,很多神秘文化都是从这来的。比如说,大家都说吃完饭散步,散步这个词也是根据炼丹、炼金这个概念来的。炼丹,很多人要羽化登仙,吃五行散,身体发热,就要行散,他要在外头走,这个就是散步最原始的词义。我们现在散步成了健身,这是最好的最简便的最廉价健身方式。

中国从草本香过渡到木本香再过渡到动物香,最后选定了四大香材叫沉檀龙麝,沉就是沉香,檀就是檀香,龙就是龙涎香,然后还有麝香。先说檀香,檀香树主要是东南亚的,包括印度,印度老山檀、印度牛首旃檀、印度用檀香最多,但是檀香有一个毛病,单独用檀香,容易上火,心血比较浮躁,这是檀香的毛病,它阳性太过。龙涎香极为少,听这个词顾名思义,龙的口水叫龙涎香,其实不是。因为古人见识少,其实它是鲸鱼的呕吐物,或者说一部分鲸鱼的粪便,因为它吃的食物里头的软骨消化不了,然后在自己的肠胃里头或者是拉出去了,或者是吐出去了,在海里漂浮,这东西原来是极臭的,在海里头多则要泡几百年,它从一个极臭变为极香,物极必反这种辩证关系,这种香材也被认为是最贵的,目前全世界好像一年可能就是一二十公斤而已,而且质量还不敢保证好。麝香大家都知道,是麝身上分泌出来的东西,也是药材,当然刚才说的沉檀龙麝全部都是药材。我重点主要讲一下沉香。中国沉香有一个专门的称谓,叫君臣佐使。君就是皇帝了,只有一个,那么沉香就是这种东西。剩下的香都是搭配的,有的是臣,有的是佐有的是使,其他都是搭配的香。然后就是天地人和香,实际上是通过香在精神层面的或者在心理暗示上要达到一个协调、统一，要让你平衡。这个观念在现实社会当中，因为节奏快，完全把有些以前的伦理啊，以前的一些观念啊，现在也都颠覆了。我们生活当中，也需要精神层面上有一种平衡性。尤其是我们作为香都，更应该提倡香在我们精神层面上的这种功效。当然我们也提倡用五道生活，能让自己身心平静的五道生活。香，养生香，确实起到这个功效。所以我也建议大家是不是得闲的时候，用上好一点的香，在香的氤氲当中，在香的缭绕变化当中，在这种宁静的氛围当中，感受一下自己。中国明代有一百多个著名文人和政治家有修行的静室，在作出重大决断之前，都点上香。据说日本政治家现在还有这种活动，他进这个静室，点上一炷香，静静思考，逐渐进入状态，把杂念摒弃掉，然后仔细地考虑这个问题。香有这种推动力，有这种约束力，那他自己在这种环境当中也产生这种需求，所以达到判断尽可能的准确，尽可能的集中精力作出正确的结论，其实我们说这是一个很好的助力吧。刚才谈到沉檀龙麝几种香，有两种动物香，两种木本植物香。沉香为什么成为中国香里的君，认为它最古老。所以我们说，现在还有一百八十味汉方药用香，主要用的是沉香。它到底是怎么演变形成，或者说也包括开采的这个过程。沉香的产地，中国有五个地方，比如说广东、广西、海南、香港、台湾。我们谈主要的产地，或者说能结香的产地主要是这么几个地方。然后就是东南亚，东南亚产香主要集中在香质比较好的是在越南、柬埔寨这一带。当然现在就发展到马来西亚这些区域去了。香在历史上的重要性，还可以举一些地名佐证。大家都知道香港，香港就是因香而得名，如果没有香肯定没有香港，可以明确的这么说。其实不光是香港，还有一些其他的称谓，比如说香江，也是因为香而来，还有香岛，也是因香而得名。海南历史上也曾经称为香洲，也是因香而得名。我们叫中山县，以前叫香山，也是因香得名。香山就是在东莞，不但产香，而且还有香料集市，叫香市，然后又产生女儿香，特殊的一个字，莞尔一笑的这个莞，东莞的莞，广东香也叫莞香。香大体上是怎么形成的呢？我们先说普遍的说法，肯定每家的观点也不一样，我给大家一个基础的概念。比如说香树大体上有四种，在我们中国或者东南亚主要是瑞香科，我们说的沉香主要是从瑞香科里产出来的，它有分外伤和内伤两种，外伤呢比如说台风把树吹断了，然后雷劈，野兽挠，刀砍，人走到那，需要点柴火，把瑞香科树砍断了。其实这一

点跟人一样,人有了伤口你自然会分泌出一些东西,油脂的东西来补救伤口,有时候伤口不是特别大它自己痊愈了。树本身有大量的树脂,出现这个伤口的时候,就分泌出这种物质来补救伤口,其实很多树都有这个功能。我们一看结疤了,分泌出来的东西本身又是香的,然后这种元素又吸引来了很多昆虫,甚至动物。有香的地方就有蛇,有很多野生动物,就是因为产生一种香味,蜜蜂,蚂蚁,其他的昆虫类的,都来叮咬了。它是一种天作之合,是大自然的一种神奇作用。就是因为它分泌出来的东西又招来了很多东西,反反复复在这作用,就逐渐形成了这个香。这个香的载体本来是香树,是一个木头,可是这个香形成的时候,这个木头应该说基本就死了。就有点像癌症,举这个例子其实不恰当。香是对人好的,但是对母体是有伤害的。当癌症发作的时候,人是要出问题的。香的道理也是这样,就是说当香真正形成了,这棵树就要死了,因为它把这颗树所有的养分吸收走,它就转化成对大自然,对人类有用的东西。经几百年形成的香,当有人挖出来一个疙瘩。这个疙瘩有香味,或者说这么多油质,这个就是这个香,所以我们有一个词叫国色天香,它是要经过大自然的天造地设之合,香树在什么部位产生什么香,受什么样的朝暮之气,日月精华,天地灵气,肯定都是在最好的环境当中。我就请教过海南采香的,我说什么香最好,他说海南五指山的香,博鳌的香,我说为什么博鳌香好,他说是因为江河湖海各路因素都有,而且这地方海拔还刚好,海拔特高不成,海拔特低也不成,肯定空气要特别好。按照我们现在科学的方法说是它分泌的香气招来很多微生物,小动物过来。那个地方花特别多。我说是这样吗,他说千真万确都是这样。环境好,然后江河湖海往往是淡水和湖水的交汇处,然后产这种比较好的香。广东是人工种香的,出荔枝的地方,它的香就好,两个互相有搭配。所以这个东西挺怪的,其实谁也说不很准,这点就跟有点像翡翠似的,你说看明白可能谁也没看明白,只有打开之后才算数,所以它有点赌石的成分在里面。二十年前,海南据说发现了一块非常好的香,我去问过去采香的师傅,我说当时情况怎么样,他说就在五指山,他说后来十几年后,他又让人到这个地方去了,因为这个地方的香材这棵树出了两千万港币,二十年前天价了,据说有一段香就卖给王永庆,当时就卖了一千万。那时认为贵的一塌糊涂。就二十年前就一块香卖了一千万港币。大家可以想想那时候你说万元户都很惊讶的。当时一块香就卖了这么多钱。后来我就问这个师傅，我说当时你们怎么发现的这块香，他说别说当时是怎么发现的，跟我刚才讲的一样基本是这样。我们就可以看到，沉香在东方历史上有重要的作用。比如说袁世凯暴殄天物，把明代的上好奇楠这么一烧，当时北京城很多老百姓据说都有这个记忆，连毛驴连动物都感觉有异样了，这也是沉香的作用。当年乾隆皇帝拥有天下，十全老人，所有历史上的皇帝都没有他拥有这么大的版图，没有他拥有这么多的财富，没有他拥有这么长的年岁，也没有一个人拥有他在位时间之长，他是六十年的皇帝，三年太上皇。他为一块香，我给你一斤二两，你还我的时候也要一斤二两。如果你不还，我们可以想象皇帝的权威肯定是至高无上无以复加的，甚至有性命之忧。足可见香，在乾隆时期，哪怕就皇帝本人，也是非常非常昂贵的。天地人和香，很多时候是要拿香调出来的，那么这是东方人尤其是中国人从孔孟，包括老子，在精神层面上是拿香作为辅助手段来达到这种境界的。现在构建和谐社会，又是在文化上大力弘扬，那么做香肯定是恰逢其时，我们这又是香都，从历史渊源上又有很大的缘由吧。加上香企业又有这么几百家，这方面推动起来，加上又有政府，前一次，林书记亲自带队到北京，我第一次遇到一个行业，居然当地最高行政领导带队到某些地方去取经，所以这一点也感觉很感动，加上今天这么多人，今天这么多相关的领导同志，大家做这种简单的普及知识的学习，就是绝对具备了很大的空间。

六、关于香的药用价值问题

香的药用，主要是养生功效，还有一个功效是练心，其实跟风水也有很大的关系。就是所有神秘文化，所有佛道的仪式都要用香来牵引，来升华。它是一个药引子，与佛沟通的唯一的中介。现在有一百八十味汉方药用香材，主要是沉香。西药是化学的东西调出来的，而中药完全是天然的，中药可以通过这种平衡，达到一个治病的效果。唐代的《本草经》上明确说，香味香气是天地间的正气，香的味道对人的诱导，对人感官的身心的刺激，或者对人的心理暗示作用特别大。我们生活在大量的信息、大量的物质、大量的各种因素的牵引之下，似乎神经也麻木了，情感也麻木了，感觉差不多。但

是古人当第一次闻到这种香味的时候,可能他终身难忘。佛教说人有六根,有一点我们大家可以想象,很多东西你也可以不听,你也可以不看,甚至你也可以不吃,但人你绝对不能不闻,因为你不闻你不呼吸人就死了,几分钟你就受不了了。所以这种香气也好,不管是空气,反正香在空气当中人是无法拒绝的。所以就这一点而言,就是嗅觉上的味道,人肯定是最不能糊涂的。比如说这个人,我不喜欢他,他说的话我也可以不听。哪怕这个菜再好,我不想吃,或者我吃饱了我也可以不吃。但是空气你绝对不能不闻,而这个香气是在空气当中的,所以就这一点而言,要用好香,才能让我们对现在比较浑浊的空气有一点排除性。香的药用价值,它的功效,开窍,活动经络,包括心脏病,沉香对心脏病有很明显的疗效。这点我也问过山农,他们进山时就带一点香,带一点好香,遇到什么病痛吃这个就特别灵。我一开始觉得能这么邪乎吗?但是后来我们身边,包括我自己也遇到一些事,用好的奇楠,吃一点,就不疼了。我两年前患了一次牙疼,疼得很厉害,吃一点到现在都没再疼过。这种事情很多人身上都体验过。奇楠药用有一个国家标准,大致上在 12%,就是它的含油量要达到这么多,可以药用,达不到这么多,可以制香。在中药店买到这种药用价值的沉香,相对而言比较好。收藏级别的,是指那种更好的。奇楠类的香含油量更高,经济价值也高,市场上很稀缺。从养生这个角度,其实大家现在也都知道,这一块空间非常大。就是养生香。我们大家笼统地说可以礼佛,可以自用,就会让你身心愉悦,就会让你疲劳得到恢复。养生也有一套方法。按照不同的时令,不同的节气,然后要服用什么样的,怎么样有利于自己。这一套跟道家的思想有很大的关联度。总之,这方面的空间,这方面的拓展是有很大关联的,而这方面也是目前社会所追求的。包括我们的香企业,大部分生产的都是篾香都是佛教用香。那么在养生香方面肯定要找到自己的生存空间。现在的养生香,基本都是个人制作。论材料不错,品质也不错。可是这些东西到底有哪些药用价值,经不经受得住检验,卫生检验,食品检验,还有它成功的药用的临床检验。我们的香企业要有意识地在这方面有所摸索。拿出这个东西,最好要有一些依据,要有一些证据,要有一些数据。古人尤其是明朝以后,讲究静心,讲究炼心,在静室点着香去思考,都是大文人,大政客,甚至包括皇室贵族。日本有些政治家也是这样,作出重要决断之前,他先要进静室,然后点上一炷香,在里面静静的思考问题,养成他这样一个重大问题先静下来,然后单独进入到一个环境,而不是急匆匆的马上作出决断,在愤怒,在激怒之下作出一种决断,容易不冷静。就这一点而言,政治家如此。那么我们作为一般人,有一个好的环境,如果每天回家之后能点上一些好香,或者闻一支好香,应该说也是一个修行。因为最起码让你心绪宁静下来。你进入睡眠,睡的效果会好。这是好的沉香达到的一个目的,或者说好的沉香本身就有这种功效。关于炼心养生的道理,包括老中医,包括一些研究者都在不遗余力地推广。现在有些人就通过一些鲜花,来调理自己的身心,当然这也是一种治病,也是一些心理上的暗示而产生的实际上的效果。古人其实对风水的调适也是要用香的。居家风水测试,或者找建筑风水师测试,然后要根据香的模式,要烧到什么程度,出了什么样的烟,要如何如何。风水家们或者阴阳先生们很多人利用这一套用得很好。有没有合理性,有多少合理性,其实大家可以根据自己的尺度去判断。神秘文化,宗教文化,可能有些地方是封建迷信,但是很多思想类别都是研究出来的,很多东西也是合理的,甚至是超前进步的。比如说关于几维空间的问题,原来只有二维,现在有三维、四维、五维、六维都出来了。你认识不到,或者说现在的科学研究不到,不能证明这个东西一定没有。所以我们脑子里一定也要有这样的思维。很多东西现在似乎还是封建迷信,但是可能过个一百年,二百年,过一段时间,可能这些东西都会解答。日行千里,以前在西游记里说的,现在不也坐了飞机了嘛,千里传音,顺风耳,现在不拿电话一打越洋电话不也打了嘛。以前说的炼金术,现在不拿碳就能生产钻石嘛。其实很多问题都做到了,都跟古人那种丰富的想象力,古人那种有传说色彩的,有迷信色彩的问题实际上现在都变成现实了。有兴趣其实也可以去研究研究的。因为我们这是香都,希望要有这方面的研究者,每一个相关领域,都有出类拔萃的人,都有能够跟国际接轨,都有比较先进的前瞻思想。

七、关于香产业发展问题

我们昨天在永春对香企的一种考察,一种学习。包括书记也在说,有没有什么意见去提一些,意见提不上,主要是以前我也没参观过香企。我的感

觉,首先,我们县委县政府做得非常好,能够动员这么多人,尤其是上次林书记带着人去北京,带着那么多企业家,带着县委县政府的班子去到北京去学习交流,而且去了若干个地方,广东、河北。我就觉得,按说企业的事是企业自己办,但是作为政府有这么大的推动,或者有这么大的引领,这一点非常感动。政府都这么积极,我们企业家没有理由不去响应,没有理由不冲在前头。有些事是我们企业家办不到的,政府愿意出面,这是最好的。我们也有产业园,政府投入很大,把香企集中,把香企做大。政府不给你提供平台,不给你提供条件,你肯定不成。还比如说一些标准化制度化的建立问题。我们昨天也接触了彬达企业,我觉得这个老板确实做得不错,他说我这个香是药香,我说怎么能证明是药香,他就给我拿出数据出来。有广东的,有福建的检测报告。现在肯定不是拿嘴服人的时候,一定是拿这些数据,拿出证据来,所以我就觉得有证据说服别人就会容易得多。当然还有一些检验要做研究。因为我们这边主要谈的是篦香,说要谈的是佛教用香,佛教用香理论上在产业链里偏低端,能不能我们往高端、中端,更丰富一些。这个产业链做得丰富,做强做长,才会对企业更有好处。当然,更重要的是升级。我们知道永春的香企业应该是全国香企业的龙头,大体上做香的方式方法也都是从永春这辐射开来,传递出去。那么这个龙头的作用,尤其是在县委县政府的推动下,通过时间一定能够有一个长足的进步,而香企肯定也会带来很丰厚的收入,而香都的这块招牌,大家能想到永春。现在是我们的香到了东南亚,到了全世界,但是我们的理念没到。这需要我们在座的各级领导不遗余力的宣传,就是说各级领导谈到香谈到永春香,都以永春产香为骄傲,肯定过不了多长时间,香产业肯定会更好。

（根据刘岩先生在永春县干部大讲堂的讲座录音整理）

◎ 作者系北京收藏家、香道专家

燃香的制作及其使用安全性

◇ 林翔云

汉语中的"香"字有两个意思:作形容词时意为"好闻的气味";作名词时指的就是卫生香——民间流传朱熹的千古绝对"香香两两"至今无人能对出下联来,其中"香香"意思是"有香味的卫生香"。卫生香是人们采用各种木粉(会燃烧的树皮、树干弄碎)、黏粉,根据一定的比例,制成各式的香饼、香球、线香、棒香、盘香等,加上一些有香的物质(可以是有香的沉香粉、檀香粉、桧木粉、樟木粉、柏木粉,也可以是各种中药粉或是各种香料香精),通过点燃,使之发出香味作为敬神拜佛、熏屋熏衣、防虫驱瘟、香化环境、调理身心作用的一种传统民族生活用品,所以大家称之为卫生香,有时也被称为"神香"、"拜佛香"、"檀香"。由于卫生香是点燃后熏香,所以也有人喜欢把卫生香叫做"熏香",现在统一叫做"燃香"。

熏香的习惯来源于宗教信仰:古代人们对各种自然现象解释不了,感到神明莫测,希望借助祖先或神明的力量驱邪避疫、丰衣足食,于是寻找与神对话的工具。由于人们觉得神仙与灵魂都是飘忽不定的、虚无飘渺的(云雾缭绕之处也被人们以为是神仙居住之所),而卫生香点燃后会发出烟雾,于是古人就似乎找到了与神、祖先联络的办法——把各种要求向神祈祷:"借香烟之功,请神明下界",寄托一种精神希望。而西方,香料一词英语是Perfume,拉丁语 Perfumum,意为"通过烟雾",说明古代西方香料的使用也是从熏香开始的。

燃香来源于古中国和古印度,至今已有几千年的历史,主要是佛教用途多,而我国有关卫生香的记载也非常多,流传最广的是现在的各大寺院、各

地方的庙宇。从古至今，香火不断，源远流长。日本至今还流传着的"香道"文化，是古代中国发明而传入日本的，至今日本的一些地方还可以找到其痕迹，说明日本的熏香是从中国传入的。

燃香用途广泛，但主要还是应用于宗教活动和民间信仰方面，历代的王朝贵族，都有焚香祭祀拜天祭神的习惯，盼望风调雨顺，国泰民安。佛教信仰者每天都有点香拜神敬佛的习惯。自古道：人争一口气，佛受一炷香。烧香是为了传递信息，经常三炷香烧香敬佛，"功德无量"，心诚则灵。而马来西亚烧香并不是几根，每次都是一大把一大把地燃烧。

我国各大寺庙每天都迎来无数的香客，每人都会带上大量的燃香，祈求神明保佑。中国的四大佛教名山，有时更是人山人海，人们盼望神佛会给他们带来好运。大旱之年，焚香祭天求雨；丰收之年，答谢神明；出门前焚香求平安、好运；开业时，焚香求发财；出海前，焚香保平安；大厦奠基时，焚香求吉利。可见焚香已成为人们渴望实现某种愿望的精神寄托，也是表明心迹的一种方式。另外，各个地方的祭祀活动、宗教活动和民间的修谱等等，更是大量的焚烧卫生香，这种活动更有一场比一场壮观的趋势发展，每个地方的活动越搞越大，燃香的使用量也越来越大。

自古以来，人们生儿育女、延续香火的想法，已成为一种信念，人死后，后人会烧上三炷香悼念，表达思念之情，代代相传。清明扫墓更是中华民族的优良传统，不但出远门的人们都要回家祭奠，有的侨胞、港澳台胞更是不远千里返乡祭祖，给祖先点上三炷香，以表明自己不忘祖德祖训的心声。

另外，和尚坐禅、念经，要点燃卫生香传递信息，练气功的人们也要点香，使心情平和，有益于修身养性，保健身体。

熏香还有防病驱瘟的作用，古代就有在端午节焚烧艾蒿的习惯，确实非常科学，它不但可以杀菌、驱除瘴气，还能赶走蚊蝇。现代生活水平高了，人们有时在房间、宾馆里或公共场所点燃好闻的卫生香，使人一闻顿感空气清新、环境优雅。随着对芳香疗法的重视，卫生香更加凸显其美好的明天。

历代人们使用卫生香，至今都有记载。早在商周时期，就有姜太公焚香祭天的传说，这在小说《封神榜》中有许多叙述。而在唐朝时期，佛教盛行，香作坊、香客遍布全国，形成一大行业。唐玄装到西天印度取经的故事，四大名著之一《西游记》至今大家仍津津乐道，其中多处描写焚香。宋朝时期，宋洪驹先生的著书《香谱》中就记载着汉武帝宫廷制香的配方。明朝时期盛行的各种庙会,清朝各代皇帝的天坛祭天的传说,说明从古至今,卫生香行业长盛不衰。

中国文革时期的破四旧、立四新运动,佛教、寺庙遭到前所未有的破坏,卫生香也一度被禁用。但改革开放以来,宗教信仰自由使得各地香作坊纷纷生产燃香来满足市场的需求。到现在,全国大大小小的香厂多达万家,发展成规模的厂家也不低于百家,由于中国的劳动力还算便宜,生产的燃香质量又非常好,东南亚、台湾、香港等地纷纷到大陆来购买卫生香,使得我国卫生香出口一度繁荣起来。

目前我国的燃香可以归纳为"南方人喜欢焚烧的棒香、塔香"和"北方人喜欢焚烧的线香、盘香"4大类。

棒香,因燃香中心是一根"竹棒"而得名,"竹棒"的好坏直接影响棒香的质量,因此选好"竹棒"非常关键。竹棒的长度、大小都有比较固定的规格,竹棒分圆形和方形两种,质量又分一层竹、二层竹等等。最好的竹棒是一层竹,圆形的直径约0.11cm,这种竹棒一吨价值人民币一万多元。竹棒的长度有21cm、27cm、32.5cm、39.5cm等规格,这种竹棒主要在山区生产,有许多专门配套的生产厂家,生产好的棒香不能靠机器全自动生产,一台机器2人手工操作,这类燃香的生产主要分布在我国的南部:

福建——以厦门灌口、同安马巷、永春达埔、晋江安海、福州台江为中心;

广东——以东莞、新会、四会为中心;

还有江西、广西、四川、浙江、上海等地也有生产。

另外印度、泰国、马来西亚、新加坡、港澳地区、台湾地区都盛行这种燃香,台湾还十分喜欢中药棒香,是因为采用大量的中药粉末而得名。

"竹棒"的质量要求很高,制作工艺也很精致,所以棒香的价格也最高。

线香,因生产出来的燃香象线一样一条一条而得名,生产线香方法比较简单,就是各种香木粉按配方搅拌均匀后,用机器自动化生产出来,长度、直径按需要调整,经过烘干或晒干就可以了,也叫"菜香"。生产这类燃香的厂家主要分布在我国北方:

河北——以保定古城为中心;

北京——以密云、怀柔、北庄为中心;

还有东北、天津、河南、江苏北部等地区也有生产。

塔香,把长长的一根线香盘成一圈或两根线香盘成一圈,因点燃时用一根漂亮的香架架起成一个塔状而得名,各地都有生产。这种燃香根据配方的不同可以制作成各种不同的规格,燃烧时间一般有 4 小时、8 小时、12 小时、24 小时等,它是我国古代的祖先们发明的、用燃香来计时的计时香的延伸。

盘香又称环香,也是指香品的一种形状。一般而言,盘香有大小粗细的分别。大盘香制作较粗,可以垂直挂起燃烧,或用香架支托在香炉内熏烧,常见于寺院、道观或祠堂使用。小型的盘香则多是在个人修行或养生、娱乐时使用,直接使用香插或平放在香炉里的香灰上,置于桌面上使用。

香条由内向外依次围绕成若干圆圈形成同心环状,香条的横断面呈多边形;如四边形、六边形、八边形;香条上可设沟槽;沟槽是沿香条的轴向及径向边缘交叉设置的;香条上设有木质材料的助燃颗粒。它在烘干成型时收缩力不集中在中心区域,可提供较佳的空气导流和续燃层,使盘香燃烧时不易断燃熄灭。

在平面上回环盘绕,常呈螺旋形(许多"盘香"也可悬垂如塔,与"塔香"类似),适用于居家、修行、寺院等使用。

盘香在制作时,通常会先将香末做成长线香后再小心地弯成螺旋盘绕的环状,放一段时间,定型之后再晾起等待完全风干后使用。制作香盘的目的,主要是因为盘香燃烧的时间比线香更持久。

燃香品种还有:

显像香,因点燃后会留下各种形状的图形或文字而得名;

闪光香,因燃烧时会闪光而得名。

这些特殊香生产量一般比较小。

古代特别是四大文明古国的宗教徒们礼拜时用的燃香,就大量用一些天然植物材料如艾叶、菖蒲、沉香、檀香、樟木、柏木、杉木、松针、玫瑰花、茉莉花、薰衣草等掺入其中,使之燃烧时发出更好闻的香气。那时候香料的使用局限于天然香料,由于古人无法知道各种天然香料所含的成分,也不知道这些香料焚烧时所起的化学变化,他们只能凭借经验将各种香料合理配搭,使之在焚烧时散发出更加美好的香气。所以"经典"的燃香仅局限于沉香、檀香、樟香、柏香四大木香,后来才多了几个花香如玫瑰、茉莉、桂花和某些中草药香等几种比较固定的香型。

到了现代,香料的应用已不只是在焚香方面,而扩大到化妆品、食品、饲料、洗涤用品、香水、香烟等等,技术的进步使得香料也不只局限于天然香料,大量合成香料的成功投产,给了调香师们施展才华的广阔空间,各式各样的香精广泛地应用到人们的衣、食、住、行各个领域,而燃香的香精只是其中的一小部分而已,甚至已很少受到调香师们的注意了。

多数的调香师只是将现成的一部分"日化香精"推荐给香厂,让香厂的技术人员自己去试配,其中对焚香香精的点燃效果不去研究,这样造成了非常大的资源浪费。为什么呢?因为熏香香精有它特殊的地方,香精是要经过熏燃而发出香味,有许多本来香气非常好的香精点燃后香气变劣,而有些闻起来不好的香精点燃后却令人心旷神怡。因此选择应用比较对路的熏香专用香精已是各香厂、蚊香厂的重头戏,甚至是在剧烈的市场竞争中能否脱颖而出、占领市场的有力武器,目前国内也已经有了专门生产熏香香精的香精厂,他们对熏香的特点进行研究,发现熏香香精的调制只能是"将各种物质焚烧产生的气味调配成惹人喜爱的香气",而不是香料原香的调配,因此调配出一种成功的焚香香精比一般的日化香精、香水香精更难,不止是"照顾"香精的头香、体香、尾香即可,而应加入基料中进行点燃试验才能品评出其优劣。许多香精厂和制香厂、蚊香厂都设有专门的加香实验室、评香室。

因为大量香厂的激烈竞争,香厂对香精的配制成本提出越来越"苛刻"的要求,希望香精香气不管是直接嗅闻或者加在"素香"里点燃嗅闻都要好、留香要长、价格又要低,这是很矛盾的,怎么办呢?香精厂家就要对香料的使用、配方等进行调整,结果发现:有些价格昂贵的香料点燃后的香味比一些价格低廉的香料点燃后的香味还差,如:价格昂贵的合成檀香 208 点燃后发出的香味不如只是其价格四分之一的合成檀香 803 的香味;调配高级香水常用的龙涎酮点燃后只有淡淡的木香,而价格只是其三分之一的乙酰柏木烯(甲基柏木酮)却发出了浓厚的珍贵木香来;价格低廉的苯乙酸焚烧时散发出好闻的蜜甜香,而通常用于调配高级玫瑰香精的墨红浸膏焚烧时只有淡淡的甜味和烧焦味;调配日化香精时被认为"深沉"不透发的羟基香茅

醛焚烧时却散发出强烈的铃兰花香味……更重要的是生产合成香料紫罗兰酮产生的大量下脚料——"紫罗兰酮底油"点燃后散发出非常好的紫罗兰花香味来,甚至比提纯后的紫罗兰酮香气还好!其他还有许多合成香料和天然香料生产时产生的下脚废料都有此现象,完全可以也应当把它们拿来配制熏香香精。这有很大的经济效益和社会效益:一方面熏香香精不直接接触人体,对原料的"卫生"要求可以低一些,对色泽要求也不高,使用下脚料可以大幅度降低香精的配制成本;另一方面,为香料厂解决了一个老大难的问题——这些下脚料如不应用而随便倒掉会污染环境。诚然,这些下脚料在应用之前也要经过严格的检测和安全、卫生测试,不能给人体、环境带来不利影响。

随着人们生活质量的提高以及燃香用途的多样化,"鼻子的享受"逐渐被提到重要的位置上来,燃香香精的选用也就越来越高档,各式各样的香型都被广泛应用到燃香中来,甚至有的燃香点燃后散发出某种特别的香水香味,那么到底燃香可以选用什么样的香型呢?

目前各香厂选用最多的是沉香和檀香香型,最为昂贵的是天然沉香油和天然檀香油,这两种香油最好的每公斤数十万元、数万元人民币且资源越来越紧缺,价格还会越来越高,用得不多,而大量用的是经过调香师调配的各种适合于熏香用的檀香香型,这种香型比较"庄重",最适合用在寺庙里熏燃。

玫瑰香型、茉莉香型和桂花香型也是被大量使用的熏香香精,目前用的玫瑰香精、茉莉香精和桂花香精,一般不用天然玫瑰花净油、天然茉莉浸膏和天然桂花浸膏,因为天然玫瑰净油点燃后的香气还不如只有其价格百分之一的"人造玫瑰油"好,天然玫瑰净油只是在高级香水香精中用上一些,使配出的香水更加优美圆和,而在熏香香精中使用这么高贵的材料实在是极大的浪费。"纯粹"的玫瑰花香精用于熏香,还是被认为太单调一些,其他花香精油和浸膏也是如此。

采用玫瑰作为头香成分比较成功的熏香香精,往往是玫瑰与檀香、玫瑰与麝香、玫瑰与其他"浓重"香气的"复合香型",利用玫瑰的"甜"气掩盖其他香料中带来的"苦"味等杂气味。玫瑰与檀香的配合能取长补短,更是目前大量使用的香精之一。

　　茉莉花香型以清淡出名,但由于香型较为单调,一般是和其他香型一并使用的,而"茉莉鲜花香精"单独使用却很受欢迎。

　　桂花的香气在中国倍受"宠爱",留香时间比较久,在燃香中也占有不小的比例。

　　中药香精是模仿台湾生产的"中药卫生香"而产生的,主要特点是药香浓烈、味多、味杂。台湾流行的"中药"卫生香,取"上药"中二十几种气味比较浓烈的中药如甘草、丁香、桂皮、茴香、甘松、缬草等,按一定比例配比混合粉碎后直接加入木粉基料中合成散发出令人愉快的芬芳气味,但天然的中药卫生香,使用大量名贵药材,令人惋惜,且价格较高,点燃后也只有淡淡的"中药"味,很多贵重的药材在点燃后嗅闻不出来。因此调香师们根据"中药"卫生香的特点,配制出"中药"卫生香香精,使其点燃后发出的气味与纯中药卫生香点燃后的气味接近,不必强调二十几种气味,这样的"中药"卫生香香精比纯粹的中药卫生香点燃后的气味更强烈,而成本则大大降低。有的香厂则采用部分中药材加"中药"卫生香香精合起来的办法生产。

　　燃香香型中不仅有来自植物的香料,还有一些动物香料,且特别珍贵,常见的有麝香、龙涎香、灵猫香和海狸香。此外,目前流行的"印度香"、"奇楠香"、"菩提香"、"粉香"等等都是一些混合香味,既有花香也有动物香。"印度神香"更是将未加香料的"素香"浸入香精溶液中片刻捞出晒干,这样的燃香加入的香精成本比较大,但其香味浓烈,留香时间特别长。

　　近年来燃香生产厂家采用的香型更为"大胆",将可以食用的香草香型、奶油、草莓、水蜜桃,以及一些草香、香水香型如毒药、鸦片、香耐尔5号,还有各种幻想香型都应用到卫生香上来,燃香香型真的正在向流行香水香型靠拢,整个燃香走向真正的"芳香世界"。

　　报纸上、网上、微信和各种媒体经常有人发表一些耸人听闻的段子,说"化学香"如何如何害人,毒过蛇蝎,把熏香的所有问题都归之于"化学香",兹将这些段子的"论点"和"论据"摘录如下:

　　1."据香港理工大学科研部门的专家研究证实":化学香中的香精、染料在燃烧过程中释放出大量的"苯"和"甲醛",这二者都属强烈致癌物,被国家列为一类空气污染物,在建筑装修等生活领域对其严加控制。而其在燃烧时的毒性是常态挥发毒性的5~7倍!

2. 栖霞寺僧人向本报反映,大量劣质香流向寺院,此类香中是以锯木屑、工业树脂、香精、色素为原料,毒性较大,污染空气,长期吸入焚香时产生的粉尘烟雾,还会危及健康,甚至导致患癌。栖霞寺的不少高僧都受害于香火,得了肺癌或呼吸器官疾病。近年由于香火太旺,劣质香应运而生,小作坊为降低成本,纷纷用工业色素、香精、树脂、锯木屑作原料制香,此类香在焚烧时产生的煤焦油和有害毒雾及粉尘,令长期生活在此类环境中的僧侣们受到的危害性极大,一些寺院法师和礼佛者近年肺癌频发,与长期焚烧劣质香关连甚大。

3. 室内焚香易患肺癌——广州人有在屋内点香的习俗。长期生活在烟雾缭绕中,肺癌容易找上门来。中山大学附属肿瘤医院胸外科主任医师曾灿光教授向记者介绍,在室内点香会引起众多问题,长期慢性地吸入燃香释放出来的有害物质,可能会出现咳嗽、哮喘、过敏性鼻炎发作,严重的甚至会患上肺癌。

4. 焚香不当有害健康——烧香拜祭是中国的传统习俗。烧香对空气的影响究竟有多大?台湾的科研人员做了一个测试。结果证明,香烛不断的寺庙内,苯并芘(可导致肺癌)的含量比有人吸烟的房屋内高 45 倍,比没有室内燃烧源(如烧饭的烟火)的场所高 118 倍。由此可见,居室不宜过量烧香。否则,经常或过多吸入苯并芘、二氧化碳、烟雾微粒等有害物质,会引起咳嗽、过敏性鼻炎发作,会出现皮肤瘙痒、哮喘等过敏反应,严重的会罹患肺癌。

5. 早晚三炷香是许多年长家庭主妇每天要做的事,但是,消基会抽验祭祀用的香,验出最多的致癌物质是甲苯和乙醛。如果吸入过多的量,将造成眼睛、皮肤、呼吸系统、中枢神经系、运动失调、忧郁症、肝脏、肾脏和心血管循环系统伤害!此外验出 1,3-丁二烯、苯可导致淋巴癌。

6. 香在中国社会代代相传生生不息,买香、烧香是大家都有过的经验。"香"不仅是佛道教信徒在用,其他宗教亦用,且不分种族,可见香在人类社会所扮演的角色是多么的微妙,尤其在台湾的中国人更称为烧香的民族。1995 年 4 月 23 日《自由时报》刊载中山医学院生化科所提出"劣质香"对人体影响之研究报告,文中有深入报导。更有"劣质香"会致癌之说,种种报导令人触目惊心。若真有其事,追究其原因,都是目前市面所充斥的"劣质香"

惹的祸。市售"劣质香"因不易点燃,所以在制造过程中加入了助燃炭粉或助燃化学物质。如此,您每天在礼佛敬神祭祖时是否身陷危险环境之中而不自知? 然而礼佛敬神理应是祈求平安,修持智慧,使人身体气脉畅通而达静心健康之效,若将之用于修行上,更是具有不可思议的助缘。

7.《联合早报》报道,污染度高过都市要道——来自台湾成功大学的研究小组就台北一家寺庙烧香所产生的迷雾进行研究,发现其中含有高度的化学物,会造成肺癌,而其污染程度也高过一般都市的十字路口的正常值。将寺庙中的空气样本和十字路口的空气做比较,发现寺庙空气中含有浓浓的多环芳香烃等致癌物。对空气分析的结果显示,寺庙内多环芳香烃的含量较寺庙外一般空气高出 19 倍,也略高于十字路口。研究人员甚至发现,寺庙空气中含有尤其容易致癌的苯并芘,含量较有人抽烟的居家高出 45 倍,较没有烟雾来源的住家高出 118 倍。他们说:"在寺庙举行重大仪式时,同时有数百柱或甚至千余炷香在燃烧,我们担心的是寺庙工作人员的健康问题。"香气从口鼻、毫毛孔窍入体,通于肺腑气血,对身与心都有直接的影响,而修行人六根敏锐,气脉畅通,如用化学香,入体则毒,扰乱定境,易引烦恼,火气上升,不但不安神,反使身心受损,徒增违缘,故真修法弟子不可不察!

类似的还有许多,但大同小异,我们来分析一下这些"论据"吧:

仔细阅读这些言论,你会发现它们指出的都是焚香普遍存在的问题,希望人们少烧香,烧好香,并没有分别说明是"化学香"还是"天然香",有的说"劣质香"不好,也跟"化学"无关——"天然香"就没有劣质的吗?! 用合成香料制造的熏香就一定"劣质"吗? 当今世界每年评选出的十大名牌香水绝大多数都是用合成香料配制的,都是"劣质"的吗?

至于"化学香中的香精、染料在燃烧过程中释放出大量的'苯'和'甲醛'",这是子虚乌有的事,没有一个实验可以证实日用香料和香精里含有苯、甲醛,因为苯和甲醛都不是香料,不可能用来配制香精,也没有一个实验可以证实日用香料和香精燃烧后会产生苯和甲醛,说明这"专家"要嘛不存在,要么是伪专家,专门搞些危言耸听的段子,"语不惊人誓不休"。

有人还列举了"化学香"的"害处":

害处一,以有毒化工香精香毒熏诸圣贤,损害诸根无有功德,致使性命

受损。

害处二，干扰定境，致使心境烦乱。致修为无法寸进。

害处三，有毒化工香由化工物质或杂粉组成，采用红、黄、金等有毒色彩掩盖成分、燃烧气味冲鼻、呛人或有冶艳香气。长期熏闻会导致呼吸道炎症，如僧人或居士长期处于有毒化工香品熏烧之道场，于300米范围内工作、修持，身体易不适，容易衰老及病变癌症。

害处四，有毒化工香精多由石粉和杂木构成，表面特别细滑，富含重金属，熏闻后入毒粉易导致人体慢性中毒、引烦恼、升火气、不安神，致使身心受损，烦躁不安。

害处五，以有毒香精香长期供养点燃于寺庙、佛堂，喜神吉神远离，神鬼厌烦，灾殃临近，钱财易损。

害处六，家庭不和，易多埋怨、多口角。

显然上面这些全是废话，这种想当然的文字也写得出来，读者自己分析一下就不会相信了，无须讨论。

更有趣的是，这些人还举出亚述王阿序尔邦阿不力因为大量焚烧香木窒息而死，说明"烧香"有害，但他们忘了亚述王那个时代还没有合成香料呢。

实际上，用天然香料制香，对人体更有可能产生伤害——直接用沉香、檀香木、柏木和各种中草药的粉末制成燃香，在熏燃的时候，烟气较大，由于不完全燃烧释放出数以千种的有的至今都还没有分析清楚的烟尘物质，其中包含着3,4-苯并芘之类致癌物，同抽烟的烟气成分相近而更加严重！

我国的蚊香工业早就使用碳粉全部或部分取代木粉，较少了烟尘量，其中的无烟蚊香就是不用木粉制作的。卫生香的制作理应向蚊香看齐，尽量少用木粉，尤其是熏燃时产生大量烟尘的植物材料。用碳粉制作卫生香在技术上没有任何问题，站在佛教的角度看会更加"纯净"一些，没有烟尘污染对人们的健康是有利的，只是目前由于习惯性的问题，民众可能还不太容易接受。

把天然香料的香味成分提取出来再用来配制燃香是个好办法，其中用水蒸气蒸馏得到的精油使用时效果最好，但有的天然香料用水蒸气提取法得率太低，或者能耗太大，不得不用有机溶剂或超临界二氧化碳萃取萃取得到香树脂、浸膏或净油，这些提取物的成分还是非常复杂的，在熏燃时仍然可能会有烟尘和对人有害的物质释放出来。

200年前，合成香料还没有问世，世人只能使用天然香料，好的加香产品都是贵重的奢侈品。合成香料出现以后，有的调香师热烈欢迎它们，很快就在自己的调香室里使用并创作出许许多多优秀的"调香作品"，其中不少还是不朽珍品，例如香奈儿5号香水和我国的"明星花露水"；有少数调香师坚持不使用合成香料，声称他们全部使用天然香料配制的香精才是"上帝赐予的"，在他们眼中，化学家都是"妖魔鬼怪"；还有一些调香师绝不使用天然香料，说是完全用合成香料最终也能调配出"与上帝抗衡"的作品出来。后两类调香师都坚持不太久，形成了目前调香界的公认事实——合成香料与天然香料一起使用，相辅相成。世界香料香精事业就这样跌跌撞撞并快速发展起来，达到今日欣欣向荣的局面。可以想象，如果没有合成香料，我们现在的绝大多数人们，可能一辈子都见不到"高级"香水！更不可能去使用它们！

点香，包括宗教用香，其目的都是为了使人愉悦，有个好心情；或者能够集中精力工作、学习，如果香味能够令人提高效率、减少差错就更好；或者为了更好地休息、睡眠；不烦躁，不动气，能安心地做好每一件事——好的燃香产品就应该是这样的，其他迷信的说法都是没有实际意义的，不必理会。

有人为了推销自己生产的所谓"天然香"，还专门写一些《天然香与化学香的鉴别》之类的文章发表，兹举一例如下：

香气可从口鼻入，从毫毛孔窍入，通于肺腑气血，对身心两方面都有很直接的影响。所以，好香既要芳香宜人，还须不危害健康，且能调养身心，这应是鉴别香品的基本原则。

对于香品的鉴别，主要从以下几个方面鉴别：

从原料、配方、工艺上

天然香料（包括天然香料的萃取物）的养生价值远高于合成香料。合成香料系化学制品，其原料取自煤化工原料、石油化工原料等含有苯环的芳香族化合物，虽然气味芳香，但作为化学制剂，对健康都存在不同程度的危害，熏烧类的香品尤其明显。

从香气特征上

有些人可能长期使用质量较差的香而不觉察,不知不觉中形成了一些不好的用香习惯和评价标准;对于新接触的香品,即使有经验的用香者也未必能有正确的判断。但凡事都有一个学习的过程,只要注意多积累经验,多用心,培养出较好的判断力也不是件难事。鉴由于不同的香品其风格各异,没有划一的鉴别方法,但质量较好的香,其香气一般都具有以下特点:

1. 香气清新,爽神,久用也不会有头晕的感觉;

2. 醒脑提神,有愉悦之感,但并不使人心浮气躁;

3. 香味醇和,浓淡适中,深呼吸也不觉得冲鼻;

4. 香味即使浓郁,也不会感觉气腻,即使恬淡,其香也清晰可辨;

5. 没有"人造香味"的痕迹,香气即使较为明显,也能体会到一种自然质量;

6. 使人身心放松,心绪沈静幽美;

7. 有滋养身心之感,使人愿意亲之近之;

8. 气息醇厚,耐品味,多用也无厌倦之感;

9. 留香较为持久;

10. 天然香料制作的香,常能感觉到在芳香之中透出一些轻微的涩味和药材味;

11. 较好的熏烧类的香品,其烟气浅淡,为青白色。

以上只是普通优质香的特点,至于上乘的极品合香,其美妙神奇则远远超出常人的经验,没有切身的体会实难以想象。古人所云好香如妙药灵丹,可助人化病疗疾,开窍通关,悟妙成真,皆非虚言。要制出这样的好香,不仅要有上乘的香材,妙验的香方,还须有极高明的制香家,现在一般的市面上已很难见到了。

从香品的外观上

染色剂可以调出漂亮的颜色(而天然香料做的香,颜色其实大多偏灰);

利用特殊的化学添加剂可以轻易使香品表面变得光滑洁净;

化学香精就可以发出很浓的香气;

在包装上更容易使貌似优质与高档。

对于线香和盘香,还可以掂量其重量,虽然不是越重越好,但一般而言,很轻的香质量都较差,大多是使用了草木之类的原料。但不要看其"体积",许多很粗很长的香,其实材料很疏松。

从品牌、厂商上

相对而言,拥有自己品牌的正规生产厂商有更明确的理念,重视长远发展,注重产品信誉,有较高的可信度。但目前看来,大多数生产线香和盘香的厂商所采用的都是现代化学工艺,主要使用化学合成香料(即化学香精),即使是规模较大的公司,其产品质量也是良莠不齐。最可靠的办法还是品味香气、试用之后再做选择。

后面是广告,推销自己生产的"天然香"如何如何好,当然,价格嘛……自然不菲!姜太公钓鱼,愿者上钩吧。

这些文字,拢拢总总一大堆,真真假假,似是而非,总之一句话——"天然香"香气比较好,所以值得你多花钱买来点。这样的推销文字给香料行业人士看了会笑死,试看几十年来全世界每年评出的"十大名牌香水"和各种世界名牌化妆品使用的香精有哪一个是全部用天然香料配制的?

其实,正规厂家生产的香料、香精不管是天然的还是化学合成的,在按规定使用的前提下对人体都是安全无害的,不正确或过量使用的时候,不管天然的还是合成的都存在同样的一系列问题,合成香料并不显得更加严重。

用符合法规的日用香料——不管是天然香料还是合成香料制作的燃香对人来说都是安全无害的,在过量使用即一次性大量焚烧燃香时后者反而更加安全一些,因为它们更加"纯净",我们对它们的成分了解得更加充分,更有底气。

本人并不反对推销"天然香",也不反对生产厂家利用"一切回归大自然"的呼声多赚些利润,只是反对"言过其实","哗众取宠"。消费者有权知道自己买到的商品是用什么材料生产制作的,有人喜欢用"全天然"的产品,可能出于"高档"、"时髦"等等想法,不一定全是为了"安全"、"健康",也可能出于对环境保护、生态友好等等方面的忧虑,单单从这一个角度来看,难道大量耗费宝贵的天然资源就值得大力提倡吗?!

生活在青藏高原上的藏族同胞,虽然人均香料资源比较匮乏,但是一千多年来在雪域的大地上,无论是寺庙、佛塔、山口、河岸,还是在平常百姓家,都从来没断过袅袅的香烟。藏民们早先也是用大量宝贵的香料例如沉香、檀香、丁香、木香、当归、肉桂、没药、甘香、菖蒲、甘松、长松萝、排草、豆蔻、乳香、安息香、冰片及红花等二十多种乃至百多种天然香料及药材合以金、银、珍珠粉等珍贵矿物制香。但现在,你要是到藏区去的话,会发现这些用极其贵重的香料制作的藏香其实主要是卖给游客的,藏民们并不使用。在寺庙、佛塔等处,你会看到藏民们熏燃的主要是村子里和周边到处可见可采的松树枝叶、艾蒿、柏叶等,这是他们响应各地活佛们的号召"尽量节省、不浪费天然资源"的结果。藏民们这种新风尚值得我们学习、仿效。

芳香疗法和芳香养生是现在人们比较喜欢、乐意参与的有益活动,这类活动使用的是精油,也就是天然的植物香料,虽然有大量的实验、科学的论证都可以确认完全用合成香料配制的"人造精油"其疗效、安全性都可以同天然精油媲美,但是在目前的科学技术水平、中国国情和"时代潮流"之下,我们认为还不宜提倡应用这种"人造精油"于芳香疗法和芳香养生中。有人把这种概念应用到燃香产品里,宣传天然香料、天然精油的"疗效",这是不可取的,须知燃香产品在使用的时候,内含的各种香料经过熏燃、高温处理过程,发生了很大的变化,香气的变化更大,例如价格高昂的保加利亚大马士革玫瑰花油由于香气好,有"动情感",普受欢迎,用于芳香疗法、芳香养生的"疗效"主要依托于其令人愉悦的香味,而把它加到燃香产品上,在熏燃时香气带焦味,并不令人愉悦,多闻几下有燥热感,不舒服,更不具备"动情感",还不如一般用合成香料配制的玫瑰香精好呢。你说用这么高贵的原材料作熏香品来烧掉,不就是烧钱吗?!

顺便谈一下"香道"活动,"香道"这个话题现在有争议,但大多数人倾向于传统的从中国的"香席"传到日本又从日本传回来的"香道",即"焚烧沉香"。不过这沉香又有两种——"天然沉香"和"人造沉香","天然沉香"即野生沉香,现在几乎没有资源了——据说每年整个东南亚地区可能只有几公斤是"真货"——笔者早在25年前就看到《南洋商报》一篇文章,题目是《找到一株沉香木欲穷几难》,可想而知那个时候"天然沉香"已经告罄,这十几年来沉香又炒的这么热,哪里还有什么野生的资源呢?所以市面上不管商人们如何信誓旦旦保证他的沉香"绝对是"野生的你都不要轻易相信。

谈到"人造沉香",有人一听说"人造",马上想起"化学合成",可这"人造沉香"竟然已经有了上千年历史了！那时候还没有"化学"和"化工"呢。原来我国早在宋代,广东的东莞地区已普遍"种植土沉香",成为当地的地方特产,故沉香又被称为"莞香"。古时香港属于东莞管辖,那时的香港也曾大量种植土沉香,然后制成琥珀状、半透明的香块,农民将其从陆地运到尖沙头,用舢舨运往石排湾,再转运至内地及东南亚,甚至远及阿拉伯等地。因运香贩香而闻名,石排湾这个港口便被国人称为"香港",即"香的港口","香港"的名称也就是这样来的。

所谓"种植土沉香"指的是白木沉香,即人工种植瑞香科白木香树,由于依靠自然的结香速度过于缓慢,所以人们研究加快结香的方法,就有了人为的砍伤、虫蛀、真菌感染或药物处理等方法,刺激它体内分泌树脂,经过不断的催化,就演变成为沉香。明代香料市场上已经有"穷人沉香"和"富人沉香"之分,因为穷人巴不得早一点"出香"赚钱,种植白木香五六年就开始挖洞处理,所以结出的沉香质量差,价格便宜;而富人可以等到树木长到直径七八寸(20厘米以上)才准备让它"结香",质量当然好得多,价格也要高出好几倍。

这种"人造沉香"或者用它提取的"人造沉香油"用来制作高级燃香质量还是相当不错的,目前还没有人能够全部用合成香料配制真正有沉香香气的香精出来,因为带有明显沉香香气的合成香料还在实验室里,合成的成本太高,所以还没有进入市场。加少量"人造沉香油"配制的"沉香香精"可以骗骗外行人,对制香的专家们是没有吸引力的。

至于玩"香道"的人士怎么评价"天然沉香"和"人造沉香",那是另外一回事了,他们想怎么玩就怎么玩,跟我们今天讨论的话题没有关系。

◎ 作者系厦门牡丹香化实业有限公司董事长兼总工程师、首席调香师。本文为作者在第二届"中国香文化高峰论坛"讲座的文稿。

芬芳记忆:永春香产业的文化观察

⟡ 李国宏

　　香文化的传承,是推动香产业发展的起点。香文化元素的融入,是撬动香产业提升的基点。香文化内涵的提炼,是启动香产业多元化的触发点。文化不是产业的点缀,更不是产业的附庸。文化是产业的基因,文化是产业的灵魂。

　　用文化的视野来审视永春香产业,那会是一种怎样的感觉呢?我觉得余光中先生题赠永春香文化研究会的一段富有诗意的话值得回味:"香始于嗅觉而通于文化,文化之芬芳赖美名以传,制香业者实功同蜜蜂,泽被人群。"[①]让每一炷香都萦绕故事,让每一件香制品都充满创意,这就是永春香产业转型升级的文化新观察。

古鼎时焚岛外香:蒲庆兰启事

　　提起永春香产业,自然离不开达埔"蒲家香业"。故事先从一份 1933 年的"蒲庆兰启事"讲起:

　　　　永春五里街室仔下第十七间蒲庆兰正记蒲树礼紧要启事:本号历数世经验,所制各色名香,实超闽南。近更几费苦心,精制研究一种无毒蚊香。推行以来,邦人士交相称许,有口皆碑,可见其灵验绝伦也。

---

　　① 余光中:《题赠永春香文化研究会》,2013 年 11 月 3 日,转载中国香都·永春达埔香业综合信息网。

诋人心不古,假冒本号商标,时有破获。此种不肖行为妨害营业以及信用,殊堪痛恨。爰特广为谨告,倘承赐顾,请亲临敝铺,或认明正记两字及肖像,免受欺骗,切切此布!①

这份民国期间永春香业的"打假启事"透露出丰富的香文化信息,"蒲庆兰"堪称永春香业最有历史文化价值的"驰名商标",而这其中传承的是蒲家"历经数世"的制香技艺及信用品质。启事的发布者蒲树礼是民国年间"蒲家香业"的领军人物,也是永春香产业史上久负盛名的制香大师。蒲树礼富有创新意识,潜心研究,研制出多种名优的永春香品。蒲树礼注重市场开拓,1907年在达埔镇汉口建立批发商铺,1930年在永春县城五里街开设"蒲庆兰香室",1935年在泉州伍堡街创办"庆兰堂"分店。蒲家香品畅销闽南、台湾、香港及东南亚等地,"庆兰香局"步入鼎盛时期。

说到"蒲家香业",不得不提的历史人物当属"擅蕃舶利者三十年"之蒲寿庚。宋元时期的泉州港不仅是海上丝绸之路的起点,也是最大的香料进口港,对于泉州港而言,"丝绸之路"也是"香料之路。"海外香料的进口及加工,对泉州社会经济的发展及生活习俗的变化有着重大的影响力。如降真香,"气劲而远,能辟邪气。泉人岁除,家无贫富,皆爇之如燔柴然,其直甚廉。以三佛齐(苏门答腊)者为上,以其气味清远也"。又如苏合香油,"番人多用于涂身,闽人患大风者亦效之。可合软香,及入医用"。②

为了探寻永春香文化的起源,林联勇、辜希凡两位永春文史学者爬梳史籍,钩沉掌故,考证永春人留从效对泉州港"香料之路"的历史贡献,将永春香文化与泉州海丝文化串联在一起。特别提到,后周显德六年(959年),留从效派遣别驾黄禹锡向周世宗进贡"龙脑香一千斤"。为此,周世宗颁诏褒奖留从效"奉名香而作贡"之举。③有趣的是,留从效与泉州蒲家有着密切的关系。当年,留从效重拓泉州城,"扩为仁风、通淮等门,教民间开通衢,构云

① 《蒲庆兰启事》,原载永春《崇道报》(民国二十二年五月二日),转载中国香都·永春达埔香业综合信息网。
② (宋)赵汝适:《诸蕃志》卷下《志物》,四库全书版。
③ 林联勇、辜希凡:《融合·嬗变·跨越——永春香历史文化漫说》,转载中国香都·永春达埔香业综合信息网。

屋。间有土田不尽垦者,悉令耕种储税,岁丰听买卖,平市价。陶器铜铁,泛于番国,取金币而还,民甚称便"。① 为了拓展泉州港的海外贸易,留从效还派遣泉州蒲有良驻扎占城(越南),担任西洋转运使。清代《西山杂记》记载:"盖自五代留从效使蒲华子蒲有良之占城,司西洋转运使,波斯人咸喜蒲为号矣。故自宋元以来,泉郡之蒲氏名于天南也。"②这条文献还记录了泉州通判蒲宗闵出使渤泥,卒于任上,其子蒲应(随父迁居渤泥)、蒲甲(司占城西洋转运使)于景定五年(1264年)为之修坟立碑。这方宋代古墓碑在文莱国被发现,《泉州文史》第9期发表了德国学者傅吾康的研究报告,这说明《西山杂记》关于"留从效派蒲有良司占城西洋转运使"的记载并非空穴来风。关于"蒲寿庚先祖来自占城"的说法,或许与"蒲有良司占城西洋转运使"的历史有着某种关系。

林联勇、辜希凡曾进行田野调查,厘清了永春蒲庆兰香局的发展史,发现诸多见证"蒲家香业"的珍贵文献及实物,据其披露:"蒲树礼之子蒲其木远渡越南开设分店,为国内蒲庆兰香室总店提供第一手的香料原材。"③看来,占城与"蒲家香业"渊源颇深。宋代以来,占城即是泉州主要的香料进口地。宋代,占城国"官监民入山斫香输官,谓之身丁香,如中国身丁盐税之类,纳足听民贸易"。④ 元代,占城人有以龙脑香、麝香"合油涂体"之习俗。⑤明初,占城国特产茄南香被作为贡品输往中国。⑥ 一缕蒲香,弥漫着异域芬芳,随着"香料之路"飘到闽南。历经"蒲庆兰香局"精心研制,沿着"丝绸之路"远销南洋。永春香文化承载着中西文化交流的历史记忆,"朝来飞入花深处,露滴金衣点点香"。

---

① 《清源留氏族谱·宋太师鄂国公传》,转引庄为玑《海上集》,厦门大学出版社,1996年,第178~179页。

② (清)蔡永兼:《西山杂记》卷一《蒲厝》,转引庄为玑《海上集》,第274~275页。

③ 林联勇、辜希凡:《一缕蒲香满桃源》,转载中国香都·永春达埔香业综合信息网。

④ (宋)赵汝适:《诸蕃志》卷上《占城国》,四库全书版。

⑤ (元)王大渊:《岛夷志略·占城》,四库全书版。

⑥ (明)巩珍:《西洋番国志·占城》,四库全书存目版。

乾坤清气入诗香:郭居敬《百香诗选》

文化与产业的融合,必须找准切入点,让文化成为产品的内涵,让每一柱永春香都有故事,萦绕文化气息。永春香文化的切入点,或许可以在郭居敬的《百香诗选》中寻获。万历版《大田县志》记载:

> 郭居敬,字仪祖,四十五都人,博学好吟咏,不尚富丽,与仲兄仲实俱以诗名。性至孝,事亲左右承顺,得其欢心。既没,哀有过而与礼称。尝摭虞舜而下二十四人孝行之概,序而诗之,用训童蒙。时虞集、欧阳玄诸公欲荐之,牢让不起。所著有《百香诗》,行于世。见郡志。①

郭居敬,元代延平府尤溪县广平村人,嘉靖版《延平府志》有传。嘉靖十四年(1535年),割尤溪县一十四都改隶新设立的大田县,故《大田县志》亦为之立传。清初,永春升格为直隶州,下辖德化、大田,"郭居敬"与永春州又有了一段渊源,乾隆版《永春州志》著录郭居敬著述《百香诗集》。②

郭居敬作《二十四孝诗》,在明清时期配以图画,长期作为童蒙读本,使得郭居敬成为家喻户晓的历史人物。而我们关注的是他的另外一部代表作《百香诗集》。根据北京大学中文系副教授杨铸介绍,郭居敬《百香诗集》在国内已经失传,现仅在日本京都龙谷大学图书馆发现一部明代抄本,题为《新编郭居敬百香诗选》。抄本共一卷,前有元代至治三年(1323年)尤恪慎《百香诗序》一篇,后有蔡文卿、卢可及、黄文仲题诗各一首。全卷抄录咏物诗一百零一首,其中,第八十首与第八十一首,同以《春晚》为题,故实际吟咏

---

① (明)刘维栋修:《大田县志》卷二十《孝义》,日本国会图书馆藏万历刊本。

② 乾隆版《永春州志》卷三十三《艺文》。按,《永春州志》卷二十七下《艺术》采录《延平府志》资料为郭居敬立传,但是,误将郭居敬列为"明朝人",故《艺文》亦误将《百香诗集》列为"明人著述"。其实,万历版《大田县志》为郭居敬立传时,排列在正德年间任处州卫经历的"田濡"之后,如果未加详查,即有可能误认郭居敬是明朝人。

对象为一百种,诗歌均为七言绝句,每首结句韵脚皆押"香"字,故称《百香诗选》。①

郭居敬《百香诗选》,取琴棋书画、笔墨纸砚、春夏秋冬、渔樵耕读、茶酒诗曲、花卉草木、风花雪月等为题,结语皆归于"香"字,别具一格,芬芳扑鼻。《百香诗序》称:"开卷圭复,语圆而意活,字俊而句清,馨香满室,亹亹逼人,如游栴檀国而登广寒宫也。"②下面,摘录几首诗作,与大家一起来欣赏郭居敬的"香诗雅韵":

《琴》:高山影里希音远,流水声中古调长。可惜世无钟子期,焦桐空带爨烟香。

《棋》:柳荫深深日正长,不知谁向静中茫。几回落子晴窗午,吟梦惊回春草香。

《书》:退笔成堆可冢藏,半生辛苦学钟王。君看窗外寒池水,暖日浓薰气墨香。

《画》:流水无声空浩渺,远山有色甚微茫。豪端别有春风处,倚竹梅花带月香。

《春宵》:瑶台深处引壶觞,一刻千金玉漏长。醉倚东风眠未得,满庭明月浸花香。

《初夏》:深院沉沉午漏长,画栏西畔看鸳鸯。小池水满薰风细,已有新荷一叶香。

《秋月》:半痕淡月弄清光,几信微风合嫩凉。菊圃未开三径艳,桂林先放一枝香。

《冬夜》:读遍南华夜更长,竹炉火暖酒如汤。一时诗思清人骨,窗外梅花浸月香。③

---

① 杨铸:《日本抄本郭居敬〈百香诗选〉》,刊载《中国典籍与文化》,2007年第1期(总第60期)。而最早发现《百香诗选》抄本的学者是日本京都大学教授金文京,1999年,金文京在京都龙谷大学图书馆发现郭居敬《百香诗选》抄本,并根据抄写的字体判断,定为日本室町时代(1338—1573年)抄本。随后,金文京撰写《日本龙谷大学藏元郭居敬撰〈百香诗选〉等四种百咏诗简考》,在台湾大学举办的学术会议上宣读,并收录于2002年出版的《日本汉学初探》论文集中。

② (元)郭居敬:《百香诗选》卷首尤恪慎《百香诗序》,日本京都龙谷大学图书馆藏抄本。

③ (元)郭居敬:《百香诗选》,日本京都龙谷大学图书馆藏抄本。

《百香诗选》可谓中国香文化的一颗奇葩,且郭居敬与永春州又有历史渊源。提炼郭居敬《百香诗选》的艺术元素与文化形象,融入永春香制品的形态、功效、文宣、包装等领域,必将凸显永春香品独特的文化特色,实现让每一柱永春香都有故事的文创效果。

莫道香魂无觅处:周嘉胄《香乘》

文化不能流于仅是产品的点缀,而应该成为产品的内涵。博大精深的中国香文化所蕴涵的丰富的养身、怡神、香疗、医用价值更应引起香产业界的重视。如何在借鉴传统的基础上,研发生态环保、健身药疗的新产品,更是实现香产业多元化的重要途径。创新很重要,懂得如何创新更重要。到哪里寻找创新的"触发点"呢?建议永春香产业研发者读一读被誉为"谈香事者固莫详备于斯"的明代香学巨著——周嘉胄《香乘》。先来看四库全书总纂纪晓岚对《香乘》的评价:

> 《香乘》二十八卷,明周嘉胄撰。嘉胄,字江左,扬州人。此书初纂于万历戊午年(1618年),止一十三卷,李维桢为序。后自病其疏略,续辑为二十八卷,以崇祯辛巳(1641年)刊成……采摭极为繁复。考南宋以来,有洪刍、叶廷珪诸家之谱,今或传,或不传。其传者,亦篇帙寥寥。故周紫芝《太仓稊米集》称,所征香事,多在洪谱之外。嘉胄此编,殚二十余年之力。凡香名品故实,以及修合赏鉴诸法,无不旁征博引,一一具有始末。自有《香谱》以来,惟陈振孙《书录解题》载有《香严三昧》十卷,篇帙最富。嘉胄此集,乃几于三倍之,谈香事者固莫详备于斯矣。[①]

周嘉胄,字江左,斋名"鼎足",江苏扬州人,生于明代万历十年(1582年)。顺治间,寓居江宁(南京)。[②] 白云先生张怡称其"鉴古、工书",精通书画装裱技艺,著述《装潢志》。顺治十四年(1657年),周嘉胄时年七十六,与

---

① (明)周嘉胄:《香乘》卷首提要,四库全书版。
② 谢巍编著:《中国画学著作考录》,上海书画出版社,1998年,第433页。

胡节轩、盛胤昌合称"金陵三老"。子周遇,传其术,有"奇士"之称。①

周嘉胄嗜香成癖,感叹"香之为用,大矣哉。通天集灵,祀先供圣。礼佛藉以导诚,祈仙因之升举。至返魂、祛疫、辟邪、飞气,功可回天。殊珍异物,累累征奇,岂惟幽窗破寂,绣阁助欢已耶?"②

为此,周嘉胄积三十年之功,编著《香乘》二十八卷,汇集明代以前香文化史料,涉及香药、香品、香方、香疗、香具、诗文、典故等内容,被誉为中国香学之集大成者。

纪晓岚据周嘉胄前序,将《香乘》刊刻时间定为崇祯十四年。实际上,《香乘》篇末有周嘉胄后序,自称:"辛巳岁,诸公助刻此书,工过半矣。时余存友海上归,则梓人尽毙于疫。板寄他所,复遭祝融(火灾),成毁数奇,可胜叹息。癸未秋,欲营数椽,苦资不给……乃决意移赀剞劂。因叹时贤著述,朝成暮梓,木与稿随。余兹纂历壮逾衰,岁月载更,梨枣重灾,何难易殊人太甚耶?"③可见,《香乘》的出版历经周折,最终刊刻于崇祯十六年(1643年)。周嘉胄在费用拮据之际,把修房子的钱全部用于《香乘》的出版,真是用心良苦,"一点春心日日忙,满庭风露梦魂香"。

当前永春香产业正在经历从低端向中高端的转型升级,需要从研发、生产、文宣、销售全方位实现突破,然而,"突破口"在哪里呢？或许就在周嘉胄的《香乘》里。

其一,产业界与学术界联手组建"周嘉胄《香乘》研究中心",聘请国内外香学专家、制香大师围绕中国香文化源流、中西香文化交流、传统香方开发利用、香疗与香道、现代香制品包装与营销等领域,开展专题研究,举办国际性学术报告会,让学术成果的社会效益与经济效益实现完美结合。通过构建高端的中国香学研究平台,引领香文化品鉴潮流,带动香产业的多元化升级转型,不断为"中国香都"注入新的源泉,激活新的能量。创新需要开阔的视野,也需要全新的思维。周嘉胄《香乘》是一份属于公众的宝贵文化遗产,

① (清)金鳌:《金陵待征录》卷六《志人·周嘉胄》,南京稀见文献丛刊本,南京出版社,2009年,第117页。
② 周嘉胄:《香乘自序》,四库全书版。
③ 周嘉胄:《香乘后序》,四库全书版。

谁能抓住先机，用好它、用活它，谁就能在激烈的产业化竞争中赢得发展的机遇。

其二，当下香产业在繁荣的背后，也有暗流在涌动。入行门槛不高，在利润的驱使下，小作坊遍地开花，看似红红火火，其实是危机四伏。重复投资、产能过剩、产品同质化严重、恶性竞争、创新乏力……一旦积重难返，泡沫破碎，市场洗牌，缺乏技术含量及品牌效益的企业将遭到无情的淘汰。如何跳出同质化的陷阱，化危机为转机呢？这就要求企业必须通过技术与产品的创新，成为行业的"领跑者"，而非"跟风者"。周嘉胄《香乘》最大的价值就在于它汇集大量在实践中运用有效的制香配方，当下的关键在于如何通过研发，实现传统优秀配方与现代化生产模式的兼容与创新。从"古方"中找到"新意"，真正做到推陈出新。"呦呦鹿鸣，食野之蒿"。屠呦呦不正是从不起眼的"青蒿"入手，汲取中医古方的精华，通过不懈的科研攻关，从而获得"诺贝尔奖"吗？

"金炉犹暖麝煤残，惜香更把宝钗翻。重闻处，余熏在，这一番气味胜从前。"吟诵苏东坡的《翻香令》，祝愿永春香产业与香文化完美融合，实现"这一番气味胜从前"的芬芳愿景。

◎ 作者系石狮市博物馆馆长，副研究员。本文为作者在第二届"中国香文化高峰论坛"讲座文稿。

永春香:千年传承与转型发展

◇ 辜希凡　林联勇

永春香既有千年来中华香文化的传承和浸淫,又有中东阿拉伯蒲氏后裔制香技术的传入和发展,香文化底蕴尤为丰厚,这是祖先留给我们的宝贵的非物质文化遗产。但长期以来,永春香业囿于小农经济意识,发展缓慢。近年来,永春县委、县政府看准了这一古老而新生的产业发展潜力巨大,果断决策,提出"整合、挖掘、拓展、提升、规范"的新发展思路,把香产业打造成为百亿元产值的产业集群,使永春从"中国四大制香基地"中脱颖而出,成为名副其实的"中国香都"。

一、从中原香习入永到"海上丝绸之路"的传承

中国香文化历史悠久,其发展可概括为:肇始于春秋战国,滋长于秦汉两朝,完备于隋唐五代,鼎盛于宋元明清。近现代以来,中华民族命运多舛,香文化的发展也受到了巨大的阻抑,渐渐被局限在庙宇神坛之中,以至当今有很多人将香视为宗教文化之一隅,甚而归入封建迷信的范畴,实为时代之遗憾。永春香文化发展历史,也大体跟中华香文化发展历史一致。最突出的一点是,它是中原文明与海洋文明相融合的产物,至今已有千年的历史。

(一)中原文明的传承,使永春有着千年香文化历史

在魏晋南北朝时期,中原长期战乱不断,大量士族南奔,史称"衣冠南渡"。众多中原人进入相对安宁的福建,其中一部分人沿着晋江水往上游桃

溪逐渐发展。在永春城南牛头寨出土的东晋墓砖上便印有"太元十五年"（390 年）字样。隋开皇九年（589 年），隋灭陈，陈后主叔宝之子陈镜台率亲族和部属南奔，到永春蓬壶、石鼓一带定居。

这一历史时期，中原香文化在战乱中仍获得了较大发展，薰香在上层社会更为普遍；同时，道教、佛教兴盛，两家都提倡用香。陈后主叔宝在其宫体诗《舞媚娘》就有云："转身移珮响，牵袖起衣香。"《乌栖曲》云："合欢襦熏百和香。"这时期的永春虽然僻处闽南一隅，草莱初辟，但可以想见，随着一批批中原垦荒者的到来，中原文明包括香文化也随之传入这里，掀开了永春香文化历史的第一页。

隋朝末年，僧思慧在魁星山麓的上场（现石鼓镇桃场村）建恩惠院（后改称灵感寺），这是永春最早的寺庙。唐代，永春佛教进入一个兴盛时期。根据《八闽通志》的记载，永春肇建于唐的寺庙有云峰寺、太平寺、白云寺、云居寺、惠明寺、白马寺、延寿寺、西峰寺、山居寺、兴善寺等。至于五代时期佛教的兴盛，南宋绍兴年间永春县令黄瑀在《惠明寺记》中说："五季迭兴，偏方离析，全闽之地，王氏得而有之。干戈相寻，略不休息。将佐晚年，悔于屠戮，争建祠宇，尽刈膏腴，求为福田。僧徒日炽，甲于天下。"永春不少著名寺庙如魁星岩、普济寺即肇建于五代。从隋唐开始，几乎所有的佛事活动都要用香，不仅敬佛供佛时要上香，而且在高僧登台说法之前也要焚香。佛教的兴盛，也推动了香在永春的广泛使用。

（二）永春人留从效对"海上香料之路"的伟大贡献

唐代，泉州港就成为中国对外贸易的四大港口之一，是海上丝绸之路的一个重要起点，出现"涨潮声中万国商"的辉煌景象。来到泉州的外国人有使臣、商人和传教士，带来大量香料，因此海上丝绸之路也被称为"海上香料之路"。

五代时，永春人留从效任清源军节度使、泉南等州观察使，累授同平章事兼侍中、中书令，封鄂国公、晋江王。他割据泉州、漳州近 20 年，是当时整个闽南地区的最高统治者。他十分重视海外交通贸易，在泉州城内"开通衢，构云屋"，以"招徕海上蛮夷商贾"；蠲除各种苛捐杂税，允许自由贸易。当时，从泉州运往东南亚、阿拉伯和非洲东部等地的货物有陶瓷器、铜铁器

等手工业品,从海外运回的有象牙、犀角、玳瑁、明珠、沉香、樟脑等货物。泉州城内货物充盈,商业繁盛,号称"云屋万家,楼雉数里"。

据《宋史·漳泉留氏》记载,后周显德六年(959年),留从效"遣别驾黄禹锡间道奉表,以獬豸通犀带、龙脑香数十斤为贡,世宗锡诏书嘉纳之"。《清源留氏族谱》收录了周世宗颁给留从效的敕书:"所进白龙脑香一千斤具悉。卿化行一境,名冠群雄……驰单使以爰来,奉名香而作贡。"依族谱所记,留从效进贡的龙脑香为一千斤而非史书记载的数十斤,由此亦可见当时泉州港进口香料数量之多。

宋代泉州成为对外贸易巨港,留从效实为开创者。他为"海上香料之路"的繁盛所做的历史贡献不可磨灭。

(三)历代文人雅士对香的喜爱和使用

从宋代开始,中国香文化进入发展的鼎盛时期。两宋正是永春人文最为兴盛的时期,涌现出柯述、蔡兹、陈知柔、留正、庄夏、王西机等名贤。在他们身上,少不了与香有关的风流雅事。

北宋元祐、元符年间,柯述两次担任福州知州,曾登福州乌山神光寺,在崖壁题镌"天香台"三字。前面提到的北宋末年担任永春县令的江公望,在永春建多暇亭,并赋诗云:"邑古人烟少,身闲体力便。看书新棐几,兀坐旧青毡。树密深移影,炉寒细袅烟。何须赋归去,斗酒且穷年。"描写他在永春多有闲暇,静坐读书的情景,细品诗之意境,其中所云"炉"当为香炉无疑。南宋初,担任广东南恩州知州的蔡兹辞官归隐永春达埔,自题其书室为"燕堂",并题诗有句云:"一世简编贻后叶,百年香火奉先心。"陈知柔(号休斋)曾任循州、贺州知州,后辞官归隐,悠游于寺宇之间,泉州知州王十朋《赠陈休斋》诗有句云:"真人奉香火,萧寺含悲辛。"陈知柔与著名理学家朱熹为莫逆之交,"昼则联车,夜则对榻"。南宋淳熙十一年(1184年)陈知柔去世,朱熹致文哀悼,"谨以香、茶、酒、果,奠于休斋先生冲佑参议陈公之灵"。王西机是南宋嘉定十六年(1223年)的省元(会元)、进士,曾任太学博士、广东惠州通判,他于年轻时在锦斗乌髻岩读书,赋《肄业寺中》诗云:"书余杖策入沙门,几缕炉烟香染巾。"所写虽为佛寺之香,但因沾了士子的书香之气,也变得高雅起来。南宋丞相留正,是留从效六世孙,其子留端,任龙图阁直学士、正奉大夫。留端在为自己家族《清源留氏族谱》所作的序中,有"焚香涤颖,于是乎书"之语。

延至明清,香风不绝,香炉已是许多文人在生活中固定的书斋陈设。读书时伴随着香烟袅袅,也是明清文人的风雅形象。黄光升(号葵峰)是永春县儒林里人,明嘉靖八年(1529年)进士,"授长兴县,升刑科给事,历官湖广川贵总制,两任尚书,有廉声"(清乾隆二十二年《永春州志》)。南京刑部尚书陈道基为其题写堂联曰:"居守上世之敝庐,文靖厅旋马;动遵先民之遗矩,清献夜焚香。"其中"清献夜焚香"用的是北宋名臣赵抃(谥清献)"昼有所为,夜必焚香告天,不敢告者不敢为也"的典故。此联既是用典,也是写实。明代士大夫的书室雅斋大多讲究闲适淡雅,往往借助焚香以助明心见性,黄光升亦不例外。朱梧《上葵峰黄尚书二十韵》就提到"馨香余菌桂,著作满琼瑶"。黄光升晚年隐居晋江,"屏绝纷嚣,日惟焚香著书,仡仡终其身弗懈云"(明黄文简《尚书赠太子少保黄恭肃公行状》)。

此外,生活于明末清初的苏坑人张翼储,"生平耽书晤理,数奇弗遇,备经阅历,故老年退处幽居,磕不断茶,炉不断烟,谈今说古,皆有麈尾之风,交游赠答,坐花醉月,往往形诸吟咏"(《桃源魁奕张氏族谱》)。生活于清初的蓬壶高丽人林景主,"少知书,长好礼……晚年优游邱壑,净几茗香自恬,恍若逸世遗民也"(《桃源丽山林氏族谱》)。生活于清后期的达埔人潘世琴,同治十一年(1872年)考取选拔生,入福州鳌峰书院学习,后在达埔岩峰书院教书,"寅更起读,丙夜删文,朔望则焚香弹琴,晴和则濡毫临帖"(《桃源潘氏族谱》)。吾峰枣岭村人林宅京,光绪七年(1881年)考取永春州庠生,"日执古书一卷,焚香默坐,玩味沉吟,与古人晤对于无言,不觉消世虑于何有之乡矣"(《藻岭林氏家谱》)。

在明代一些永春文人墓中,出土了瓷制的香炉、香插,反映出其生前嗜香的趣味。现在永春民间保存有大量制作于清、民国时期的青花瓷"书童盘",又称"状元盘",或产自永春窑,或产自德化窑。盘中大多绘一书生斜倚书堆,旁有一案桌,案桌上有一香炉,香烟袅袅上升,另有题字,或曰"晨兴半炷名香",或曰"志在书中"。其中"晨兴半炷名香"一语出自北宋大文豪苏东坡的《赏心十六事》。"书童盘"巧妙表现了书与香的融合,为永春知识分子所广泛喜爱和珍藏,可以说最为真切地反映了永春文人与香的密切关系。

文人喜用香,对于奉祀"万世师表"孔圣人的文庙(也称圣庙),当然就更离不开香了。明弘治七年(1494年)永春文庙重修,"改制神案及香炉各十有五"(明蔡清《永春学庙记》)。现在永春文庙内仍保存着一方清乾隆三年(1738年)的《捐置文庙香灯碑记》,提到"文庙香灯之设,原有旧制",士绅尤锡兰又捐田租以"增广香灯之费"。清乾隆二十二年《永春州志》记载当时所征田赋中有一项是"圣庙香灯银二两五钱二分"。对于被奉为"朱子"的朱熹,也是一样。南宋绍兴二十五年(1155年),朱熹曾夜宿永春大剧铺(现吾峰镇吾中村),赋《宿大剧铺》诗,明清时期这里成为学子骚客的慕游之地,清初文人陈龙翔凭吊之余赋诗《小尖山怀古》,有句云:"大尖山,小尖山,霜风括括晓日寒。先生遗迹今未泯,古驿焚香陈幽兰。"反映了永春文人对先哲的追思。

另外值得一提的有,清康熙年间武进士孙士澜(永春华岩人),曾任温州镇标游击、宁波参将。他"工书能属文",由于开始时科第不顺,遂弃文就武。他"状魁伟,膂力过人,夜燃香百步外,注矢射之,无虚发,众惊为神"。香在这里得到了妙用。

(四)香在宗教文化中的兴盛

五代开始,诗词和史志中可以不断地发现永春佛寺和僧人用香的记载。五代初,曾流寓永春的著名诗人韩偓题《赠僧》诗,有句云:"三接旧承前席遇,一灵今用戒香熏。"北宋初年,曾会(晋江人,赠太师中书令兼尚书令,封楚国公)游永春香积寺,留题诗句云:"寒岩路僻凭僧指,古篆香残待客添。"永春僧人真觉大师(俗姓陈,名志添),于北宋元祐元年(1086年)奉陈太后懿旨,入皇宫为遂宁王(即后来的宋徽宗赵佶)祝寿,获赐衲袈裟、金环、绦钩,并得哲宗御书"天下名山福地,永远居住",著名诗人黄庭坚赠其诗云:"蒲团木榻付禅翁,茶鼎薰炉与客同。万户参差写明月,一家寥落共清风。"烹茶、品香,写出了文人与禅僧共同的雅趣。北宋建中靖国元年(1101年),永春僧人陈普足(即清水祖师)在安溪清水岩圆寂,其徒"杨道落发为僧,奉承香火,信施不绝"(宋政和三年安溪县令陈浩然撰《清水祖师本传》)。相传清水祖师在圆寂前曾指阆苑山说数十年后会现身于此,到南宋绍兴四年(1134年),"雷火烧山,自夜达旦,乡人异之,跻攀崖险,至石门人迹所不至处,见白菊一丛,姜一丛,香炉一,普足见于石门,俄云雾拥之而上"(明嘉靖《安溪县志》)。在清水祖师的家乡——永春县岵山镇铺上村,有一座南山庵(又称寿峰庵),原先保存有一座雕琢精美的莲花式石香炉,由陈真祐刻于南宋咸淳六年(1270 元),上有铭文"山中之石,质坚不朽,琢为博山,寿峰齐久"等语。明成化年间,名僧文峰住持蓬壶普济寺,"就荒基募缘拓新之,祝圣有殿,栖禅有室,香积有厨(注:香积厨为佛寺斋堂),放生有池"(明颜廷榘《重修普济院记》)。在蓬壶镇仙洞山,有一方由僧人镌于明成化二十三年(1487 年)的"蓬壶胜概"崖刻,并附刻诗句,内有"胜境千年在,香烟万古存"之句。在桃城镇白马寺,在一方清康熙年间由永春县令郑功勋撰写的《重兴白马寺记》,称该寺"历宋至明,香火勿替"。在县城桃源殿,有一方清同治十一年(1872 年)的《桃源殿碑》,谓"自古有庙宇必有香火可以崇祀神佛"。在吾峰镇天马岩,有一方镌立于清光绪二十四年(1898 年)的《重建天马岩序》碑说,该岩"自皇明建造以来,至今几百余岁矣。梵宇云栖,佛堂灯朗,远都人士莫不趋拜焚香"。

近代高僧弘一法师也与永春神香结下不解之缘。对于香,弘一法师有独到的见解。他于 1933 年 5 月在厦门万寿岩讲演说:"敬佛略举常人所应注意者数条:……佛几清洁,供香端直,供佛之物,以烹调精美人所能食者为宜。"1939 年 2 月在泉州光明寺讲演说:"供佛之香,须择上等有香气者。"1939 年 4 月至 1940 年 11 月,弘一法师在永春普济寺闭门静修长达一年半,每日相伴他的就是一缕香烟。他在永春潜心编纂律宗著述,有《南山律在家备览略编》等,其中便多次提到了香,如引事钞云清信女人入寺"必须摄心整容、随人教令、依次持香、一心供养",又说"此即作熏、犹如烧香熏诸秽气也","此无作熏、犹如香尽余气常存也"。由于求写书法的人太多,1940 年 2 月弘一法师在给性常法师的信中说:"凡十二月廿七日以后交来登记者,皆须俟明年夏季放香时再写。"禅林僧众整日坐禅,每次以一炷香为度,谓之"坐香",休息时谓之"放香"。

从上述"香火"、"香炉"、"香烟"等即可见佛家与香的紧密联系。在不少时候,一个"香"字,几乎就是"佛"的代称。除上面提到的香积寺外,永春历史上以"香"为名的寺宇还有妙香堂、香岭岩等。明万历年间进士陈绍功(晋江人)游永春高丽山道场岩,有诗云"曹溪香远留神瀵,庾岭花疏绽古梅"之

句,即以"香"比喻道场岩佛法可远溯曹溪宗。在五里街镇吾东村的湖安岩,可以看到斑驳的门壁上有漆描的"香国"二字。永春人进行佛事活动,俗称"进香"。民国年间,民军和地方政府均在永春设"香楮局",开征"香楮捐"(有的直接称为"香捐"),以"香楮"或"香"代指佛事用品和活动,可见当时进香之盛。供佛的资费,常称"香灯之资"或"香资"。神佛信仰向外传播,则俗称"分香"、"割香"或"分炉"。

(五)香文化深入永春民间

香之使用者,其实更多的是普通民众。祭祀祖先、祈神祷福,都离不开香。正如民间旧联云"香烟缭绕通九界",三枝清香,意味着与上天和先祖神灵的沟通。

生活于明末清初的横口乡福鼎人郭所止,"朴诚守礼,居家晨昏必献香茗于祖先";清代国学生郭和西,"为人知尊祖敬宗,念岑楼始祖祠朔望年节而外,炉冷灯暗,香烛无资,乃拨自己田租一千余斛充入祠内,付守祠人收管,令其焚香燃烛,全年朝夕永远无闲"(《福鼎郭氏族谱》)。民国《永春县志》卷二十二"孝友传"记载了清代四位永春人对父母孝顺、对兄弟友爱的事迹,皆有"焚香"的情节:林世煐,蓬壶人,清顺治间武生,"母疾危,刲股肉疗之,并焚香祝天,愿减算以延母寿,疾竟瘳,人以为孝感所致云";陈劝和,东关人,"兄患痢月余,百药罔效,祷于神不应,医皆束手,劝忧之甚,乃夜焚香告天,请以身代兄死,而自刲左股二寸许和药进之,兄果愈,时年才成童耳";周世延,前溪人,"父病,汤药不入,世延时年十九,中夜焚香吁天,割股以进,父……旋愈";林仰斗,蓬壶人,"父疾笃,焚香吁天,愿减算以益之"。在县城桃源殿,有一方清光绪二十六年(1900年)的碑刻,立碑人林振声(监生)为叩谢玄武大帝,"充出金番银六十大员,敢劳僧得禄取去建田产,日夜香灼(烛)供奉大帝殿前,保佑声合家平安,男女康临,老安少怀,生理兴隆"。

在古代,祈晴祷雨,官府和民间都要参与,同样离不开香。清乾隆二十二年《永春州志》记载当时所征田赋中就有"祈晴祷雨香烛银一两二钱"。乾隆年间永春知州杜昌丁的《祷龙窟潭得雨》诗说:"万户焚香共秉诚,济时激起蛰龙惊。"描写了众多百姓共同拈香拜神祷雨的宏大场面。

永春之香,历史文化传承千余年,蕴含有宫观寺宇的庄严神秘,有善男信女的虔诚顶礼，有文人雅士的高尚情趣，有普通民众的世俗诚朴，飘逸着来自遥远的海上香料之路的遗风，寄托着海外游子浓郁的乡愁。一缕香魂，缥缈不绝。

二、从蒲氏制香世袭到汉口制香专业村的形成

永春的制香工艺，源于蒲氏。永春蒲氏香业，又源于千年前"海上丝绸之路"（"香料之路"）的繁盛。从蒲氏香业入永到汉口制香专业村的形成，经历了300多年的发展历史。

（一）蒲氏垄断泉州香料海外贸易

宋元时期，泉州刺桐港成为"东方第一大港"，与埃及亚历山大港齐名，成为"海上丝绸之路"（"香料之路"）的启锚地。北宋元祐二年（1087年）十月，朝廷在泉州增置市舶司，此后泉州对外贸易不断发展，直至成为东方第一大港。中外海商经泉州港输入的舶货主要有香料、药物、宝货、纺织品、皮货和杂物等，其中香料占有相当大的比重，数量有时多得惊人。北宋绍圣二年（1095年），永春县令江公望在《多暇亭记》中就形象地描绘了泉州港舶辐辏、宝货如山的繁荣景象："海船通他国，风顺便，食息行数百里，珍珠玳瑁、犀象齿角、丹砂水银、沉檀等香，稀奇难得之宝，其至如委。巨贾大贾，摩肩接足相刃于道。"

宋元时期福建各州县均设立"香行"、"香铺"。南宋泉州市舶司提举赵汝适在《诸蕃志》一书中记载了海外进口香料对泉州民俗的影响，如苏合香油，产自大食国（阿拉伯），"蕃人多用以涂身，闽人患大风者亦仿之"。又载泉州人用麝香木为器用，降真香能避邪气，"泉人岁除，家无贫富，皆爇之如燔柴"，说明泉俗除夕之夜烧降真香避邪已很普遍。

宋末元初，蒲寿庚"提举泉州舶司，擅蕃舶利者三十年"（宋史·瀛国公本纪）。蒲寿庚的先世系阿拉伯穆斯林，因进行海上贸易，寓居占城（今越南中南部），后移居广州。南宋中后期，其父亲蒲开宗举家迁移泉州。蒲开宗去世后，蒲寿庚继承父业，从事以运贩大宗香料为主的海外贸易。其初，蒲氏家族曾一度中落，经蒲寿庚的精心经营后，迅速振兴，走向鼎盛。

蒲寿庚家族拥有大量海舶,垄断泉州香料海外贸易近 30 年,"以善贾往来海上,致产巨万,家僮数千"。1974 年,在泉州后渚港发掘出一艘南宋远洋货船,载重量 200 多吨,船上香料遗存丰富,有降真香、檀香、沉香、乳香、龙涎香、胡椒等。古船发现者、厦门大学历史系教授庄为玑先生曾几次来永春蒲庆兰香室寻访和探究,认为这艘古船很可能就是蒲氏家族的香料船,与蒲家香业有密切的联系。

由于拥有雄厚的海上实力,蒲家在宋末和元朝前中期显赫一时。蒲寿庚生三子:长子蒲师文,次子蒲师斯,三子蒲均文。蒲师文曾兼任提举福建道市舶,官福建平海行中书省。蒲师斯之子蒲崇谟,官至行省平章政事。元朝末年,泉州陷入长达十年的亦思巴奚兵乱,蒲氏家族也不可避免地被波及。蒲崇谟次子蒲本初,出生仅数月,由仆人抱着逃匿晋江东石古榕杨氏母家,换姓为杨,在明初洪武年间考取进士。数代后复姓为蒲。

(二)蒲氏后裔带来永春制香业

延至明清鼎革之际,闽南沿海大乱。清顺治三年(1646 年),蒲本初的后代蒲世茂(号瑞寰),由晋江东石迁居永春卓埔后溪寨(现达埔镇汉口村),建古榕堂,成为永春蒲氏开基祖。随着蒲氏入永,蒲氏家族的传统产业——香业也随之入永,只是经营香料已变成制作和贩卖神香。蒲世茂三子蒲侯平,"温和宽厚,恭以处之,其后继志述事,恢宏大业"(见《龙溪蒲氏支谱》)。蒲侯平传子蒲世恩,蒲世恩传子蒲立进,蒲立进传子蒲斯得,蒲斯得传子蒲德海,香业在蒲家累世传承不辍。至蒲德海之子蒲华茂、孙蒲树礼,蒲氏香业出现了一个鼎盛时期。

蒲华茂(1838—1888),讳衍暄,字诗日,传承祖业,生产制造天然篾香。他在盛年之际(大约公元 1868 年),于汉口村后溪寨古榕堂东侧创建"庆兰堂"香厂,从此开始了"蒲庆兰"品牌发展的传奇历程。

清光绪十四年(1888 年),蒲华茂去世,其遗孀潘氏祛娘辛苦操持,支撑家业,携儿子继续"营建庆兰堂生理,名驰于外郡,及已置厝屋产园数,以为谋生之计"。与陶瓷业相似,在制香之前,需先将原始香料舂成香粉,以当时的生产条件,需借助水车舂碓之力,所以当时蒲家所置产业就包括了"潮口水车外香碓一所"、"神潮湾水车碓全座"(见清光绪三十三年蒲家阄书)。

蒲华茂与潘氏育有四子：克杏、克棉、克檀（字树礼）、克枫，分为宽、裕、温、柔四房。其中宽房蒲克杏迁往晋江吴坡田墘乡开设"庆兰堂"香料铺（后随着蒲克杏去世而停业），裕房蒲克棉、柔房蒲克枫较早去世，于是蒲氏香业传承振兴的重担就落到了温房蒲克檀（树礼）的身上。

蒲树礼（1879—1940），讳克檀，号成芳，是将蒲氏香业发展到巅峰的传奇人物，也是永春香发展史上最负盛名的人物。正是他，将香产业从永春中部的汉口一隅拓展到永春东部的五里街，又发展到泉州、厦门乃至海外。他所扮演的角色，可用山西乔家大院的乔致庸来比拟。

蒲树礼具有十分强烈的开拓创新意识。他在继承传统的基础上，潜心研究，选用优质沉檀及中草药香料研制出多种名优香品。光绪三十三年（1907 年），他在汉口后溪寨东门外新建"蒲庆兰"店面一间，用以批发香品。民国十七年（1928 年），具有非凡眼光和超前意识的蒲树礼，到当时永春乃至闽南闻名的繁华集镇——五里街，在民生路"室仔下第十七间"（民生路后改称西安路，室仔下指华岩室下方），"买断地基，新建店屋一间，高至三楼，及建置店后天台、做香厝间"（见民国二十四年蒲家阄书）。1929 年，"蒲庆兰香室"店面及香作坊建筑完工。1930 年，蒲树礼正式进驻五里街蒲庆兰香室。店后的香作坊（即阄书提到的"做香厝间"）成批制作篾香。店面临街开了一个大翻窗，窗边有门可以进出，平日里开窗卖香，关窗休息。

从 1930 年开始，直到 1938 年厦门被日寇占领之前，是蒲树礼执掌的蒲庆兰香室最风光的时期。蒲树礼善于谋划和经营，做事细心而果断。他十分注重生产技术革新，生产出更多品种的篾香，产品远销东南亚的马来亚、印尼、越南以及台湾、香港、日本等地，声誉远播海内外，可以说继承了宋元时期其先祖的遗绪。1935 年，蒲树礼还到泉州水门外五堡街开设"庆兰堂"分店。蒲家还到两三公里外的石鼓镇卿园村购置用于舂研香料的水车香碓数座。蒲家现在保存有一方木质的"庆兰香局"印章，正是当年蒲庆兰香室发展到极盛的一个见证。非常难得的是，1934 年泉州著名书法家、诗人曾遒题赠蒲树礼的"蒲庆兰香室"金字招牌横匾，"庆兰飞缥缈，兰圃馥氤氲"对联竖匾，以及两幅水墨梅花图，现在仍完好保存悬挂在香室内。两幅水墨梅花图上分别有题款"蒲庆兰香室雅属"、"蒲庆兰大宝号雅鉴"。

因为生意需要，蒲树礼之子蒲其木远渡越南（安南）开设分店，为国内的

"蒲庆兰香室"总店提供第一手的香料原材。据蒲家后人听蒲树礼之妻潘差姑口述，蒲树礼原本有更大的雄心，准备在五里街营建 3 间店面，从海外满载 3 船香料回国，在快到厦门港时，其中两艘不幸沉没，只剩下 1 艘回到厦门港，结果很遗憾，蒲庆兰香室只建了 1 间店面。

蒲树礼还具有强烈的商标保护和维权意识。曾道题赠给他的"蒲庆兰香室"金字招牌匾上就有"温房正记"四字。当时蒲庆兰的商标上，也都印有"蒲庆兰正记"字样，有的还印上蒲树礼本人的肖像。泉州"庆兰堂"分店的商标不仅正中有蒲树礼肖像，四角还印有"提防假冒"四字。现在蒲庆兰香室保存的一杆大秤上刻有"蒲庆兰真记"字样，一杆象牙小秤，秤盒上有墨书"蒲庆兰正记"字样。早在清光绪二十年（1894 年），蒲树礼研制出适合普通大众使用的新品"蒲庆兰正记灵验杀虫蚊香"，运往各地销售，驰名远近。民国二十一年（1932 年），由于出现奸商假冒"蒲庆兰"商标出售蚊香，蒲树礼呈报永春县政府，由当时的县长陈维垣发出布告，指出若再有假冒情事，"一经告诉到府，定行按律拿办"。1933 年，他还在当时的永春《崇道报》上连续多期刊登《蒲庆兰正记蒲树礼紧要启事》，指出："本号历数世经验所制各色名香，实超闽南，近更几费苦心，精制研究一种无毒蚊香，推行以来，蒙邦人士交相称许，有口皆碑，可见其灵验绝伦也。讵人心不古，假冒本号商标，时有破获，此种不肖行为，妨害营业与及信用，殊堪痛恨。爰特广为谨告，倘承赐顾，请亲临敝铺或认明正记两字及肖像，免受欺骗，切切此布。"

蒲庆兰香室现在的传人蒲良宫，是蒲树礼之孙，蒲其木之子。他从 10 岁开始跟随祖辈和父亲学习生产篾香，尽得真传，1988 年向国家商标总局注册"蒲庆兰"商标。他除了注重传统篾香制作技艺的保护与传播，还不断吸收中医药的经典理论，努力创新，潜心钻研佛教用香、道教用香、养生用香、生活用香，开发出各种纯天然功效香，还复原了一些古代名香。其子蒲海星和蒲星宇也一起经营和照料家族香业生意。

蒲庆兰牌祖传名香系采用上等芳香中草药材和名贵优质天然香料配制而成。其品种繁多，按香型有奇楠香、沉香、檀香、兰花香、贡香等上百种，按形制有竹签香、盘香、塔香、锥香、卧香、香珠、香囊、香粉等。

"蒲庆兰"从创号至今，已近 150 年，是不可多得的百年老字号。1998年，五里街进行改造，蒲庆兰香室也进行了翻建。店后的香作坊则得以保留原貌。作坊旁的古井仍存,靠近古井的墙上还挂着一块厚重的铁皮,墙壁打了一个孔,铁皮是用于方便盛水进作坊的。走进作坊里,只见有着上百年历史的香壶、碾槽还在使用,散发出古老的幽香。当年铺设的六角形地砖还在,只是经过这么多年的劳作踩踏,已是斑驳如花。

如今,走进蒲庆兰香室,你会感到庆幸。正是因为它的克绍箕裘、世代传承,让今天的我们还能如此亲近地感受到千年前泉州作为"香料之路"起点的辉煌。在汉口村,蒲氏后裔几十年来坚持传统蒲香的制作生产,有蒲水金、蒲光辉昆仲兴办的龙兴堂制香厂,也有许多以家庭为主的个体制香户。正是他们的坚守和贡献,才使永春香发展成为一枝独秀的产业。

(三)汉口村成为制香专业村

新中国成立初期,达埔镇汉口村的蒲氏后裔仍保持世代制香的习惯,以家庭为主生产神香。以后制香技术逐渐向外姓传授。"文革"期间破除封建迷信,宗祠神宇佛殿被毁,神香生产自然萎缩。汉口制香业从地上转入了地下,迫于生计,有制香手艺的人们常常利用晚上时间,在家里偷偷做,利用夜色做掩护,挑到山上的自留地去晒。做成之后,每到墟日,拿上一小束,用一布袋装好,夹于腋下,顶着抓到被批斗的风险,流动于市场间。

20世纪60—70年代,永春日用制品厂生产向阳牌和雄鸡牌蚊香。1976年,该厂恢复篾香生产。同时,县外贸部门在达埔乡的汉口、达中,蓬壶乡的美中、魁都等地设点生产。永春县外贸部门在达埔公社的汉口、达中,蓬壶公社的美中、魁都等地设点生产篾香。1977年冬,在达埔公社汉口大队大邱路第七、八小组生产制作神香,1978年由汉口大队收编管理。1980年,由厦门土畜产进出口公司纸香股长吴秀曼女士引路生产出口,以"天女牌千支香"、"红灯牌神香"、"吉祥牌安吉香"等商标,源源远销东南亚及日本。1981年,汉口村对两个生产神香的生产队进行整合,成立了汉口制香厂。自此,汉口神香由家庭作坊自产自销转变为以出口为主的工厂化生产。这一时期,村办集体制香厂招收培训了数百个制香师傅,成为日后兴办个体、私营和股份制香企的骨干力量,形成了集体、民营香企并存发展的局面。

汉口制香厂成为制香业的龙头企业,带动了本村并辐射到周边村个体、私营制香企业的发展,扩大了生产规模,产品成批出口,成为永春县传统的

出口创汇产品。据《永春县志》(1990 年版)记载:"1976 年—1984 年,永春日用制品厂篾香(卫生香)6793 箱,其中 1980—1982 年三年中的出口量达 1798 箱。自 1976 年以来,永春篾香由外贸批量收购,年出口总值人民币 150 万元左右。"在厦门口岸和外贸部门的扶持和帮助下,在继承传统技艺的基础上,汉口制香人采用科学方法,对原配方作了适当调整,增加了中草药的用量,增加了香味的种类和成品的花色,改进了装潢,使汉口神香产品质量、外观都有了很大的提高。如引进印度配方制成的桂花贡檀香王、天然纯檀香王等新产品,那一枝枝神香,外形细长修直,雅致端庄,色泽明丽,有褐、黄、紫、蓝、青、红、绿等十几种。不论哪一种,都易于点燃,香烟袅袅,气味芳醇,缠绵萦绕,经久不退。

永春县大力鼓励神香生产企业开拓国内外市场,扶持服务业的发展。全县成立了数十家联运公司,福州、厦门、三明等火车站,厦门、泉州港口集装箱、船运公司均在永春设立办事处,为汉口神香走出泉州、走出福建、走向全国和全世界奠定了坚实的基础。政府有关部门设立了永春进出口商品检验检疫等系列服务机构,为汉口神香大量出口提供了方便,创造了条件;成立了永春县香制品同业公会,配合政府部门为神香生产企业提供信息等服务,形成了政府搭台企业唱戏的良好态势。每家制香企业都建立了一支自己的销售队伍,有自己的营销策略,有自己的媒体宣传,有自己的网站广告。营销网络遍布全世界,国外远到欧洲、美洲、东南亚国家和境外港澳台地区,国内涵盖除西藏外的其他省份。大到泰山、华山、九华山、五台山、恒山、衡山、普陀山等名山名寺,小到边远山区都有汉口神香营销人员涉足,数以千计的香农直接参与流通,有的成了神香经销大户。他们在产地设立购销接洽处,在全省和周边省份的城市和乡下建立稳定的销售网点,以各种方式把千家万户香农与市场联系在一起,成为汉口神香销售的主力军,拓宽了致富的渠道。

在国内市场,汉口神香产品市场销售覆盖率达 80% 以上,除西藏外,国内其他省市都有汉口神香销售。在祖国的三山五岳,在华东、华南诸省的各大寺庙、名胜古迹,到处都可见到汉口神香。在东南亚国家,汉口神香具有极高的知名度。如东南亚市场,汉口神香占三分之一以上的市场份额。改革开放以来,有许许多多华人华侨慕名来到永春县达埔镇汉口村购买原产地的汉口神香,他们长期生活在异地他乡,却一直钟情于家乡的这支篾香。祖籍永春县的新加坡前总理吴作栋、画家刘抗等政治家、知名人士多次称赞汉口神香为香中极品,并嘱托亲朋好友购买,在家中细细品香。

多年来,汉口神香在销往全国各地的基础上,注重开拓国际市场。1993年永春成立"世界永春社团联谊会",鼓励海内外客商和侨亲经销汉口神香。特别是 1994 年泉州市出入境检验检疫局设立永春办事处,为汉口神香出口提供良好服务。进入 90 年代后汉口神香出口量快速增长,至 2005 年出口量达 1.3 万吨,出口销售额达 1000 万美元,产品远销欧洲、美国、英国、印度、日本、新加坡、泰国等四十多个欧美和东南亚国家和地区,成为全国最大的神香生产(出口)基地,永春县对外贸易的拳头产品。

汉口神香不但品种多、规格全、品质优,而且色泽鲜艳、香味高爽持久,产品畅销国内外,引起了各级领导的关注与指导。1998 年,时任中共福建省委副书记的习近平同志莅临汉口制香基地视察指导工作,临别时特别要求与镇、村干部合影,留下了珍贵的照片。此前,时任福建省委书记贾庆林、省长贺国强等中央领导及省市领导曾先后到永春县达埔镇视察指导神香产业发展,对永春汉口神香质量及其在东南亚国家的知名度给予高度评价。九十年代以来,达埔汉口制香厂被泉州市人民政府评为"9.9 泉州商品交易会参展产品畅销奖""9.6 泉州乡镇企业新产品展销暨科技成果交易会优秀奖",1998 年被省乡镇企业局、省外经贸委、省计委、省农办、省侨办评为"1997 年度福建省出口创汇先进乡镇企业";2004 年达埔镇汉口达盛制香厂生产的达盛牌卫生香系列产品被中国市场品牌战略管理联合会评为"中国知名卫生香十佳品牌"。

改革开放以来,汉口村人民艰苦奋斗,发展传统篾香产业,走脱贫致富奔小康之路,成为"村富民富共同富裕"的典范,成为福建省首批亿元村、全国模范村民委员会。2011 年,全村实现工农业总产值 1.72 亿元,村财收入近百万元,上缴税收 400 多万元,农村人均纯入 9800 元。这其中,制香业撑起了经济发展的半壁江山,成为村民致富的特色产业。汉口神香的发展同时带动全镇制香产业突飞猛进,辐射到岩峰、达理、楚安、前峰、蓬莱、洪步、达德、新琼等村,带动了竹脚、香料等原材料供应和包装、销售等相关产业发展。

三、从西域香料舶来品到永春香品牌的嬗变

（一）永春香发展过程中形成了独有的品质和特色

香以及香文化伴随着中华民族走过了数千年的历程，因其制香环境、香料配方、制香工艺的不同而各具特色。永春香千年传承的底蕴，特别是蒲氏制香技术的传入，使其具有更加鲜明的品质和特色。一是工艺独特。其工艺是从中东阿拉伯人传入，生产制作工艺独特，加上在闽南地区亚热带温和、无污染的空气中采用自然阳光晒干，因此香的芳香物质破坏少，香气高爽显露，又环保卫生。二是香型优异。其香料来自西域古国的传统配方，引进檀香、沉香木粉，结合永春本地的芦柑皮、陈皮、泽兰、芸香、柑松、大典、公丁香、春花、细梓、良姜、花椒、甘草、芸木、白芷、茯香、三奈、川弓、灵香草、当归、大茴、小茴等几十种中草药材，尊古法制作，其香气独特、持久醇和、浓淡适中、清新怡人，很适合国内和东南亚国家消费者口味。三是外观精美。永春香选用永春产优质毛麻竹的一层竹和黏膜，采用传统工艺手工制作，因此工艺细腻，成品香表面光滑，精细均匀，色泽匀称，且产品规格多样，颜色鲜艳，让广大消费者赏心悦目。四是清新抑菌。永春香的香料成分富含永春中草药特色天然植物香料，杀菌力非常强，对杀灭、抑制空气中病原菌、净化空气、保护人体健康有着积极的作用。根据福建卫生防疫部门检测证实，永春香的纯檀香能有效灭菌，点燃 240min 消亡率达到 88.84% 以上。五是医疗功效显著。据专家论证，永春香的沉香、檀香和中草药香对抗"非典"具有显著疗效；中草药香对酒后皮肤丘疹、麻疹有一定的疗效；还可以提神醒脑、辟浊爽神、降气散寒。六是点燃性好。永春香成品晒得较干，防吸潮性能好，成品香含水率低，易点燃，不熄火。七是保存期佳。在正常的存放条件下，永春香可保证两年不霉变、不变味。永春制香人秉承"开拓、创新、务实、发展"的精神，不断改良制香配方，改进工艺流程，创新产品包装，努力打造品牌优势。目前，永春香已成为各地香客焚香礼佛、礼赠宾友的佳品。在泉州开元寺、清源山，在厦门南普陀，在东南亚各国华侨华人聚居地，永春香已成为虔诚的香客与神灵沟通的桥梁纽带，成为闽南地区、省内、国内、东南亚

国家民俗生活的一部分,成为他们精神支柱的重要组成部分。

(二)永春香传统的制作工艺

1.永春香的加工原料

(1)竹签:分方签、圆签两种。选本地区种植 3 年以上、直径要求达到 7 cm 以上的毛竹为原料;裁节长度控制在 1.70m 至 2.55m,开条每条宽度 1.8 cm,每片厚度为 2 mm;晒至竹枝颜色变白、易折断;除去竹(簽)骨的竹须。

(2)辅料:按不同产品不同颜色要求进行色粉配制;选用上粘、中粘、白树粘 3 种粘粉,以 1∶1∶1 配制;香粉配制应按产品的不同香型选用不同香料进行配制,无香型的香料选用白木粉配制,香料用 100 目筛子过筛,制成香粉;后按每 100 kg 香粉加水 18 至 25 kg、色粉 2 kg 至 3 kg、助燃剂 2 kg 配比香料进行配制。

(3)香料:沉香应选用沉木粉进行配制;檀香应选用檀木粉进行配制;柏木香应选用柏木粉进行配制;中药香应选用永春本地产的泽兰(取其茎、叶,当年生)、茯香(取其茎、叶,当年生)、细辛(取其叶、茎、根,当年生)、灵香草(取其叶、茎、根,当年生)、柑松(取其根)、大黄(取其根)、甘草(取其根)、芸木(取其根)、白芷(取其根)、三奈(取其根)、川芎(取其根)、当归(取其根)、高良姜(取其根)、公丁香(取其果)、大茴(取其果,当年生)、小茴(取其果,当年生)、辛夷花(取其果,当年生)、陈皮(取其果,当年生)、花椒(取其果,当年生)等几十种中草药材,按照传统配方进行配制。

2.永春香的制作工序

第一步:香芯沾水。手抓整把平整的竹签,按香肉部分的长度沾水,使其能搓上粘粉。干净的竹枝沾水浸湿,留下香脚长度约 10～12cm,即手拿的地方不沾水。

第二步:搓上粘粉(打底)。使竹枝能均匀搓上粘粉。以搓揉的方式将粘粉附着在湿润的香芯上。第一步与第二步合称打底,称为第一次浸水(俗称 1 水)。

第三步:浸水(上内粉)。水份使粘粉产生粘性,以便粘附香粉。将打好

底的香枝,浸水至与粘粉同一高度。

第四步:展香。将浸水后的香枝,展开成扇型使香枝分开,再将香料粉撒于香枝上,使每支香均匀的粘附上香料粉。并藉由展开成扇型时将其分开,将有瑕疵的香挑出。

第五步:抡香。展香撒上香粉后,用双手手掌将香做圆形的转动,使香料粉均匀的附着在香枝上并适时的将有瑕疵的香挑出。

第六步:切香。以右掌和右臂弯抱住香枝,左手在上,让香枝圆形转动互相摩擦,并在"切"香的过程中将多余的香料粉抖落,使香枝更加扎实且圆滑平整。

第七步:晾香。将制好的篾香均匀交错晾在香架上或直接以香花的形式放在地,以利通风与日晒让香均匀晾至七成干。

第八步:染香脚。晾香至七成干后将香收起,平整后在香脚的部分浸染红色染料,将香脚染成红色或其他颜色。

第九步:晒香脚。将染好香脚的香重新晾开在香架上,晒时要均匀抖动香架,随香翻动,完全干燥后即成天然香品。春季太阳光晒 6 至 8h,夏、秋季 3 至 4h,采用烘干法的烘干房温度控制在 70 至 80℃,时间 2 至 3h。

3.永春香的香品种类

几十年来,永春香在保持传统制香的基础上,不断创新、研发,推出一批又一批市场走俏的新香品。从香的功用分,养生类有沉香、檀香、中药香,朝拜类有蒬香、棒香。从形态分,有线香、蒬香、棒香、盘香、塔香、香囊、香枕、香饰等。从品香方式分,有自然散发香气,包括香珠、香链;有熏烧散发香气,包括篆香、熏香等;有侵煮散发香气,包括香汤等。使用场所分,有车载香、家居香、会所香等。从香气类型分,有檀香、麝香、玫瑰香、桂花香等。从烟气类型分,有聚烟香、微烟香、无烟香等。从香料成分分,有天然香、合成香、素香等。从使用对象分,有男人香、女人香等。从香的数量分,有单品香、合香等。各种各样的香品琳琅满目,美不胜收。这些香品主要用于美化环境、陶冶情致、修炼打坐、供养祭祀、养生祛病、净化除臭、驱避瘟疫等等。

永春香采用传统工艺手工制作,因此工艺细腻,成品香表面光滑,精细均匀,色泽匀称,且产品规格多样,颜色鲜艳,让广大消费者赏心悦目。在正常的存效条件下,汉口神香可保证两年不霉变、不变味。香料成分中富含永春中草药特色天然植物香料,杀菌力非常强,对杀灭、抑制空气中病原菌、净化空气、保护人体健康有着积极的作用。

(三)永春香获得国家地理标志产品保护

2006年12月12日,国家质检总局在北京召开了"永春篾香"地理标志产品保护专家审查会,永春篾香地理标志产品保护顺利通过技术审查,标志着永春篾香地理标志产品保护申报工作获得成功。会上,来自中国农科院、中国茶叶流通协会、中国农业大学、中国政法大学、北京市茶叶质量监督检验站、中国中医科学研究院等单位的权威专家认为,"永春篾香"产品质量具有较明显的地域特色和较高的知名度,符合国家质检总局《地理标志产品保护规定》。同年12月29日,国家质量检验检疫总局正式批准对永春篾香实施地理标志产品保护。永春在全国香制品的地域产品中率先取得地理标志产品保护,并成立了永春香制品同业公会,实现了法律层面上的保护。

2008年5月1日起,经国家质检总局、国家标准委批准,GB/T21262-2007《地理标志产品 永春篾香》国家标准正式实施。标准起草单位为永春县质量技术监督局、达埔镇人民政府、汉口制香厂、联发香业有限公司、彬达制香厂、金丰制香厂、兴隆制香厂。该标准总结了永春篾香传统特色加工经验,系统规定了地理标志产品永春篾香的术语定义、保护范围、产品分类、制作工艺、要求、试验方法、检验规则及标志、包装、运输、贮存等,作为永春篾香地理标志产品后续管理的法定技术标准依据。

该标准对永春篾香的术语定义是:"俗称汉口神香,是以传统配方的芳香植物和中草药或香料研成粉末,制成香料,以毛、麻竹加工成的细小竹枝为篾骨,把天然粘粉加水涂上篾骨,然后粘上香料,经传统手工方法加工制作而成的一种供点燃用的香料。"

四、从"全国四大制香基地"之一到"中国香都"的跨越

(一)决策创"香都",打造百亿香产业集群

2007年,为改变单打独斗、分散经营的状况,达埔镇整合全镇香业资源,建设中国篾香城,首期用地265亩,累计完成投资4850万元,有彬达、联发、金丰、兴隆等4家重点制香企业入驻,于2010年初投入生产。这些龙头香企集香品研发、文化展示、旅游香品展示、商贸洽谈等功能为一体,呈现了良好的发展态势。2008年,泉州市依托行业龙头骨干企业共新增省星火行业技术开发中心9个,市级行业技术开发中心16个,其中彬达制香厂为泉州市篾香行业技术开发中心。2009年,在当地政府的引导下,达埔镇的制香企业与福建医科大学进行校企合作研发篾香的新产品、新工艺。经过3年的努力,具有保健功能的抗过敏新型篾香制作工艺及制作技术获得成功。

2011年,刚上任的永春县委书记林锦明敏锐地察觉到,永春香产业已有向沉香、檀香等高端香品转型的趋势,永春香本身就是品质的保证。更重要的是,沉睡了千年的香道开始在国内复兴,高端香品成为一种时尚潮流的健康消费方式,消费群体正在激增,市场前景明朗。永春县委、县政府主要领导多次深入香城、香企调研,进行科学论证。2012年7月11日,县委书记林锦明在县委常委(扩大)会议上提出,要把篾香产业的发展摆上县里的重要议事日程,强化招商引资,在产品研发、园区建设、文化提升、品牌打造等方面加大扶持,引导制香企业公司化、规模化和抱团发展。结合永春芦柑、老醋、禅茶等举行大型的推介宣传活动,做好"品茗、闻香、尝醋、练拳、看花、观景"等文章,发展文化旅游,打造"中国香都"。同年9月,全国制香分会会长会议在达埔镇举行,会上一致通过永春"中国香都"的冠名申请。县委、县政府还提出要按"十个一"(创建一个研发中心,拓展一个发展基地,建设一个展示中心,制定一组优惠政策,争创一枚以上中国驰名商标,出版一本宣传画册,制作一部纪录片,举办一场文化节,成立一个神香文化研究会,建立一支香道表演队伍)策略打造"中国香都",并启动占地1250亩的二期建设,规划引进佛具制造、佛珠手链工艺品加工、竹木制品加工等企业入驻,打造以香文化展示为主题的特殊手工业旅游项目,推动神香产业多元化发展,将其从传统的朝拜产品向养生保健文化礼品转变,做大做强香产业,使之成为永春县又一个产值超百亿的产业集群。

(二)出台"香八条",推动香产业稳健发展

2012 年 10 月,《永春县关于推进香产业发展的八条措施》正式实施,"香八条"从促进涉香企业积极"二次创业"入手,引导涉香企业公司化、规模化和抱团发展,以期形成产业集群效应,做大做强香产业。主要内容包括加大财政资金投入力度、财税政策支持力度、金融服务力度、用地保障力度、企业创业扶持力度、企业管理提升力度、企业市场开拓力度和企业培育力度等八个方面。"香八条"里,每一条下还有具体规定,包括企业用地补助、出口奖励、企业纳税奖励等,企业研发新产品,政府还给予最高 100 万元的奖励。同时,县直部门也出台了相应的专门扶持措施,如县委组织部出台了《永春县香产业人才支撑计划实施方案》、县工商局出台了《关于助推我县制香产业发展壮大工作意见》。

优惠政策构成了推动发展的"天时",平台载体和交通条件则保障了产业升级的"地利"。永春县搭建了占地 400 亩的中国香城(二期)、开通了省道联三线,中国香城(二期)到泉三高速蓬壶互通口的路程从 12 公里缩短到 2.5 公里。十二家涵盖了外包装、制香机械、原料供应等领域的龙头企业入驻中国香城(二期),永春香产业迅速形成了错位经营、各有分工、上下游产业无缝对接的发展新格局。

为了让香产业的发展步伐走得更加稳健,在"中国香都"的创建过程中,永春县还投资 500 多万元建设省级香品质量检验中心,为永春香取得产品、质量的官方认证;成立永春县香文化研究会,深入挖掘永春香史,建立健全永春香文化体系;建成彬达香文化创意园,完成了永春香文化创意提升到旅游的过渡;结合美丽乡村建设,筹建汉口村香工业旅游示范点;大力发展电子商务,聚缘香业、彬达香业等成功开辟网上销售渠道;加强人才支撑,成立永春县非公有制企业香制品工艺工程系列初级专业技术职务评审委员会,有 38 名制香师被评为助理工程师、7 名被评为专业技术人员,以及制香技能大师等。

(三)外出取真经,拓展香产业发展思路

在县委、县政府推动香产业转型升级的初期,部分企业家的态度显得不够明朗,转型升级的积极性有待提高。保守的发展理念致使永春香产业的发展几乎是原地踏步,打造百亿香产业的关键就是要转变香企这种发展理念。

2013年4月24—27日,永春县委、县政府携手永春龙头香企组成"取经团"前往北京考察学习香文化。"取经团"走访北京与香结缘的私人会所、香道馆和香市场,与当地香文化专家、企业家深入座谈,学精品、取真经,在更高站位上了解市场动向、行业动态和文化传播理念。北京回来后,县委书记林锦明立刻召集县、镇两级相关部门对永春香产业的发展作出新一轮的部署。林锦明提出"整合、挖掘、拓展、提升、规范"的"五招式"新发展思路,明确了永春香产业发展方向。整合,就是整合企业组织形式,巩固壮大龙头企业,引导家庭作坊式企业走代加工、股份合作等抱团发展道路;挖掘,就是挖掘永春香文化内涵,通过挖掘历史来吸引消费,紧跟时尚来促进消费,引导潮流带来的消费,同时深入挖掘技术内涵;拓展,就是要以香产业为载体,延伸香具、包装等产业链,提升产业附加值,增加产业品种,引入电子商务,拓展市场力;提升,就是进一步提升香品品质,打响品牌,转变观念,搭建更多平台;规范,就是要规范好市场秩序,规范管理好企业。

这次的取经之旅,让永春香企从"龙头"的美梦中惊醒,看到永春香在香道馆的品位、香艺师的素质、产品的外包装、产业链延伸、香文化挖掘、营销理念等各方面都有不小差距。"取经之旅"开拓了永春香企的视野,让他们有了国内同行也在飞速发展的紧迫感,随行的彬达、兴隆、金丰、联发等4家永春龙头香企都有了转变的念头。他们表示,将开设包涵字画、古玩等元素的更为高端的香道馆;将打造一支懂香史、能说香、会表演的香道师团队;高端、大众两个类别的香品两手抓,进一步扩大中低端香品的市场份额;打破单一的香品外包装形式,开发更多的组合套装;摆脱家庭作坊式的企业管理模式,创建现代的企业经营管理模式;深入挖掘香文化,提高永春香的文化内涵;将香产业的产业链延伸至香文化、香艺术甚至是管理投入和服务输出等方面。看到不足和市场前景的永春香企回到达埔镇后的大动作,也间接带动了其他香企的转型升级，涌现出兴全、百轩、聚缘、达盛、星达等一批新兴转型升级企业，永春香产业呈现出"你追我赶、共同创新"的发展格局。

2014年10月8—11日，县委书记林锦明率我县彬达、联发、兴隆、金丰、兴全等龙头企业负责人到日本，实地走访了日本香堂、凤凰流、松荣堂、熏玉堂、山田松香木店等香企，就如何发展我县香产业进行考察。林锦明指出，永春香具有自己的独特优势，龙头香企要以此次考察为新起点，寻他山之石，充分借鉴日本香企业先进理念和众多优点，在香体验互动、研发新产品、结合中草药等方面下一番功夫，逐步走既有共性又有个性的差异化发展道路，开启我县中国香都新的里程碑。

此外，永春县委、县政府主要领导还数次带永春香企到广州、河北、北京等地考察学习，出资让一批永春香企业家赴清华大学深造，拓宽他们的视野，改变他们的理念。自此，永春香产业开始进入高速发展阶段，成为获评"中国香都永春达埔"的重要因素。

(四)打响香品牌，提升香产业发展强劲实力

大部分人对永春香的认知仅停留在朝拜礼佛香的层次上；永春香自身文化底蕴、产业链，特别是品牌效应上存在明显不足，急需强有力的媒体推广为永春香开拓市场助力。为此，在创建"中国香都·永春达埔"桂冠的过程中，永春县委、县政府还开辟了全新的新闻媒体助推县域特色经济发展模式，与泉州市主流媒体《泉州晚报》合作，于2013年3月开展"永春香道千年流香"品牌推广行动。双方联手发掘，弘扬"香道"文化，重拾"香道"艺术，引导永春香企业公司化、规模化和抱团发展，形成产业集群，提升永春香的品牌价值和市场营销力。

在2013年3月—2014年3月期间，《泉州晚报》持续不断地报道永春香产业的动态消息，并在每个月的第一个星期五推出一个永春香专版。动态新闻中，永春政企北京考察之旅、永春政企四地(厦门、广东、北京、河北)考察调研之旅的报道都造成了极大的积极效应。

与此同时，永春县还与《泉州晚报》精诚合作，策划举办了"永春香道千年流香"之香文化博览会，"发现·永春香"，"东亚文化之都永春千年香道"—"十大香品牌"、"十大制香师"、"十大创新创意"评选活动等三大活动，

共评出彬达香业、兴隆香业、联发香业、金丰香业、兴全香业、聚缘香业、百轩香业、达盛香业、星达香业、和泰香业等"十大香品牌",评出林清海、林文森、曾建全、林云勇、林东土、洪文兴、林建民、洪建成、林文溪、洪清洁等"十大制香师",评出"千年沉香皇"、"南无阿弥陀佛"、"具有抗过敏反应彬达香"、"汉香"、"翰墨香沉"、"清风雅云"、"永春香"、"香之品——男女香"、"醉南香/梦南香"、"卷钱香"等"十大创新创意产品"。《泉州晚报》为永春香产业打造的亮点报道,带来了空前的媒体连锁反应,也引起了省、市主流媒体的关注,纷纷为永春香产业推出专版、专题报道。

自品牌推广行动启动以来,永春香产业完成了新一轮的品牌转型升级。永春香的集体品牌已在省、市广为传播,"品茗闻香"开始成为一种新潮时尚的生活方式;企业自宣、品牌推广的意识更加浓烈;高端香品生产企业也由最初的 2 家发展到现在的 10 多家,各类高端香品层出不穷;省内外新开了几十家永春香道馆。

为提升永春香文化内涵,2013 年 10 月 18 日,成立永春县香文化研究会,着眼于更广泛地团结香业界人士,着力于调研、交流、普及、提高香文化。创办《永春香道》杂志,设立"中国香都"网站,依托这些宣传平台,加强对永春香业企业的宣传推介工作。

著名诗人、文学家余光中先生对永春香情有独钟。2012 年冬至,再次返乡的余光中在品味了永春香神韵后,欣然题词"一缕传千里,跨海来拜香"。2013 年 10 月,余光中先生欣然担任永春县香文化研究会名誉会长,11 月 3日还为永春县香文化研究会题词:"香始于嗅觉而通于文化,文化之芬芳赖美名以传,制香业者实功同蜜蜂,泽被人群。"

近年来,养生保健观念深入人心,宗教信仰进一步开放,各种中高档香品为都市人青睐,也进入了寻常百姓家。永春的彬达、兴隆、联发、金丰、兴全、百轩、达盛、聚缘等香企纷纷推出以沉香、檀香等为主流的中高档养生香品行销市场,并在全国各地建立营销网络,在各大超市、连锁店、便利店设点销售。用于疗病祛疾、消毒杀菌、驱虫防蚊和净化空气的香品也先后研制出来,如中医师周来兴研制的清清香,彬达、兴隆的香品,都通过了专家的鉴定。永春人也开始尝试把香文化引入大中城市高端消费领域,在北京、福州、厦门、泉州等城市创办香道馆,引领时尚高端生活。彬达、兴隆、兴全等香企以及香文化研究会、旅游服务中心先后组建香道表演队，多次在重要活动演出，深受观众欢迎。

（五）打好香都牌，永春迎来新一轮发展好时机

2014 年 3 月 21 日，中国日用杂品工业协会理事长张广荣带领"中国香都"专家考评组对永春县达埔镇制香行业进行综合考评。在实地考察及听取汇报后，考评组一致认为达埔镇符合中轻联《中国轻工业特色区域和产业集群共建管理办法》和中国日用杂品工业协会《关于共建和授予中国制香行业特色区域称号的标准》有关要求，基本符合申报"中国香都"的条件。4 月 15 日，中国轻工业联合会和中国日用杂品工业协会正式授予永春县达埔镇"中国香都·永春达埔"的称号，意味着永春成为中国首个国家级制香基地。

7 月 22 日，"中国香都·永春达埔"授牌仪式在永春县人民会场举行。县委书记林锦明说，国家"一路一带"战略的实施为永春香产业发展迎来了难得的机遇，香产业的快速发展，使香企与这些国家和地区联系日益紧密，前往越南、老挝、柬埔寨甚至是非洲等海丝经济带的国家购买香原料越来越多，将更加深度地参与到与海丝经济带国家贸易合作中。授牌仪式后同时举行了星云大师墨宝赠送仪式，发布了"中国香都"LOGO 征集大赛成果，向永春香企代表发放了"中国香都·美丽永春"主题卡，举行了企业与高校合作签约仪式，台湾香道表演队进行了香道表演等。同日，福建省香产品质量检验中心、福建永春香品研发中心、香都大道、香文化展示中心、彬达工业旅游点等启用，12 家覆盖了香产业原料供应、设计制造、产品包装等整个产业链的企业入驻香品产业园二期。

"中国香都"LOGO 的主体是一个"中"字，象征源远流长的中华香文化。"中"的左右两边，是回纹的纹样，代表都城，含有东亚文化之都、中国香都的意思；也表示永春深厚、绵长的人文底蕴。中间三竖，类似篆书中的水，表明永春香的起源和海上丝绸之路密不可分。"中"字上方，飘着一缕清烟，隐喻永春香产业蓬勃发展、蒸蒸日上。作品下方的"中国香都"四个字，由一代高僧星云大师题写，弥足珍贵，佛韵深远。

获得"中国香都·永春达埔"称号，这不仅是对永春县制香行业的充分肯定，也必将对永春乃至全国特色区域经济发展起到有力推动作用。永春

县委、县政府将继续优化发展环境,拓宽发展空间,支持企业做大做强,以"中国香都"授牌为契机,把"中国香都·永春达埔"这块牌子叫响。永春香企将不断提升集群的整体创新能力,发挥龙头企业的创新引领作用和企业集群优势,在产业集群内形成企业自主开发、集群共同开发的科技创新体系,不断研发新产品。建立和不断完善集群技术创新、研发设计、知识产权保护、检测认证、信息咨询、展示、物流等公共服务平台,充分发挥"中国香都"应有的作用。

经过精心培育发展,香产业已成为永春经济的新增长点和新增长空间。目前,全县共有制香企业296家,规模较大的有53家,制香人超过3万人,产品达300多种,行销国内外。永春县香品完整产业链已基本形成,2013年全县香产业链总产值达27.3亿元,产品种类、品质、产业规模、市场占有率、服务平台建设、社会影响力等方面已处于行业领先。全县香企比较知名的注册商标有:天女、红灯、吉祥、豪汉、兴隆、星达、彬达、卷钱、恒美、百轩、金丰、兴全、宏发、聚缘、和泰等,其中获福建省名牌产品1枚,福建省著名商标7枚,泉州市知名商标7枚,通过ISO认证13家。

永春香产业正朝着集群化、规模化、现代化方向转型升级,跨越发展,将成为泉州乃至福建又一张鲜亮的"产业+文化"品牌。相信随着越来越多的人知香、好香、乐香,关心支持永春香产业、香文化的发展,永春香将在中国乃至于世界各地更加绽放出迷人的光华。

◎ 作者辜希凡系永春县人民政府办公室正科级干部、永春县香文化研究会常务副会长;林联勇系中共永春县委党史研究室副主任、永春县香文化研究会副秘书长。

蒲氏香业在永春的传承与发展

◈ 林联勇　辜希凡

在永春县五里街镇西安路,华岩室与实验小学之间,在一眼望过去普普通通的店面之间,隐藏着永春香的传奇与辉煌。这就是名闻遐迩的"蒲庆兰香室"。

永春的制香工艺,源于蒲氏。永春蒲氏香业,又源于千年前"海上丝绸之路"("香料之路")的繁盛。宋元时期,泉州刺桐港成为"东方第一大港",与埃及亚历山大港齐名,成为"海上丝绸之路"("香料之路")的启锚地。当时定居泉州的阿拉伯人蒲寿庚家族,拥有大量海舶,垄断泉州香料海外贸易近 30 年,"以善贾往来海上,致产巨万,家僮数千"。1974 年,在泉州后渚港发掘出一艘南宋远洋货船,载重量 200 多吨,船上香料遗存丰富,有降真香、檀香、沉香、乳香、龙涎香、胡椒等。考察当时的历史,这艘海船很可能就是蒲氏家族的香料船,与蒲家香业有密切的联系。

由于拥有雄厚的海上实力,蒲家在宋末和元朝前中期显赫一时。蒲寿庚生三子:长子蒲师文,次子蒲师斯,三子蒲均文。蒲师文曾兼任提举福建道市舶,官福建平海行中书省。蒲师斯之子蒲崇谟,官至行省平章政事。元朝末年,泉州陷入长达十年的亦思巴奚兵乱,蒲氏家族也不可避免地被波及。蒲崇谟次子蒲本初,出生仅数月,由仆人抱着逃依晋江东石古榕杨氏母家,换姓为杨,在明初洪武年间考取进士。数代后复姓为蒲。

延至明清鼎革之际,闽南沿海大乱。清顺治三年(1646 年),蒲本初的后代蒲世茂(号瑞寰),由晋江东石迁居永春卓埔后溪寨(现达埔镇汉口村),建古榕堂,成为永春蒲氏开基祖。随着蒲氏入永,蒲氏家族的传统产业——香

业也随之入永,只是经营香料已变成制作和贩卖神香。蒲世茂三子蒲侯平,"温和宽厚,恭以处之,其后继志述事,恢宏大业"(见《龙溪蒲氏支谱》)。蒲侯平传子蒲世恩,蒲世恩传子蒲立进,蒲立进传子蒲斯得,蒲斯得传子蒲德海,香业在蒲家累世传承不辍。至蒲德海之子蒲华茂、孙蒲树礼,蒲氏香业出现了一个鼎盛时期。

蒲华茂(1838—1888),讳衍暄,字诗日,传承祖业,生产制造天然篾香。他在盛年之际(大约公元1868年),于汉口村后溪寨古榕堂东侧创建"庆兰堂"香厂,使篾香制作出现小规模发展。

清光绪十四年(1888年),蒲华茂去世,其遗孀潘氏祛娘辛苦操持,支撑家业,与伯叔父继续"营建庆兰堂生理,名驰于外郡,及已置厝屋产园数,以为谋生之计"。与陶瓷业相似,在制香之前,需先将原始香料舂成香粉,以当时的生产条件,需借助水车舂碓之力,所以当时蒲家所置产业就包括了"潮口水车外香碓一所"、"神潮湾水车碓全座"(见清光绪三十三年蒲家阄书)。

蒲华茂与潘氏育有四子:克杏、克棉、克檀(字树礼)、克枫,分为宽、裕、温、柔四房。其中宽房蒲克杏迁往晋江吴坡田墘乡开设"庆兰堂"香料铺,裕房蒲克棉、柔房蒲克枫较早去世,于是蒲氏香业传承振兴的重担就落到了温房蒲克檀(树礼)的身上。

蒲树礼(1879—1940),讳克檀,号成芳,是将蒲氏香业发展到巅峰的传奇人物,也是永春香发展史上最负盛名的人物。正是他,将香产业从永春中部的汉口一隅拓展到永春东部的五里街,又发展到泉州、厦门乃至海外。他所扮演的角色,可用山西乔家大院的乔致庸来比拟。

蒲树礼具有十分强烈的开拓创新意识。他自己潜心研究,选用优质中草药香料研制出多种名牌篾香。清光绪二十年(1894年),他研制出适合普通大众使用的新品"蒲庆兰正记灵验杀虫蚊香",运往各地销售,驰名远近。光绪三十三年(1907年),他又在汉口后溪寨东门外新建"蒲庆兰"店面一间,用以批发香品。

民国十七年(1928年),具有非凡眼光和超前意识的蒲树礼,到当时永春乃至闽南闻名的繁华集镇——五里街,在民生路"室仔下第十七间"(民生路解放后改称西安路,室仔下指华岩室下方),"买断地基,新建店屋一间,高至三楼,及建置店后天台、做香厝间"(见民国二十四年蒲家阄书)。1929年,

"蒲庆兰香室"店面及香作坊建筑完工。1930年,蒲树礼正式进驻五里街蒲庆兰香室。店后的香作坊(即阄书提到的"做香厝间")成批制作篾香。店面临街开了一个大翻窗,窗边有门可以进出,平日里开窗卖香,关窗休息。

从1930年开始,直到1938年厦门被日寇占领之前,是蒲树礼执掌的蒲庆兰香室最风光的时期。蒲树礼善于谋划和经营,做事细心而果断。他十分注重生产技术革新,生产出更多品种的篾香,产品远销东南亚的马来亚、印尼、越南以及台湾、香港、日本等国家和地区,声誉远播海内外,可以说继承了宋元时期其先祖的遗绪。1935年,蒲树礼还到泉州水门外五堡街开设"庆兰堂"分店。蒲家还到两三公里外的石鼓镇卿园村购置用于舂研香料的水车香碓数座。蒲家现在保存有一方木质的"庆兰香局"印章,正是当年蒲庆兰香室发展到极盛的一个见证。非常难得的是,1934年蒲树礼请当时泉州著名的书法家、诗人曾遒题写的"蒲庆兰香室"匾,以及两幅水墨梅花图,现在仍完好保存悬挂在香室内。两幅水墨梅花图上分别有题款"蒲庆兰香室雅属"、"蒲庆兰大宝号雅鉴"。

因为生意需要,蒲树礼之子蒲其木远渡越南(安南)开设分店,为国内的"蒲庆兰香室"总店提供第一手的香料原材。据蒲家后人听蒲树礼之妻潘差姑口述,蒲树礼原本有更大的雄心,准备在五里街营建3间店面,从海外满载3船香料回国,在快到厦门港时,其中两艘不幸沉没,只剩下1艘回到厦门港,结果很遗憾,蒲庆兰香室只建了1间店面。

蒲树礼还具有强烈的商标保护和维权意识。当时蒲庆兰的商标上,都印有"蒲庆兰正记"字样,有的还印上蒲树礼本人的肖像。泉州"庆兰堂"分店的商标不仅正中有蒲树礼肖像,四角还印有"提防假冒"四字。现在蒲庆兰香室保存的一杆大秤上刻有"蒲庆兰真记"字样,一杆象牙小枰,秤盒上有墨书"蒲庆兰正记"字样。民国二十一年(1932年),由于出现奸商假冒"蒲庆兰"商标出售蚊香,蒲树礼呈报永春县政府,由当时的县长陈维垣发出布告,指出若再有假冒情事,"一经告诉到府,定行按律拿办"。1933年,他还在当时的永春《崇道报》上连续多期刊登《蒲庆兰正记蒲树礼紧要启事》,指出:"本号历数世经验所制各色名香,实超闽南,近更几费苦心,精制研究一种无毒蚊香,推行以来,蒙邦人士交相称许,有口皆碑,可见其灵验绝伦也。讵人心不古,假冒本号商标,时有破获,此种不肖行为,妨害营业与及信用,殊堪

痛恨。爱特广为谨告,倘承赐顾,请亲临敝铺或认明正记两字及肖像,免受欺骗,切切此布。"

蒲庆兰香室现在的主人蒲良宫,是蒲树礼之孙,蒲其木之子。他从10岁开始跟随祖辈和父亲学习生产篾香,1988年向国家商标总局注册"蒲庆兰"商标。他除了注重传统篾香制作技艺的保护与传播,还不断吸收中医药的经典理论,努力创新,潜心钻研佛教用香、道教用香、养生用香、生活用香,开发出各种纯天然功效香,还复原了一些古代名香。其子蒲海星和蒲星宇也一起经营和照料家族香业生意。

蒲庆兰牌祖传名香系采用上等芳香中草药材和名贵优质天然香料配制而成。其品种繁多,按香型有奇楠香、沉香、檀香、兰花香、贡香等上百种,按形制有竹签香、盘香、塔香、锥香、卧香、香珠、香囊、香粉等。

"蒲庆兰"从创号至今,已历140多年,是不可多得的百年老字号。1998年,五里街进行改造,蒲庆兰香室也进行了翻建。店后的香作坊则得以保留原貌。作坊旁的古井仍存,靠近古井的墙上还挂着一块厚重的铁皮,墙壁打了一个孔,铁皮是用于方便盛水进作坊的。走进作坊里,只见有着上百年历史的香壶、碾槽还在使用,散发出古老的幽香。当年铺设的六角形地砖还在,只是经过这么多年的劳作踩踏,已是斑驳如花。如今,走进蒲庆兰香室,你会感到庆幸。正是因为它的克绍箕裘、世代传承,让今天的我们还能如此亲近地感受到千年前泉州作为"香料之路"起点的辉煌。也正是它的坚守和贡献,才使永春香发展成为一枝独秀的产业。

岁月流转,到新中国成立以后,在汉口村的蒲氏人家大多以制香为业。在党和国家政策的引导下,蒲氏人家突破了"永不外传"的家训,逐渐向外传授制香工艺。1978年,汉口村集体创办汉口制香厂,在继承蒲氏传统工艺的基础上进行技术改革,广开销路,产品源源不断地远销东南亚、日本及港澳地区。制香厂培养了数百个制香师傅和能手,成为以后集体、个体、私营和股份制香企的生力军。2006年,"永春篾香"获得国家地理标志产品保护。2007年,达埔镇整合全镇香业资源,建设永春篾香产业城,即香产业专业园区,总规划用地2300亩。首期用地265亩,有彬达、兴隆、联发、金丰等4家香企入驻。目前,我县共有制香企业296家,规模较大的有53家,制香人超过3万人,产品达300多种,行销国内外,香产业初具规模。2012年,县委、县政府提出借文化打造百亿香产业集群的策略,提出了争创"中国香都"的目标。2013 年以来,达埔镇启动产业园区二期建设,用地约 1200 亩。2013 年投入 2.75 亿元,2014 年计划投入 2 亿元,现已完成了园区的安、征、迁和"三通一平"工作,完成了省道联泉三高速线的建设。同时做好招商引资,现已有台湾、厦门、漳州和本地 16 家企业等待入驻。今后还将吸引全国各地香企前来投资发展香产业。2013 年,全县香产业链总产值达 27.3 亿元。经过共同培育,我县香品完整产业链已基本形成,产品种类、品质、产业规模、市场占有率、服务平台建设、社会影响力等方面已处于行业领先。2014 年 3 月,达埔镇冠名"中国香都"通过考评。不久,"中国香都"将实至名归。

◎ 作者林联勇系中共永春县委党史研究室副主任、永春县香文化研究会副秘书长;辜希凡系永春县人民政府办公室正科级干部,永春县香文化研究会常务副会长。

永春香源流初探

◇ 郭志启

一、华夏先民对香的认识和使用

中华香文化,浩如烟海,珍若珠玑。我们祖先在长期的历史进程中,香文化渗透于社会生活的诸多层面,围绕香品的配制、使用及品鉴,逐渐形成了能够体现中华民族精神气质、民族传统、美学概念、价值观念、思维模式的一系列独特用具、技法、习惯、制度与观念。它既凝聚了华夏先民的生活经验与智慧,也散发出东方文化所特别的瑰丽异彩。中国是一个香的国度,中华民族是一个崇尚道德与馨香的民族。香道文化的形成,可以说是人们对香的托付、由香携来的身心愉悦、本土香料和舶来品的区别,以及烧香、焚香、熏香之不同——诠释。中华香文化在今世又焕发出勃勃生机,展示出奇幻而华美的文化魅力。

中国至少在 6500 年前,我们的祖先发现一些植物具有治疗疾病的功效,通过熏燃闻味可以使病人有所好转,这是人类对熏香的初步认识。神农氏就记述生姜、中国肉桂、大茴香和姜黄的药用功能。他的长寿,被认为在他食物中用了大量的香料有关。位于湖南酃县城西南 15 公里处的炎帝陵,陵的南侧有一池,据说是炎帝洗草药的"洗药池"。而用香料制作熏香,也已有很长的历史。我们可以相信大部分人,都曾经或多或少地在家中使用过熏香,以增添刺激性芳香气味,也许也有人纳闷过。这个传统如何起源及起源何处:可能是最早的岩洞居住者发现,散落在炊火的余烬中的某些落叶能散发出好闻的气味;也可能是他们在煮食时闻到香料遇火后散发出的令人愉快的香气,而导致了香料的发现。这一切我们不得而知,但我们能够确定,古埃及人和古巴比伦人把熏香视为他们宗教仪式的一部分;在古代中国,熏香亦作为一种抵抗鬼怪的魔符。如屈原的代表作《离骚》这首诗中吟到:"苏粪壤以充帏兮,谓申椒其不芳。欲从灵氛之吉占兮,心犹豫而狐疑。巫咸将夕降兮,怀椒糈而要之。百神翳其备降兮,九疑缤其并迎。"据吴丈蜀主编《历代诗词曲佳句名篇大全》的释义,其中是:椒用以焚烧敬神;糈是精米,用以供神。

二、"海上丝绸之路"与永春香源流

由于福建面海,我们的先民很早就利用海上交通和海上资源发展经济。经过汉代数百年的探索实践,福建沿海开发也日有进展。除了农业生产活动外,主要表现海上交通及鱼盐、日用品之利上。《中国南洋交通史》第一章说,中国与南海之交通为时甚古,然载籍之文可征引者,只能上溯至《汉书·地理志》卷一一八西域天竺(今称印度)传云:……大秦(古代中国史书对罗马帝国的称呼)珍物有细布、好氍登毛(今称"毛毯")、诸香、石密、胡椒、姜、黑盐。和帝(公元89年至105年)时数遣使贡献,后西域反畔(判)乃绝。至桓帝延熹二年(公元159年)、四年(公元161年),频从日南(当今越南中部)徼外来献。

据《福建经济发展简史》载,宋元时代主要进口货物有香料,如乳香、沉香、速(束)香、降香、乌香、檀香、香水蔷薇等等。其中以乳香、木香、檀香等相关制香品原料最多,香料的主要产地是南洋群岛、印度支那半岛、印度、东非和阿拉伯,如大食(阿拉伯帝国)的苏合香油、乳香;占城(今越南中部)的沉香、麝香木;阇婆(印度尼西亚瓜哇岛或苏门答腊岛兼称)的檀香、丁香等。当时,福建香料进口大大增加,成为全国主要的香料市场,南宋建炎四年(公元1130年)泉州抽买乳香一项就达86780斤。高宗绍兴六年(公元1136年)大食人啰辛、泉州纲首蔡景芳就因贩入大宗香料药物而被授予"承信郎"。绍兴二十五年(公元1155年),泉州从占城输入香料,就达63334斤,可见输入数量之大。

据宋宁宗开禧二年(公元 1206 年)成书的《云麓漫钞》记载,当时来泉州贸易的国家和地区已达 30 多个,其中包括三佛齐、占城、真腊、渤泥、蒲甘、大食、波斯兰、高丽等。当时的泉州也因此异常繁荣。泉州海船通他国,珍珠、玳瑁、犀象齿角、丹砂水银、沉香等香,希奇难得之宝,其至如委(堆积)。到了南宋中后期,地方官吏对海商的刻剥无所不用其极,如沉脑、薰陆诸珍物,大半落官吏手。缘此不久,泉州对外贸易下跌。

为了改变这种极不景气状况,南宋政府起用阿拉伯商人蒲寿庚为泉州提举市舶司,泉州对外贸易又渐有起色。宋、元交替之际,元王朝争取并继续重用蒲寿庚,使泉州港对外贸易不仅未受战争影响,反而进入极盛阶段。但至元明之际,元朝政府为了对抗农民起义军,纠集居住在泉州的色目人,组成以赛甫丁为首的"义兵"。这批"义兵"控制泉州,割据一方,既参加镇压农民起义,又和元军对抗,从而造成连年混战局面,直到至正二十六年(公元 1366 年)才被商人出身的陈友定平定下去。但随后陈友定军队与朱元璋军队又在此激战,经过几十年战乱,侨居泉州的外商或被迫纷纷归国避难,或改名换姓汉化在附近安家,从事制作香品产业。

因此,明清时期,泉州海外贸易的商品结构发生了变化。据《东西洋考》记载,主要进口包括有苏木、檀香、奇楠香、沉香、降香、速(束)香、乳香、木香、丁香、苏合油、安息香、胡椒等制作香产品的原料在内的百余种商品。这些香料原材料,经过避于泉州附近的外籍人加工成香品等日用品,再出口到外国或其他地区。参见民国《京粤段福建段沿海内地工商业物产交通述要》显示,当时晋江销出香料(香品)为最。

到了清顺治三年(公元 1646 年),蒲氏裔人蒲世茂,由晋江东石古榕迁入永春,在卓埔龙溪寨(今达埔镇汉口村)建古榕堂定居。蒲氏在永春定居后,继续制作祖传工艺——神香,历今 300 多年。同时,在汉口创办"蒲庆兰"神香铺。1928 年,制香传人蒲树礼到当时闽南闻名的繁华集镇——五里街民生路建店屋,设"蒲庆兰香室"。从这个时候始,永春蒲氏人成批制作篾香。

三、永春香与"中国香都"的发展之路

永春篾香又名汉口神香或汉口卫生香,是永春县达埔镇特有的供人们点燃用的名贵香料,它选用产自永春县境内的上等芳香植物和中草经材配制而成。永春香品种繁多,除了篾香外,还有线香、袋香、香珠、香钟、香蛇和炉香等。

"文革"时期,永春篾香制作中断,1976年,由永春日用制品厂从业的蒲氏后裔恢复篾香生产。同时,县外贸部门在达埔的汉口、达中,蓬壶乡的美中、魁都等地设点生产。在继续承传传统生产工艺基础上,采用科学方法配方,增加中草药用量和香料种类,增加花色品种,改进装璜,使篾香产品的质量和包装都有了很大提高。据《永春县志》(1990年版)记载:"1976—1984年,永春日用制品厂生产篾香(卫生香)6793箱,其中1980—1982三年中的出口量达1798箱。自1976年以来,永春篾香由外贸批量收购,年出口总值人民币150万元左右。"

在厦门口岸和外贸部门的扶持和帮助下,引进印度配方制成的桂花贡檀香王、天然纯檀香王等新产品,生产出黑、褐、黄、紫、蓝、青、红、绿等十几种香品。不论哪一种篾香,都有提神醒脑、辟浊爽神、降气散寒等益于身心健康的作用。据专家论证,这种篾香的沉香、檀香和中草药香对抗"非典"具有疗效。

前几年来,永春篾香的生产得到较快的发展,达埔镇篾香产业突飞猛进。在汉口村的带动下,向岩峰、达理、楚安、前峰、蓬莱、洪步、达德、新琼等村幅射,带动了竹脚、香料等原材料供应和包装、销售等相关产业发展;带动直接制香的劳动力就业1000多人,带动相关产业的劳动力就业7000多人。实现了永春篾香生产从过去的以家族式小规模制作为主,向现在的以产业式大规模生产为主的转变。至21世纪初,全县永春篾香生产企业98家,有1家企业获得泉州市知名商标,4家企业取得出口卫生注册登记,1家企业通过ISO9001质量体系认证。主要注册商标有天女、红灯、吉祥、豪汉、兴隆、星达、彬达、卷线、恒美、百轩、金丰、兴全、宏发、达德等二十几个商标。正在建设中的永春县达埔汉口香城,于2003规划征地300亩,投资100万元,将

建设占地 10 亩的篾香展示中心和贸易中心。

2004 年开拓创新,大胆创办诚鑫香城,成立永春篾香科研所,让永春篾香在商位再次腾飞:一方面,采取措施增强集体经济实力,积极兴办集体企业 12 家;投入 15 万元购进制香新设备,大大提高篾香质量和效益;这年,投资 200 多万元在厦门市创办中国宗教用品网。另一方面,根据本地"以企业为支柱、以篾香产业为龙头,以集体带动个体、一业带百业"的发展格局。至 2005 年永春篾香的产量达到 3.75 万吨,产值 22000 万元。这年,永春篾香出口量达 1.3 万吨,出口销售额达 1000 万美元,产品远销欧洲、美国、日本、印度、泰国、韩国、马来西亚、新加坡、香港、澳门、台湾等国家和地区,成为全国最大的神香生产(出口)基地。

历年来,达埔制香企业,在继承蒲氏传统工艺的基础上进行技术改革,广开销路,产品源源不断地远销;制香厂培养了数百年制香能手,成为制香企业的生力军。乘 2006 年"永春篾香"获得国家地理标志产品保护这股东风,2007 年达埔镇整合全镇香业资源,建设永春篾香产业城,既称"香产业专业园区"。首期有彬达、兴隆、联发、金丰 4 家香企入驻。目前,永春县共有制香企业 296 家,规模较大的有 53 家,制香人超过 3 万人,产品达 300 多种,行销国内外。

2013 年以来,达埔镇启动产业园区二期建设,用地 1200 亩。2013 年投入 2.75 亿元,2014 年计划投入 2 亿元。同时做好招商引资,有台湾、厦门、漳州和本地 16 家企业等待入驻。2013 年,全县香产业链总产值达 27.3 亿元。经过共同培育,永春县香品完整产业链已基本形成,产品种类品质、产业规模、市场占有率、服务平台建设、社会影响力等方面已处于同行业领先。2014 年 4 月,永春成为唯一的国家级"中国香都"通过评审,7 月,挂牌仪式正式在永春举行。从此,永春作为"中国香都"开始了全新的一页。

◎ 作者系永春县民间民俗专家

论汉武帝为中国香之鼻祖

◈ 刘建朝

先秦时期用香情况,既有遗迹可考,又有文字记载,但用香的主体较为模糊,用香的客体也较为原始,只能归为中国用香史的萌芽阶段。至汉武帝时期,国力达到鼎盛,汉武帝用香,香品丰富,用途广泛,且推广香器、移植香草香木,中国用香已趋于成熟,后人还构建了汉武帝用香的传说故事。汉武帝用香,前无古人,后启来者,是当之无愧的中国香之鼻祖。

"香"字的本义为黍类植物或粮食的香气,引申为芳香、香料或有香味的制品、与女子有关的事物、吃得有滋味、觉睡得安稳等。(《常用汉字源流字典》)《古代汉语大词典》对"香"字作了更详细的释义,现略举一二——"本指谷类熟后的气味。引申为气味美的通称。与'臭'相对。如:稻香;花香。""比喻受赞美或受欢迎。苏舜钦《舟中感怀寄馆中诸君》诗:'名迹万世香。'""古代文人用以形容女子的事物或作女子的代称。如:香闺;香消玉殒。"可见,"香"字多义。本文所探讨的"香",主要指:"有香味的原料或制成品。如:麝香;檀香;线香;盘香。"中国用香源远流长,可上溯至先秦时期,但到汉代才真正趋于成熟。

一、先秦用香概述

在迄今六千多年的湖南城头山遗址和上海崧泽遗址,考古发现了用以燔烧物品的祭坛。早期的祭祀有燔烧柴木、烧燎祭品等祭法。如《尚书·舜典》记载舜行燔柴之祭:"东巡守,至于岱宗,柴。望秩于山川。"邢昺认为,燔

柴是祭祀时以祭品、柴木的烟气上达神明。另外，辽河流域的红山文化遗址发现了五千年前的陶熏炉炉盖，黄河流域的龙山文化遗址发现了四千年前的蒙古包形灰陶熏炉，即四五千年前就出现了作为生活用品的陶熏炉。在中华文明的早期阶段，行燔柴之祭和使用陶熏炉有可能用到香木或香草，换言之，当时可能有了祭祀用香与生活用香。[1]因此，丁谓《天香传》曰："香之为用，从上古矣，所以奉神明，可以达蠲洁。"

随着历史的发展，有确凿的文字记载了周代用香事迹。如《诗经·生民》记述周人祖先用"萧"（香蒿）来祭祀："取萧祭脂，取羝以軷。载燔载烈，以兴嗣岁。"《礼记·内则》反映了当时人们佩戴香包、赐受香料的习俗："男女未冠笄者……皆佩容臭。""妇或赐之饮食、衣服、布帛、佩帨、茝兰，则受而献诸舅姑。"这里的"容臭"指香包，"茝兰"指白芷与兰草。《周礼》的"翦氏掌除蠹物……以莽草熏之，凡庶蛊之事"和"蝈氏掌去蛙黾。焚牡菊，以灰洒之，则死"，是用香药来防治虫害的记载。还有战国时期的屈原，他在《离骚》《九歌》等楚辞多次展现了"香草"意象。如种植香："余既滋兰之九畹兮，又树蕙之百亩。"采摘香："朝搴阰之木兰兮，夕揽洲之宿莽。"佩戴香："扈江离与辟芷兮，纫秋兰以为佩""制芰荷以为衣兮，集芙蓉以为裳"。饮食香："朝饮木兰之坠露兮，夕餐秋菊之落英。"沐浴香："浴兰汤兮沐芳，华采衣兮若英。"祭祀香："巫咸将夕降兮，怀椒糈而要之。"

上述的先秦时期用香情况，既有遗迹可考，又有文字记载。但是，对于中国用香史能否溯及远古，也有研究者持保留态度。如考古发掘的祭坛遗址，虽有燎祭遗存，但是无法考证燃烧的到底是不是香料。[2]直至周朝，用香情况虽较为原始、简陋，但已有文字记载为证，显得更为可信，然而绝大部分的用香者姓名却不得而知。屈原是先秦时期有姓名可考的用香之人，被一些论者视为中国香道文化的始祖。本文以为，"香草"是屈原诗歌中的主要意象，在一定程度上反映了日常生活中诗人与香的关联，但也反映了屈原用香的诸多局限。首先，诗人用香情况主要载于楚辞，在充满浪漫色彩的诗文中，有些用香只是想象性的，而不是真实的记录。如"制芰荷以为衣兮，集芙蓉以为裳"，以菱叶和荷叶为衣裳，是为了表现自身的高洁品格，很难说是生活实录。其次，诗人用香事迹继承的成分多，而少创新。"香草"意象，来自于楚地常见的名物，且一些用香方式如"巫咸将夕降兮，怀椒糈而要之"，只是楚地巫文化在诗人身上的体现。最后,诗人受流放生活的影响,用香方式大受限制,主要为原始香草,而缺乏加工或制成品,几乎没有用香主流之熏香活动。这些使屈原楚辞中的香草物象主要在文人的诗文中得到传承和发扬,有些香草虽在后代被采用为香,但影响之源头很难推及屈原。因此,"屈原为中国用香始祖"的观点,颇为牵强。

总之,先秦时期用香的主体较为模糊,用香的客体也较为原始,这时期只能归为中国用香史的萌芽阶段。《叶氏香录序》云:"古者无香,燔柴炳萧尚气臭而已。故香之字,虽载于经,而非今之所谓香也。至汉以来,外域入贡,香之名始见于百家传记。"[3](《香乘》卷二十八)《陈氏香谱序》中也认为:诗书言香,不过黍稷萧脂,故香之为字,从黍作甘。古者从黍稷之外,可炳者萧,可佩者兰,可邑者郁,名为香草者无几,此时谱可无作。《楚辞》所录,名物渐多,犹未取于遐裔也。汉唐以来,言香者必南海之产,故不可无谱。"[3]这些观点认为"汉代之前无香",但并非要否认此前的香料的存在和熏香活动,而是重在对香料的馥郁度的追求发生变化。[4]P217也就是说,只有到汉代,才有真正契合后人标准的"香"。

二、汉武帝用香

秦代统一了六国,至汉代武帝刘彻时,中国版图更加辽阔,国内相对稳定,同时加强对外的往来。这样的环境中,汉武帝"兴大学,修郊祀,改正朔,定历数,协音律,作诗乐,建封禅,礼百神,绍周后,号令文章,焕焉可述"(《汉书·武帝纪》),其中涉及用香方面,也大有可陈。

(一)香品丰富

《香乘》卷一云:"香最多品类,出交、广、崖州及海南诸国,然秦汉已前未闻,惟称兰蕙椒桂而已,至汉武,奢广尚书郎奏事者始有含鸡舌香,及诸夷献香种种征异。"[5]汉武帝时期,香的种类包含丰富的外来香,突破本土的"兰蕙椒桂"范围。如,茵犀香:"西域献,汉武帝用之,煮汤辟疠。"(宋代叶廷圭《名香谱》)龙文香:"武帝时所献,忘其国名。"[6]P2龙华香:"汉武帝时,海国献龙华香。"[7](《香乘》卷七)辟寒香:"丹丹国所出,汉武帝时入贡。"[5](《香乘》

卷八)兜末香:"兜渠国所献,如大豆,涂宫门,香闻百里。"[6]P11 乾陀罗耶香:
"西国使献香,名乾陀罗耶香……着香如大豆许在宫门上,香自长安四面十
里,经月乃歇。"[7](《香乘》卷八)以上所列诸香多为制成品香料,可能存在品
种相同而名称不一的现象,但都为献给汉皇的贡品,突显了汉武帝时丰富的
用香种类。

(二)用香广泛

香的用途广泛,主要有祭祀、祛病,家居生活等方面。

祭祀礼佛方面。《香乘》卷八载:"武帝修除宫掖,燔百和之香,张云锦之
惟,燃九光之灯,列玉门之枣,酌蒲萄之酒,以候王母降。"[7]又如《汉武洞冥
记》卷第二:"元鼎元年,起招仙阁于甘泉宫西。……阁上烧荃蘼香屑,烧粟
许,其气三月不绝。"汉武帝还是中国烧香礼佛之第一人,据《魏书·卷一百
十四·志二十·释老十》:"汉武元狩中,遣霍去病讨匈奴,至皋兰,过居延,
斩首大获。……获其金人,帝以为大神,列于甘泉宫。金人率长丈余,不祭
祀,但烧香礼拜而已。此则佛道流通之渐也。"

祛病辟疫方面。汉武帝以月支香辟疫气:"天汉二年,月支国贡神香,武
帝取看之,状若燕卵,凡三枚,大似枣。帝不烧,付外库。后长安中大疫,宫
人得疾,众使者请烧一枚以辟疫气,帝然之。宫中病者差,长安百里内闻其
香,积九月不歇。"[6]P10《博物志》有更详细的记述:"汉武帝时,弱水西国有人
乘毛车以渡弱水来献香者,帝谓是常香,非中国之所乏,不礼其使。留久之,
帝幸上林苑,西使干乘舆闻,并奏其香,帝取之,看大如燕卵,三枚,与枣相
似。帝不悦,以付外库。后长安中大疫,宫中皆疫病,帝不举乐。西使乞见,
请烧所贡香一枚,以辟疫气。帝不得已听之,宫中病者登日并差。长安中百
里咸闻香气,芳积九十余日,香由不歇。帝乃厚礼发遣钱送。"[8]P69此二则记
载的也许是同一种香,但记述了汉武帝用香来除病的事迹,是古代芳香治疗
的典型案例。

家居生活方面。香气不仅芬芳怡人,还能祛秽致洁、安和身心、调和情
志,有养生养性之功效。香可辟寒,如《述异记》记辟寒香:"丹丹国所出,汉
武帝时入贡。每至大寒,于室焚之,暖气翕然而入,人皆减衣。"[6]P15香可助
梦,《香乘》卷九载:"钟火山有香草,汉武思李夫人,东方朔献之,帝怀之,梦

见,因名怀梦草。"[7]P15 香木可架屋,如"汉武帝作柏梁台,以柏香闻数里",又"武帝时,昆明池中有灵波殿七间,皆以桂为柱,风来自香。"[7] 香可除口气,"至汉武,奢广尚书郎奏事者始有含鸡舌香",正如《通典·职官典·尚书上·历代郎官》载:"尚书郎,口含鸡舌香,以其实事答对,致使气息芬芳也。"这些反映出汉武帝时生活用香的广泛性。

(三)香器推广

博山炉在战国时期就出现了,但真正流行开来却始于汉武帝时期,这与汉武帝的推重紧密相关。博山炉作为焚香所用的器具,其炉盖造型常像群山的外形,当香烟自镂空的山形中散出,如仙气缭绕,形成奇幻的仙境感,而奉仙好道的汉武帝自然是对此情有独钟。现存的鎏金银竹节熏炉,是汉武帝时茂陵阳信长公主墓陪葬坑陪葬品,从熏炉上的铭文和同时出土的其他器物上的铭文可以推测,这熏炉是汉武帝建元五年(前 136 年)赏赐给阳信长公主的。[9] 鎏金银竹节熏炉作为皇帝的赠品,由此可见汉武帝对博山炉的珍爱程度。而汉武帝及皇室王族的使用,当时的士大夫们也效仿起来,促使了博山炉的流行。汉武帝时还出现了香灯,据《援神契》曰:"古者祭祀有燔燎,至汉武帝祀太乙,始用香灯。"[7] 可以说,汉武帝用香对焚香器具的改良和推广有着重要的作用。

(四)用香传说

汉武帝信道求仙,被后人构建为各种神话传说,其中不乏与用香相关的被载于《汉武故事》《汉武洞冥记》《拾遗记》《神仙传》等。如《汉武故事》记载,七月七日,汉武帝于承华殿斋戒,忽见有青鸟从西方来集殿前。武帝问东方朔,朔言:"西王母暮必降尊像上,宜洒扫以待之。"武帝乃施帷帐,烧兜末香,此香如大豆,兜渠国所献,涂在宫门,可闻数百里。《拾遗记》载:"汉武帝梦李夫人授蘅芜之香,帝梦中惊起。香气犹着衣枕,历月不歇。"[6]P13 还有葛洪《神仙传》卷八载的"王兴"故事:汉武帝上嵩山,夜梦遇中岳之神,教服菖蒲以长生。乃采菖蒲服之,且二年,而武帝性好热食,服菖蒲每热者,辄烦闷不快,乃止。时从官多皆服之,然莫能持久,唯王兴闻仙人使武帝常服菖蒲,乃采服之,不息,遂得长生,魏武帝时犹在。

汉武帝获赠香料,也使用香料,还在扶荔宫移植了一些香草香木。"汉武帝元鼎六年,破南越起扶荔宫,以植所得奇草异木:菖蒲百本;山姜十本;甘蕉十二本;留求子十本;桂百本;蜜香、指甲花百本;龙眼、荔枝、槟榔、橄榄、千岁子、甘橘皆百余本。"[10]扶荔宫在上林苑中,其中有菖蒲、桂等香草香木。从中可见,汉武帝用香所涉及范围之广泛,这些确立了汉武帝在中国用香史上的重要地位。

三、中国香之鼻祖

鼻祖,即始祖、开端,比喻为创始人。中国香之鼻祖,既可指中国用香之开端,又可引申为中国香(学派或技艺)之创始人。中国用香的历史久远,先秦时人采折香草香木来佩戴或焚烧,这并非不可能,但谁是第一人却无从考证。先秦之屈原,虽有姓名和用香的记载,但他是战国时期的人,很难说得上是开端或第一人。因此,探究中国香之鼻祖,并非指向中国用香的第一人,而应指向中国用香学派的创始人。以此来说,汉武帝刘彻是当之无愧的鼻祖。

首先,汉武帝最早具有良好的用香条件。汉武帝时期,国力达到鼎盛,不仅盛产香料的边陲地区进入西汉版图,而且加强了对外的交流与贸易,其中香料是重要的进贡物品,而各种贵重香料必先为汉武帝所拥有。这些香虽为外来香,但构成中国香的一部分。再则,秦汉时用香(如香熏)主要为上层贵族所有,并非流行于民间百姓,而汉武帝尊为一国之君,具备最好的用香器具以使用各种奇香。

其次,汉武帝用香多有开创和突破。一是汉武帝为中国烧香礼佛第一人。当时"获其金人,……不祭祀,但烧香礼拜而已"。佛教由此传入中国,焚香的飘渺和佛神玄虚的气氛完全吻合,烧香祭祀在后代佛教及道教中兴盛起来。二是汉武帝为中国用香灯第一人。"汉武帝祀太乙,始用香灯"[7](《香乘》卷十),而后人在使用中,赋予了香灯深层内涵。三是汉武帝为中国移植香草香木第一人。汉武帝举国之力,建造"扶荔宫"。虽然南北地域气候之差多有失败,但他是移种香的尝试者。汉武帝用香方面的开创和突破,对中国用香的影响十分深远。

最后,汉武帝广泛用香,开用香之风尚。汉武帝求仙好道,在祭祀礼佛、祛病辟疫、家居生活等方面广泛用香。汉武帝还推广博山炉等香器,皇室贵族率先享用,并逐渐流传至士大夫和一般官吏,用香成为一种尊贵的象征,开始进入日常生活。[11]P132 有论者以为:"中国的香文化是肇始于远古,萌发于先秦,初成于秦汉。"[1]P18 所谓的"初成于秦汉",应指汉武帝的广泛用香,他既开用香之风尚,又使中国用香学派得于形成。

需要补充的是,本文所资文献有些为神话志怪小说,并非全部引自经典史料,似乎不足为凭。然而,"汉武好道,遐邦慕德,贡献多珍;奇香叠至,乃有辟瘟回生之异;香云起处,百里资灵。然不经史载,或谓非真,固当事秉笔者,不欲以怪异使闻于后世人君耳"[7](《香乘》卷七),一些用香事迹虽只记录在神话传说中,但仍可作为汉武帝用香的参考。总之,香"可邀天集灵,祀先供圣,是敬天畏人的体现,又是礼的表述;是颐养性情,启迪才思的妙物,又是祛疫辟秽,安神正魄的良药",而两千多年前的汉武帝刘彻已将香的功用发挥得淋漓尽致。汉武帝用香,前无古人,后启来者,是当之无愧的中国香之鼻祖。

参考文献

[1] 傅京亮.洗尽铅华起天香[J].中华手工.2014(8).

[2] 肖军.中国香文化起源刍议[J].长江大学学报:社会科学版,2011(9).

[3] [明]周嘉胄.香乘:第四册[M].上海:进步书局.

[4] 韩波.汉代宫廷香薰活动及香薰器具的艺术成就[J].艺术百家,2010,26(5).

[5] [明]周嘉胄.香乘:第一册[M].上海:进步书局.

[6] 洪刍.香谱[M]//王云五.香谱 勇卢闲诘.上海:商务印书馆,1937.

[7] [明]周嘉胄.香乘:第二册[M].上海:进步书局.

[8] 祝鸿杰.博物志全译[M].贵阳:贵州人民出版社,1992.

[9] 李卫.汉代鎏金银竹节熏炉(博物一览)[N].人民日报海外版,2007-05-17(7).

[10] 陈直.三辅黄图校证[M].西安:陕西人民出版社,1980.

[11] 丁洁韵,金芷君.中国古代香薰活动的缘起与发展[J].中华医史杂志,2010(3).

◎ 作者系长安大学副校长、研究员。本文为"香之鼻祖"征文。

屈原是当之无愧的中国香之鼻祖

◇ 吕胜菊

人类使用天然香料的历史久远。从现有的史料可知,春秋战国时,中国对香料植物已经有了广泛的利用。中国香文化的发展可概括为:肇始于春秋,成长于汉,完备于唐,鼎盛于宋。它既是一种精英文化,又是一种大众文化,陪伴着历代英贤走过了五千年的沧桑风雨,走出了华夏文明光耀世界的灿烂历程,对中国人文精神的孕育与哲学思想的形成都是重要的催化与促进。无论是从名人效应,还是真正地追溯历代文人对中国香文化的贡献,屈原都是当之无愧的中国香之鼻祖。

一、中国香文化的起源

中国的香,历史久远,远到与中华文明同源。近可溯及 2000 多年前汉武帝的鎏金银竹节薰炉,战国时期的鸟擎铜钵山炉。远可溯及 3000 多年前殷商时期"手执燃木"的祭礼,再远则有 4000 多年前龙山文化及良渚文化的陶薰炉,还有 6000 多年前城头山遗址的祭坛及更早的史前遗址的燎祭遗存。中国香,邀天集灵,祀先供圣,是敬天畏人的体现,又是礼的表述;是颐养性情,启迪才思的妙物,又是祛疫辟秽,安神正魄的良药。历代的帝王将相、文人墨客、平民百姓、僧道大道,无不以香为伴,对香推崇有加。

"平生饱食山林味,不奈此香殊妩媚。"香,灵动高贵而又朴实无华;玄妙深邃而又平易近人。它陪伴着中华民族的历代英贤走过了五千年的沧桑风雨,走出了华夏文明光耀世界的灿烂历程。它启迪英才大德的灵感,濡养仁人志士的身心,架通人天智慧的金桥,对中国人文精神的孕育与哲学思想的形成都是重要的催化与促进。人类对香的喜好,乃是与生俱来的天性,有如蝶之恋花,木之向阳。香,在馨悦之中调动心智的灵性,于有形无形之间调息、通鼻、开窍、调和身心,妙用无穷。正是由于深谙此理,历代的帝王将相、文人墨客才竞皆惜香如金、爱香成癖。

"花气无边熏欲醉,灵芬一点静还通。"香,既能悠然与书斋琴房,又可缥缈于庙宇神坛;既能在静室闭观默照,又能于席间怡情助兴;既能空里安神开窍,又可实处化病疗疾;既是一种精英文化,又是一种大众文化。究其实,它出身本无固定之标签,唯灵秀造化源于自然。

人类使用天然香料的历史久远。从现有的史料可知,春秋战国时,中国对香料植物已经有了广泛的利用。由于地域所限,中土气候温凉,不太适宜香料植物的生长,所用香木香草的种类尚不如后世繁多。秦汉时,随着国家的统一,疆域的扩大,南方湿热地区出产的香料逐渐进入中土。魏晋南北朝时,虽战乱不断,但香文化仍获得了较大发展。

古代的香以芳香药材为主料,讲究配方,有多种养生功能。既用于祭祀,敬奉天地、日月、先祖、神明;也用于日常生活,并且功用甚广,包括室内薰香、薰衣薰被、祛秽致洁、养生疗疾等等。客厅、卧室、书房、宴会、庆典以及朝堂、府衙等政务场所、茶坊酒肆等公共场所都常设炉薰香。实际上,早在唐宋时期,香就已成为古代社会的一个重要元素,与日常生活息息相关。读书办公有香,参禅论道有香,吟诗作赋、抚琴品茗有香,天子升殿、府衙升堂有香,宴客会友有香,婚礼寿宴有香,进士考场有香……对文人士大夫来说,香更是生活中的必有之物,许多人不仅焚香用香,还广罗香药香方,亲手制香,并从各个方面来研究香。人们经常用的有泽兰(非春兰)、蕙草(蕙兰)、椒(椒树)、桂(桂树)、萧(艾蒿)、郁(郁金)、芷(白芷)、茅(香茅)等。那时对香木香草的使用方法已非常丰富,已有熏烧(如蕙草、艾蒿),佩带(香囊、香花香草),煮汤(泽兰),熬膏(兰膏)、入酒等方法。《诗经》《尚书》《礼记》《周礼》《左传》及《山海经》等典籍都有很多相关记述。

人们对香木香草不仅取之用之,而且歌之咏之,托之寓之。如屈原《离骚》中就有很多精彩的咏叹:"扈江离与辟芷兮,纫秋兰以为佩";"朝饮木兰之坠露兮,夕餐秋菊之落英","户服艾以盈要兮,谓幽兰其不可佩","何昔日

之芳草兮,今直为此萧艾也","椒专佞以慢稻兮,木杀又欲充夫佩帏"。

秦汉时,随着国家的统一,疆域的扩大,南方湿热地区出产的香料逐渐进入中土。随着"陆上丝绸之路"和"海上丝绸之路"的活跃,东南亚、南亚及欧洲的许多香料也传入了中国。沉香、苏合香、鸡舌香等在汉代都已成为王公贵族的炉中佳品。道家思想在汉代的盛行以及佛教的传入,也在一定程度上推动了这一时期香文化的发展。

西汉初期,在汉武帝之前,熏香就已在贵族阶层流行开来。长沙马王堆汉墓就出土了陶制的熏炉和熏烧的香草。熏香在南方两广地区尤为盛行。汉代的熏炉甚至还传入了东南亚,在印尼苏门答腊就曾发现刻有西汉"初元四年"字样的陶炉。"博山炉"在西汉至魏晋南北朝的七百年间一直广为流行。

伴随香炉的广泛使用,熏香风习更为普遍。向皇帝奏事的官员也要先熏香(烧香熏衣),奏事时还要口含"鸡舌香"(南洋出产的丁子香树的花蕾,用于香口)。汉代还出现了能直接放在衣物中熏香的"熏笼",以及能盖在被子里的"被中香炉",即"熏球"。熏炉(包括博山炉)、熏笼等香具也是汉代王墓中常见的随葬品。

香文化在汉代的快速发展,汉武帝有很大贡献。他在位期间大规模开边,通西域,统南越,开海路,在促进东西方交流的同时也便利了南部湿热地区及海外香料的传入。汉武帝本人有很精美的鎏金银制熏炉,或许他也喜爱熏香。

魏晋南北朝时,虽战乱不断,但香文化仍获得了较大发展。熏香在上层社会更为普遍。同时,道教佛教兴盛,两家都提倡用香。这一时期,人们对各种香料的作用和特点有了较深的研究,并广泛利用多种香料的配伍调合制造出特有的香气,出现了"香方"的概念。配方的种类丰富,并且出现了许多专用于治病的药香。由此使得"香"的含义也发生了衍变,不再仅指"单一香料",而是也常指"由多种香料依香方调和而成的香品",也就是后来所称的"和香"。从单品香料演进到多种香料的复合使用,这是香品的一个重要发展。用香风气从王公贵族扩展到文人中间,并且出现了许多描写熏香或香料的诗文,如曹丕的《迷迭香赋》、刘绘的《咏博山香炉》。这一切都为中国香文化的发展打下了良好的基础。

二、中国香文化的发展

人类之好香为天性使然，不过人们开始用香的确切时间已难于考证。从现存的史料来看，中国用香的历史可以溯及春秋之前。汉代时，香炉得到普遍使用，上层社会流行薰香、薰衣，也出现了调和多种香料的技术，香文化开始略具雏形。魏晋南北朝时，文人阶层开始较多使用薰香。唐代时，香在诸多方面获得了长足发展。宋代时，香文化达到了鼎盛时期，完全融入了人们的日常生活；其后，在元明清得到了保持与稳步的发展。

中国香文化的发展可概括为：肇始于春秋，成长于汉，完备于唐，鼎盛于宋。

近现代以来，中华民族命运多舛，香文化的发展也受到了巨大的阻抑，渐渐被局限在庙宇神坛之中。以至当今有很多人都将香视为宗教文化之一隅，甚而归入封建迷信的范畴，实为时代之遗憾。

从刘向、李商隐、李煜、苏轼、黄庭坚到朱熹、文征明、丁渭，历代文人都有大量写香的诗文传世，从《诗经》到《红楼梦》，从《名医别录》到《本草纲目》，历代经典著作都有关于香的记录……

中国香文化历经千年风雨，留给民族与历史的是一笔不可多得的财富。生活用香一直是推动香文化发展的主要力量，从西汉的跃进到两宋的鼎盛，明清的广行，皆是如此。西汉香炉的普及、香药品类的增加、薰衣薰被、居室薰香、宴饮薰香等都属生活用香的范畴。可以说，薰香在西汉兴起之时即被视为一种生活享受，一种祛秽养生的方法。在"巷陌飘香"的宋代，香也有浓厚的世俗生活色彩，其极端代表即是南宋杭州的酒楼上也有备着香炉的"香婆"随时为客人供香。

可以说，中国的香文化能早期兴起、长期兴盛、广行于"三教九流"，都大大得益于"香气养性"的观念。兴起于西汉的香虽属生活用香，却也并非仅仅被视为一种生活享受，其发展速度之快、地域之广，与"养性"学说在当时的流行有很大关系。《荀子·正论》所言"居如大神、动如天帝"的天子也以香草养生，"侧载睪芷以养鼻"，盖可作为西汉王族薰香的一大注释。养鼻何以能够养生？《神农本草经疏》云："凡邪气之中，人必从口鼻而入。口鼻为

阳明之窍、阳明虚则恶气易入。得芬芳清阳之气则恶气除,而脾胃安矣。"正是香气养生的观念塑造,从而推动了西汉的生活用香,推动了香炉与香药的使用,铸就了中国香文化的基石,也赋之以长久的生机并预示了它辉煌的前景。

三、屈原是当之无愧的中国香之鼻祖的理论依据

"一炷烟消火冷,半生身老心闲。"中国文人大多爱香,文人与香有着不解之缘,中国文化与香之间也有着千丝万缕密切而微妙的关系。读书以香为友,独处以香为伴;衣需香熏,被需香暖;公堂之上以香烘托其庄严,松阁之下以香装点其儒雅。调弦抚琴,清香一炷可佐其心而导其韵;幽窗破寂,绣阁组欢,香云一炉可畅其神而助其兴;品茗论道,书画会友,无香何以为聚?屡屡馨香,始终像无声的春雨一样滋润熏蒸着历代文人的心灵。从魏晋时期流行熏衣开始,文人把用香视为风习,把爱香当作美名,整个文人阶层都广泛用香,从而带动了全社会的用香风气。香之所以在后世能发展到具有丰富的文化内涵和高度的艺术品质,则应归功于历代文人。而屈原,就是当之无愧的中国香之鼻祖。

"炉烟袅孤碧,云缕霏数千;悠然凌空去,缥缈随风还。"最早多元化描述香与生活的文学作品,莫过于《楚辞》。屈原在《离骚》中与芳香有关的诗句就有五十一处之多。屈大夫在"扈江蓠与辟芷兮,纫秋兰以为佩"一诗更清楚的讲明了其佩香的含义。王逸注曰:"行清洁者佩芳,言己修洁,乃取江蓠芷兰以为被服,博采众善以自约束也"。又曰:"言行仁义勤身自勉,犹荋众香也"(荋:比喻在身上种香)。简白的讲就是,我要以道德完善而为至贵的目标,让香气时时护佑我、滋养我,使我达到身心的沉静和完美。

《离骚》中充满了种类繁多的香草,这些香草作为装饰,支持并丰富了美人意象。同时,香草意象作为一种独立的象征物,特指品德和人格的高洁。屈原,可谓是中国香道的始祖性人物,他不仅是位忠君爱国的仁人志士,更是对香有独到品位的香道高人。因为他,香草美人,成为中国古典文学的一个象征,象征爱国,象征高雅,象征君子。

屈原,名平字原,出身于楚国贵族,是楚武王熊通之子屈瑕的后代,出生

于春秋战国楚国秭归(今湖北宜昌市秭归县)。他作为楚国大夫经常与楚怀王商议国事,并曾参与国家法律的制订,主张"章明法度,举贤任能,改革政治,联齐抗秦"。在他的辅佐下,楚国曾一度辉煌,民运亨通,百姓安居乐业。但后来由于受上官大夫靳尚和怀王宠妃郑袖等奸人的陷害而被怀王驱逐出首都郢都,过上了流放生活。在流放期间,渔父曾劝他要随大流,要与世推移,不要深思高举,不要清高,但他表示宁投江而死,以死明志,也不辱自己的清白。最后在秦国大将白起攻到楚国郢都时,于农历五月初五日,他毅然抱石投了汨罗江而死。不仅如此,屈原还是我国被列入世界文化名人的第一人,他的诗充满爱国主义情调,擅长浪漫主义笔调和手法,其中《离骚》、《九歌》、《天问》、《招魂》等诗篇大多被西汉刘向编辑的《楚辞》所收录,流传至今,仍然广为称颂。

"扈江离与辟芷兮,纫秋兰以为佩。朝搴阰之木兰兮,夕揽洲之宿莽。杂申椒与菌桂兮,岂惟纫夫蕙茝!余既滋兰之九畹兮,又树蕙之百亩。畦留夷与揭车兮,杂杜衡与芳芷。朝饮木兰之坠露兮,夕餐秋菊之落英。擥木根以结茝兮,贯薜荔之落蕊。矫菌桂以纫蕙兮,索胡绳之纚纚。制芰荷以为衣兮,集芙蓉以为裳。佩缤纷其繁饰兮,芳菲菲其弥章。"这些是出自《离骚》中屈指可数的关于香草的诗句,这些也是推崇屈原为当之无愧的中国香之鼻祖的理论依据。

不论从屈原的刚直不阿、主张正义、清高、不随波逐流、爱国等精神和品质上,还是从他的诗词留给后人的价值上来讲,其意义都深远而伟大,因此在端午节即将来临之时,从其精神品质和文化上,人们要去祭奠他,缅怀他,纪念他。无论是从名人效应,还是真正地追溯历代文人对中国香文化的贡献,我认为,这从某种程度上来说,既是对屈原精神的一种敬畏和尊重,同时也是对他作为当之无愧的中国香之鼻祖的认可。

从屈原精神延伸开来,许多喜欢中国传统文化的人也在大力推崇中国香,中国香文化专家——深圳沉香研究会会长陈伟认为:"中国才是香文化的起源地,早在上古时代,我们的香文化就已经成为一种'礼'。香是一把钥匙,它能开启人类的智慧。"在陈伟看来,与香接触并不是朝夕可为的事情,因此万不可着急上火,而是需要平心静气地去感受、领悟,也正是在这一点一滴的过程中,人类的文明得以孕育、发展、升华。

我知道,每一款香都有一个境、一个念,一种述说、一种赋予。因为小妹把自己完全交给佛祖,投身佛门,彻底地放下,彻底地远离俗世纷争,家里有这样虔诚的佛教徒,父母在她的影响下,一直吃斋念佛,身体不错,心态也调整得不错,父亲的性情也改变了不少,很好地控制了病情的稳定,在我看来,与佛结缘也是一件幸事,人有信仰也是好事。这对我的思想还是有一定的冲击,慢慢地自己也逐渐淡然,自然也让我养成了喜欢焚香的习惯。看着袅袅烟雾升腾,我喜欢和香说话,毕竟妙香的美蕴深厚,我想听懂每一股馨妙气息,读懂升腾之中每一段舞姿妙语,想知道入真香之境的美妙,感真香之气的畅快,领悟真香之道。我希望涉过千年之河的香文化,也能跨越波折,焕发蓬勃的生机;希望更多的人们以更加清澈的目光审视传统文化的是非功过,对其精华灿烂报以更加睿智的热爱与珍惜,让有众多知香、乐香、兴味于传统文化的人们共同关心着它的发展;尘埃落处,月明风清,洗尽铅华,再起天香,中国香文化需要继承和弘扬。相信,融入了书斋琴房的中国香不再渐行渐远,不再失去它美化生活、陶冶性灵的内涵,愿我们更多的人在闲暇时分,燃起一炷香,静下心来,品香、赏香。

参考文献

[1]傅京亮:《中国香文化》。

[2]《屈原:中国香道文化始祖香草美人忠君爱国》,华佛光文化网。

[3]《中国香文化专家:"香是一种生活"》,中国新闻网。

◎ 作者系云南省怒江州泸水县文体广电局副研究馆员,泸水县作协副主席。本文为"香之鼻祖"征文。

香之鼻祖，香草美人——屈原

◇ 张亚峰

有些人一直认为香文化在古代史上是一个容易被人忽视的部分，但事实上，它已逐渐成为值得人们驻足的蔚为大观的文化风景。从香的种类上来说，世界上的有香物质约有 40 万种之多，分为植物类与动物类，根据原料的不同又分为灵猫香、丁香、罗勒等品种，许多香还分品级，如龙脑香就有熟脑、梅花脑、米脑等九级之分，这也足以说明香的世界的博大精深。

一、何为香？何为鼻祖？

这个问题的本质即"香之鼻祖应当符合怎样的标准"，其中的"香"应当是指香料还应当是指香文化呢？这是寻找鼻祖之前不得不正视的问题。

就个人看来，这里说的香，应该是香料与香文化的结合体，并且我们也都该知道，每种新生事物不断地发展长存都必须要依靠其中内涵的延续，所以，在"香"这个概念之中，香文化的比重势必要稍大于香料本身。

那么，何为鼻祖呢？鼻祖，指始祖，比喻创始人。语出《汉书·扬雄传上》："有周氏之婵嫣兮，或鼻祖于汾隅。""鼻"的本字原为"自"。甲骨文和金文中"自"和"鼻"的读音是一致的（许慎《说文解字》中也说道："自，读若鼻。"）。《说文》里也有"今以始生子为鼻子"的说法，此种"鼻"字的意思即"第一"、"最初"或"开始"的意思。所以，最早的祖先、创始的祖师就称"鼻祖"。

二、香料与香文化

此时我们就该一分为二地看,香料在我国的使用历史,可追溯到5000年前,据明代周嘉宵《香乘户》称,"香之为用从上古矣。秦汉已前,堪称兰蕙椒桂而已"。事实也是如此,根据《黄帝内经》、《诗经》等文献考察与考古佐证,黄帝神农时代,部落之中早已经有采集树皮草根作为医药用品,随身佩戴或燃烧来驱疫辟秽,同时,人们对植物中挥发出来的香气自然也已重视,又加以自然界花卉的芳香,对之产生爱好的美感。

然而我们并不能说香之鼻祖就生活在黄帝神农时代。知识界大多数人都会接受这样的观点,当有些专门的技艺起源于某少数人,那么他大多会存在于神话之中被人铭记,如宗教之鼻祖或学术论题之鼻祖,他们不一定是第一个发现或创造那事物的人,因为这是最为难以考证的问题之一,但他们却大多是是将其升华化、大众化的人。

对于香料的使用历史,来源于生活大众,开端于一个时代,因为年代久远、史料不足,难以归结于某个人或少数人。

另一方面,香文化的起源就有史可考了,岁月证明,历史总是会青睐于具有普及性的文化,香驻足于万万寻常人家,保证了它的繁荣发展。许多人家在祭祀祖先时都要准备香料,在中药材中,香料家族的成员也不可或缺。从广义的香料上来说,像茴香、桂皮这样的香材被加入到菜肴糕点之中,我们现在过端午节时仍要在门上挂上艾叶之类的香草,这也算是对古代香文化的一种传承了。

《诗经》中常有用香祭祀或者表达心意的描写—《周颂》中有曰:"有秘其香,邦家之光,有椒其馨,胡考之宁"古人们用馨香的酒菜、椒木祭祀先祖,以求福庇,此类描述,在《周礼》、《易经》中也十分频繁。"惟士与女,伊其相谑,赠之以芍芍",香也是爱情的红娘,大多爱情小说、传奇都有它的身影,从唐传奇《非烟传》中的"连蝉锦香囊"到《红楼梦》中的"射香串"、"玫瑰露",辗转的少女心事中多了一脉柔和的味道,缠绵的香气也缠上一幕幕悲欢聚散的惆怅。

香料与香文化在中国古代史上并没有轰轰烈烈地大放异彩,它以温婉芳香的气息已融入到政治、经济、文化、社会等各个领域,在这岁月中随处可见香的身影,这其中寻找鼻祖之路的重要证据还数中国古典文学。

我国古代文献从科技角度记载香料的非常之多。最早用文字记载植物知识的书籍,春秋时代的《诗经》(公元前 770—前 476 年),内容包括周初到春秋中叶的诗歌 300 余篇,记载植物共有 132 种,其中很多是有关采集、利用和与香料有关的知识。从东汉陶弘景编著的《神农本草经》(公元 500 年)其中有植物药物 252 种,后来几乎所有的本草书目都有香料植物和动物的记载。比较有名的包括《新修本草(唐本草)》(苏敬,659 年),《本草拾遗》(陈藏器,739 年),《开宝本草》(马志,973 年),《图经本草》(苏颂,1060 年),《证类本草》(唐慎微,1089—1093 年),《本草衍义》(寇宗奭,1116 年),《本草品汇精要》(刘文泰,1505 年),《本草纲目》(李时珍,1578 年)等。

这样说来,香文化的鼻祖就是诗经的编撰者或者来源者? 答案是否定的。第一,假如提及便是鼻祖,那么《诗经》则是众多事物的鼻祖了。第二,《诗经》的来源者同样也是一个时代,是那个时代的人民。

再次强调,鼻祖绝对不是单纯地创始或者发现,更应当是将其升华化、大众化的人,牛顿绝对不是第一个发现苹果向下掉落——"地球引力"这一现象的人,但却是第一个将"地球引力"提出、总结、发展的人。

反观香,到底谁该是它的鼻祖呢? 一旦弄清问题,答案就显得那样明显了。

三、《楚辞》与屈原

最早多元化描述香与生活的文学作品,莫过于《楚辞》,屈原的楚辞对中国文艺发展的影响之所以有超过《诗经》之处,便在于它"更加突出地强调了对审美和艺术具有重要意义的两大因素:想象和情感。"

"扈江离与辟芷兮,纫秋兰以为佩。朝搴阰之木兰兮,夕揽洲之宿莽。杂申椒与菌桂兮,岂惟纫夫蕙茞! 余既滋兰之九畹兮,又树蕙之百亩。畦留夷与揭车兮,杂杜衡与芳芷。朝饮木兰之坠露兮,夕餐秋菊之落英。擥木根以结茞兮,贯薜荔之落蕊。矫菌桂以纫蕙兮,索胡绳之纚纚。制芰荷以为衣兮,集芙蓉以为裳。佩缤纷其繁饰兮,芳菲菲其弥章。"(《楚辞·离骚》)

"离骚",东汉王逸释为:"离,别也;骚,愁也。"《离骚》的主线为理想与现实的冲突,花草禽鸟的比兴和瑰奇迷幻的"求女"神境的象征是其魅力之表现,自传性回忆中的情感激荡,和复沓纷至、倏生倏灭的幻境交替展开了整首诗篇,倾诉了屈原对楚国命运和人民生活的关心,足以征服后世读者。

不得不说,屈原在他的这些诗篇中用香的目标与《尚书》所言可谓如出一辙,代表了对香之中蕴含的本质的正确理解和良好表达,这也是香文化研究的主题之一,极具代表性。《离骚》中提到的香料足有三十余种,在限定的时代之下,这位诗人对香花、香草的知识是广博的,更是无比喜爱的,即使非要以调香技术作为评判标准,屈原未必为输于这个标准。

更重要的是他将香与人的德行,志向联系在一起,赋予了香以人文精神。这些香草作为装饰,支持并丰富了美人意象。同时,香草意象作为一种独立的象征物,特指品德和人格的高洁。屈原,可谓是中国香道的始祖性人物,他不仅是位忠君爱国的仁人志士,更是对香有独到品位的香道高人。因为他,香草美人,成为中国古典文学的一个象征,象征爱国,象征高雅,象征君子。

因此,屈原应当是中国香的鼻祖,并非执着于论证他发现了香料与香文化,而是他将香料中专属文化的部分无限放大,同时将其升华成一种品质与精神,为世人所知,传唱开来,这些综合而成了一份陈厚的礼物,留给了世人。

我们都能够感受,一曲《离骚》吟唱出的千年叹息,"香草美人"成了高洁之士的代名词,也成了许多文人墨客、有志之士终身的追求。

四、屈原对于香之意义

香因屈原而升华,也因屈原与《楚辞》而流转岁月,为众人所知。

升华:屈原对于香的升华在于对香的热爱与极致理解。

"香草"携带着"香",是楚文化甚至于华夏文化中,一个恒久常新的原型意象,在感受、创造激活这个原型的同时,三闾大夫也对它作出了自己的改造,使它获得了一种现实的真实性而承传下来,这便是升华。

屈原不仅仅使"香草"成为其精神力量的外在表现形式,而且把它真挚地情感化为一种内在的信仰。李泽厚说屈骚传统"美在深情"。

少年得志之时,他热烈地赞颂:后皇嘉树,橘来服兮。受命不迁,生南国兮。深固难徙,更壹志兮。绿叶素荣,纷其可喜兮。曾枝剡棘,圆果抟兮。青黄杂糅,文章烂兮。精色内白,类任道兮。纷缊宜修,姱而不丑兮。(《橘颂》)

屈原也可以面对失败,甚至面对死亡的境地时不曾改变过内心志向,其中重要的支撑力量就是他内心深处那个芳草鲜美的情感世界。

"香草"的意象借由屈原笔底走出,穿越千古阻碍,走进我们的心中,依然具有如此浑厚的精神力量,也正是缘于这种升华。它从感性、具体的实在出发而不是一开始就由缥缈的理念出发,这种从心里荡漾开来的痛苦就显得更为真实可接触,这升华正是"香草"的价值和诗人的情感合而为一,深深地扎根于其善感而睿智的心中,这也是"香"的生命力来源。

大众:我们需要回归屈原本人上,即以此回答"他担任'香之鼻祖'这一称号的意义与可能性"这一问题。闻一多先生与朱自清先生等诸多位大家对屈原有着深刻地看法,《读骚杂记》等文章也是发人深省,知识界观点不一,然而人民大众对于屈原本人的理解足以使其担得起"香之鼻祖——香草美人"的名号。

品读屈原作品,始终令人感觉到其所抒发的具有一定进步意义的人民大众的情感,一种伟岸的爱国精神,而不仅只是个人情感。屈原往往不顾自己的安危、荣辱、生死,心中始终担系着对故土的眷恋与不舍,心系祖国与人民。

龚自珍诗曰:"屈骚两灵鬼,盘踞肝肠深",我们不可否认,屈原已经成为中国文化的一个标志性人物,那位诗人披肝沥胆,在厄境中仍旧矢志不移,对心中已然升华过的"香"的不懈坚持,这种自我意识和追求完美的精神所激发出来的毅力让人动容,让人铭记。

屈原走了,但2000年来,他的精神从未离开中国人的心灵世界,没有离开中国文人的价值趋向,没有离开中国文化的精神主旨。

而他的给我们留下了永恒的价值和意义是无穷的,也是巨大的,这正是他不会辜负或辱没"香之鼻祖"这一称号,相反,似乎,这一称号正是为其而生。

五、中国香都，永春需要屈原

永春也是海上丝绸之路的起点，华侨的历史源远流长，爱国情怀随着他们的辉煌成就一同生长，热爱祖国，关心家乡建设，是永春发展的最大动力。众多侨资、侨力回馈家乡正是对故土的热爱，这正是与屈原精神的暗中契合。

物质与非物质文化交相辉映，流光异彩，这块激起人们对故土热爱的土地也是温柔地、文艺的、奋发的，永春的景色与人情似乎就是那个芳草世界，四处都是芬芳与清香，是香的世界，更是温柔的世界，诸多历史与永春结下不解之缘。

永春亦是热血的，抗战期间，毛泽东同志为永春华侨题词。1929 年 8 月 22 日，朱德率红四军二、三纵队 3000 多人到横口乡福鼎休整一个星期，召开群众大会，点燃革命火种。新中国成立后，周恩来为永春的小水电发展倾注心血。1982 年 11 月 3—4 日，胡耀邦、李鹏同志到永春视察工作。历任福建省委书记、省长的贾庆林、习近平、贺国强、王兆国等多次到永春指导工作。

是的，我们不难发现，永春与屈原是分不开的，其中有着千丝万缕的联系与契合，是冥冥地注定，也是珍贵的缘分。

综上，香之鼻祖，指的应当是将香给予升华，传播于大众之人，绝不仅是其发现或创造，或单纯以调香技术称雄之人（何况以难以考证）。而屈原以内心之美将"香草"之"香"理解至极致，这是由集体首次个人对"香"的升华，是"香"不再仅仅只是器具，延续千年生命力的来源。

因为屈原，"香"之本质、内涵随着其壮烈的爱国情思、个人理想追求而大放光彩，这是"香"的二次生命，是将"香"、"香草（香料前身）"传播于大众的重要推力，因此，我们不得不承认，屈原是当之无愧地"香之鼻祖"。

◎ 作者单位：重庆大学。本文为"香之鼻祖"征文。

香之鼻祖神农氏

◈ 刘春耀

中国香历史悠久,陪伴中华民族走过了数千年的兴衰风雨。香,既能邀天集灵,祭先供圣,又能颐养性情,启迪才思,还可祛疫辟秽,安神正魄,受到越来越多人的欢迎。近年来,对于谁才是当之无愧的香之鼻祖的说法莫衷一是。各行各业都有自己的起源和祖师,香文化作为中国传统文化的一部分,在世界范围内都很流行,确定中国香之鼻祖,确定香文化的起源和内涵,将对香行业的研究和发展起到助益作用,对香都永春蔑香的发展也大有裨益。

首先,从"香"的本义来看,"香"字,上为禾,下为日。其一:禾在日上,禾为粮食,在阳光下暴晒,会散发自然的气息,这种气息为粮食的气息,可引申为大众所需求的意思,为人性本来就需要的东西;其二:禾在曰上。曰为口舌之意,禾为粮食,大众饮食之象,饮食为必需品,人通过饮食而获取能源,能量在身体里循环,作用于全身,而香者也预示着可以作用于全身的经络,为人身体的健康提供帮助。

也就是说,"香"的本义是五谷煮熟时的美好香气,后引申为一切美好香气。香料与食物及医药的关系十分密切,可以说是共生共长。对它们的认识最早可追溯到上古三皇之一的神农。神农氏对中华文明的贡献很多,如:播种五谷、发明耒耜、亲尝百草、发明医药、日中为市、治麻为布、作五弦琴、制作陶器、重卦观象、创制蜡祭等,后世的文明建构逐渐把其氏族特征去除,将其精神凝聚成"神农"这一人文符号。由于神农发明耒耜以耕种五谷,尝百草以辨识药性,并制作陶器蒸煮食物、熬炼药物,那么五谷花草的芳香自

然是被神农最早辨识出来的,此后才有了香料以及用香的知识。比如《礼记·月令》记载:"春为膻,夏为焦,中央为香,秋为腥,冬为朽。"又如《神农本草经》所载药物许多都是香料植物或与香料有关。另外,神农伊耆氏还设立了蜡祭之礼作为年终大祭,以香气敬神。古人认为声音为阳,气味为阴,而气味又分阴阳,商周两朝对声和臭的态度不同,殷人尚声而周人尚臭。周朝的始祖后稷是尧时的农师,其母姜嫄为有邰氏,乃是神农氏姜姓部落的一支,可推测"周人尚臭"也与神农氏有着很大的渊源。

综上所述,从香文化历史发展纵向轨迹看,原始的香文化是从"神农尝百草,辨识百草香;先民驱虫疫,屡屡起烟霞"开始的。中国的香文化肇始于神农尝百草,而历代用不同的香具、不同的出香方式,把不同的香料薰烧于礼仪、宗教、医疗、社交、居家生活、个人怡情等活动中。

其次,从香料的来源和使用来看,中国传统香香料来源于天然香料,又称为植物性香料和动物性香料,其中以植物性香料,即草本植物为主。植物性香料可分为草本和木本二类,主要指这类植物的花、叶、枝、根、树脂、树胶等物质,其中大部分含有挥发发油,还有一类动物性香药,仅有麝香(代用品)灵猫香、龙涎香、海狸香、麝鼠香等为数不多的几味。《尚书》、《礼记》、《周礼》、《左传》及《山海经》等典籍都有很多关于香的记述。而其中《诗经》和屈原的诗歌中更是大量写到了香草,战国时期薰炉及薰香风气已经在一定范围内流传开来。当时所用香料一般为泽兰、蕙草、椒、桂、艾蒿、郁金、白芷、香茅等常见植物。而这些香草的识别和使用,遍尝百草,创立农学和中医学的神农氏功不可没。

再次,香道是一个古老而又全新的理念,它源自岐黄故里的医文化。其实,就天然香料的价值而言,芳香的感觉反在其次,真正可贵的是它具有影响人体身心系统的潜力。通过恰当的配伍,就可成为对身心的滋养和调整,可有安神、益智、养生的功效。人们对香使用方法非常丰富,除了祭祀用香,也通常是被用做香身、避秽、祛虫、医疗、居室熏香以及作为礼物互赠送等多种用途。从《神农本草》到《本草纲目》,绝大多数的香料都被收为了中药材,"熏烟"疗法也广为医家所采纳。而神农氏遍尝百草,创中医,制《本草》,对医学和香道的影响重大,称为香道鼻祖乃众望所归。

最后,神农氏开创了风香和颂香传统。

古代用香的类型大致分为三种：风香、颂香和雅香。"风香"即平民的生活用香，比如驱逐蚊虫瘴疠、辟秽去疾等，以简单的物质效用为主；""颂香"即祭祀焚香，从古代盛大的燔烧祭祀，到现在祭祖、敬神、礼佛的上香仪式，都着重于精神追求；雅香"兼有物质效用和精神追求，比如屈原在诗篇中大量使用香草，既反映当时用香习俗，又隐喻美好的品德以及忠心的贤臣。

神农尝百草，分辨其可食、可药或有毒，认识到香草对人的作用，由此才有了使用香草的各种习俗，可见神农开创了风香传统。

神农伊耆氏创立蜡祭，赋予了香气以精神含义，因此神农开创了颂香传统。而雅香传统是风香和颂香两大传统发展到后世逐渐交融的一种形态，并非独立于两大传统之外，其根本仍在神农。

除此之外，神农氏还是陶器的首创者，对于香器的贡献也是毋庸置疑的。

我们欣喜地看到，2015 年 5 月 21 日，中华香文化祖师学术交流会在北京大学举行。与会人士对香文化祖师进行了经典考据，提出"神农氏是中国香文化的祖师"，倡议设 5 月 21 日为中华香文化祖师神农纪念日，并举行了神农祭祀仪式。国学大师、北京大学哲学系教授楼宇烈、中国社会科学院荣誉学部委员、社科院世界宗教研究所教授马西沙、中国文化书院院长王守常、中国政法大学教师肖磊，还有中国佛学院副教授理净法师等宗教界代表、少数民族代表、文博界代表、香品研制领域代表、传统乐器研制界代表和行香仪礼界代表出席会议，一致认可神农为中华传统香文化祖师。

会议上，中国文化书院院长王守常代表与会人士宣读倡议书，倡议将每年公历的 5 月 21 日作为中华香文化祖师神农的纪念日，国学大师楼宇烈代表与会人士为香祖师神农敬香，马西沙宣读《香祖神农颂》。华香文化组委会秘书长刘增福宣布，向社会征集香祖师的画像及印章。

总而言之，根据"香"的本义，香料的采用，香与医学的关系，风香、颂香、雅香传统的开创，以及国内外现有的研究成果，我们都有足够的理由认定，神农氏是中国香当之无愧的鼻祖。

◎ 作者系福建省永春第三中学语文教师。本文为"香之鼻祖"征文。

屈原是中国香文化之鼻祖

⊕ 郭柯柯

挖掘、整理、传承和弘扬中华传统香文化,对民族凝聚力的培养、国民的道德塑造以及生活环境的改善有着重要的现实意义。起源自上古的香文化一直贯穿于中华文明的发展之中,尤其是战国时期的屈原更是中国香文化之鼻祖,对中国香文化的开拓和发展有着巨大的贡献。

一、屈原与《离骚》

屈原(约公元前339—约前278),名平,字原,又字灵均。战国末期楚国归乡乐平里(今秭归县屈原乡屈原村)人,楚国诗人、政治家。据《史记·屈原列传》记载,屈原曾为楚怀王左徒(仅次于宰相),入则与王同议国事,出则应对诸侯。他学问渊博,精明强干,洞悉战国形势和楚国政治,对内实行富国强兵的政策,举贤授能,彰明法度;对外实行联齐抗秦的外交路线,力图孤立秦国,壮大楚国。他的政治抱负和治国纲领曾受到楚怀王重视,要他起草变革方案(宪令)。上官大夫靳尚心怀嫉妒,在怀王面前诋毁屈原。怀王听信谗言,免屈原左徒职务,令其作三闾大夫,掌管王族三姓(昭、屈、景)事务。时秦王派张仪使楚,以秦国商、于之地600里相许,千方百计破坏楚齐联盟。怀王受张仪之骗,与齐国绝交。张仪回秦后又否认在楚国的承诺。怀王一气之下兴师伐秦,秦兵大破楚师于丹、淅,取楚之汉中地。怀王醒悟,重新启用屈原出使齐国,修好楚齐关系。秦获悉,害怕楚齐两国再度结盟,派张仪二次入楚,以重金贿赂怀王宠妃郑袖和上官大夫靳尚,破坏齐楚联盟。怀王又将张仪放回秦国。时屈原出使齐国归来,问怀王为何不杀张仪,怀王追悔莫及。此后 10 余年,楚国政治混乱,经济停滞,兵力衰败。前 299 年,楚怀王受秦"武关相会,重新结盟"的欺骗,赴秦谈和,被秦军挟持到咸阳扣留,客死于秦。怀王长子顷襄王继位后,更加昏庸。屈原被逐于江南沅、湘流域。他远离故土,仍心系国事,当他闻讯秦将白起攻克楚国郢都、火烧夷陵的消息后,悲痛欲绝,于五月初五日怀石自沉汨罗江。

屈原是中国历史上第一个伟大的爱国诗人,中国浪漫主义文学的奠基人。他一生留下《离骚》、《九章》、《天问》、《九歌》等许多不朽的诗篇,后人将其作品辑为《楚辞》,千古流传,成为中国文学史上的璀璨明珠,"逸响伟辞,卓绝一世"。

《离骚》是《楚辞》中名篇,屈原的代表作。370 多句,2400 多字,为中国古代最长的政治抒情诗。王逸《楚辞章句》题作《离骚经》,宋代洪兴祖在《楚辞补注》中指出:"盖后世之士祖述其词,尊之为经耳。"《离骚》是一部具有现实意义的浪漫主义抒情诗。神话传说的充分运用,展开了多彩的幻想的翅膀,更加强了《离骚》的浪漫主义气韵。比、兴手法的运用,在《离骚》中是非常多见的,如他以香草比喻诗人品质的高洁,以男女关系比喻君臣关系,以驾车马比喻治理国家等。

早在 2300 多年前,伟大诗人屈原就将香料植物写进了《离骚》,全篇2300 多字的长诗用花草树木等比拟手法,赞扬或痛斥当时的社会现实。其中记载花草树木竟有 55 处之多,提到了 44 种植物香料。诸如"扈江离与辟芷兮,纫秋兰以为佩","朝饮木兰之坠露兮,夕餐秋菊之落英","芳菲菲而难亏兮,芬至今犹未沫"等等。

二、中国香文化的发展

(一)屈原之前我国香史

我国在古文明史的早期,相传神农(炎帝)"教民耕作,栽种桑麻,烧制陶器……为民治病,始尝百草"。其实百草中有很多是香料植物,人类与香料是与生俱来就结下了不解之缘。

许多传统文化的渊源都可以追溯至先秦时期,香的历史则更为久远,可以追溯到殷商以至更为遥远的先夏时期。新石器时代晚期,距今6000多年之前,人们已经用燃烧柴木与其他祭品的方法祭祀天地诸神。从近几十年考古发现的陶熏炉等文物表明,早在四五千年以前,在黄河流域和长江流域的先祖们已经开始使用香品了。3000多年前的殷商甲骨文也有了"柴"字,指"手持燃木的祭礼",堪为祭祀用香的形象注释。现有的史料记载,在春秋战国时期人们对香料植物有了直接的利用,如焚烧(艾蒿)、佩带(兰),还有煮汤(兰、蕙)、熬膏(兰膏),并以香料(郁金)入酒;秦汉时期,随着"陆上丝绸之路"和"海上丝绸之路"的活跃,东南亚、南亚及欧洲的许多香料也传入了中国。

(二)屈原《离骚》对香文化的贡献

1.香物作为一种吟诵意象

《离骚》中最引人注目的是屈原的两类意象:香草、美人。《离骚》中充满了种类繁多的香草,有十八种之多,这些香草作为装饰,支持并丰富了美人的意象,《离骚》中的主人公的衣冠装饰是由香草缀成;《楚辞》中多次描写采集、互赠香草,如"结幽兰而延伫""及荣华之未落兮,相下女而可诒"。

2.香识作为一种"审美象征"

《离骚》里显现的屈原形象,给人一个强烈的印象:屈原头上戴的是香花所制的岌岌高冠,身上披的,腰间佩的,全是香草香花。事实上还不止于此,他饮的是花露,食的是菊的落花,连拭去泪痕的,也是香草。香草意象作为一种独立的象征物,它一方面指品德和人格的高洁;另一方面和恶草相对,象征着政治斗争的双方,香草或比况当世贤德,或喻指古代贤人,随文见意,如《离骚》"昔三后之纯粹兮,固众芳之所在",王逸注众芳为"谕群贤"。屈原此下虚笔设喻:"杂申椒与菌桂兮,岂维纫夫蕙茝?"王逸《章句》说明取义:"蕙茝皆香草,以谕贤者。言禹、汤、文王,虽有圣德,犹杂用众贤,以致于治,非独索蕙茝,任一人也。"在此,香草均是比喻贤能的人物。"余既滋兰之九畹兮,又树蕙之百亩;畦留夷与揭车兮,杂杜衡与芳芷。冀枝叶之峻茂兮,愿侯时乎吾将刈；虽萎绝其亦何伤兮，哀众芳之芜秽。"所及的兰、蕙、留夷、揭车、杜衡、芳芷，王逸注皆谓"香草"，比喻各怀才具的诸色人才，是"众贤志士"。

《离骚》既是屈原政治生涯的自我回忆录，同时又是楚国兴衰的政治回忆录。古今学者对这些香花香草的喻意有种解释：就是秦汉至现代学者的"审美象征"说。先贤和现代学者们认为，屈原取这些香花香草的目的是以其芬香比喻自己的高洁品德，也就是说是为了"修行仁义"、"德行弥盛"。

3.香识成为一种品德情操

《离骚》中屈原用来自喻品德的只有荷。"制芰荷以为衣兮，集芙蓉以为裳；不吾知其亦已兮，苟余情其信芳。"芰荷、芙蓉王逸也没有注明是香草。《离骚》中所提及的诸种香草，或用于佩挂饰物，或用于盛载香袋，不会用以缝制衣裳。装饰性质的东西可缺，但衣裳用以蔽体，绝不可缺，这对守礼重美的屈原更为重要。朱熹《集注》谓"此与下章即所谓修吾初服也"，以荷喻自己本初职志用心，一再表明不改正道直行之道，荷中通外直，出污泥而不染，最恰切形容屈原自身的素质。

4.香识更是一种高尚人格

《离骚》中有大量的歌咏香草，以及有关自己种植、餐饮、喜爱香草的表白，颇具有象征的意味。如《惜诵》："木兰以矫蕙兮，凿申椒以为粮。播江离与滋菊兮，愿春日以为糗芳"，以兰蕙为粮，离菊充饥，以此表明自己洁身自好，忠贞不变的情操；如"朝饮木兰之坠露兮，夕餐秋菊之落英"，诗人的饮食是这样的精纯，即使是面黄肌瘦也坚不改辙，可见诗人的信念；"汩余若将不及兮，恐年岁之不吾与，朝搴陛之木兰兮，夕揽洲之宿莽"，采摘芳草香花，如此的不辞辛劳。可见诗人锻炼修养的辛勤。蕙、兰、桂、椒、芙蓉、苏、芷、荷杜衡、菊等等这些香草构成了一组意象群，被借用来表白屈原自己的高标独立，不与小人同流合污的品行，在一定程度上说就是"善""美"的人格。

《离骚》中有很多精彩的咏叹："扈江离与辟芷兮，纫秋兰以为佩"，"朝饮木兰之坠露兮，夕餐秋菊之落英"，"户服艾以盈要兮，谓幽兰其不可佩"，"何昔日之芳草兮，今直为此萧艾也"，"椒专佞以慢慆兮，木杀又欲充夫佩帏"。

"帝高阳之苗裔兮,朕皇考曰伯庸。摄提贞于孟陬兮,惟庚寅吾以降。"你生于良辰吉日,这似乎也暗示着你一身不凡的才能。父亲赐给你嘉名,而你也纫秋兰、揽宿莽,力求自己品德的高尚与完美。三后尧舜禹是你的榜样,夏桀殷纣为你所唾弃。怀着扬弃秽政,振兴楚国的壮志,你携高德忠心而行。

当时的楚国,君昏臣奸,政治黑暗。屈原遭嫉受压,只能通过香草来表达自己美好的追求。诗人种植了大片的香草。"余既滋兰之九畹兮,又树蕙之百亩",其目的是"冀枝叶之峻茂兮,愿竢时乎吾将刈"。刘献廷在《离骚经讲录》中说:"当屈子立志之日,岂为独善一身,只完一己之事而已哉?直欲使香泽遍薰天下,与天下之人共处于芝兰之室也。"屈原欲使多数人都具有高尚的人格,充分表现了诗人的群体意识。"高尚正直则是促进和巩固个人和集体幸福的。"(《歌德谈话录》)

同时,香草意象作为一种独立的象征物,它一方面指品德和人格的高洁;另一方面和恶草相对,象征着政治斗争的双方。总之,《离骚》中的香草美人意象构成了一个复杂而巧妙的象征比喻系统,使得诗歌蕴藉而且生动。

三、屈原推崇香品对中国传统文化的意义

(一)推进香文化的传播

中华大地,香文化之一脉承上启下,观历史的传承,遇盛世方现,香事虽小,却折射出我国历朝经济和文化的兴衰。汉朝张骞西域一行,对外通商之路打开,各种西域香料得以汇聚中原。随着盛世医、道、儒修心养性之香事在王室贵族中盛行,用香已成为当时的一种仪制,君臣对答须含"鸡舌香",朝事前须燃香除秽、驱虫。三国时期曹操患头疾,时而发作,疼痛难忍,需闻香制疾,所以终生不离香料,临终把未使用完的香品分赠与诸位夫人,也就是历史上有名的典故"分香结履"。曹操惜关羽之勇赠马封侯,而敬诸葛之才则赠"鸡舌香",以表怜才之意。

魏晋鉴赏、使用香品已成风气,因其贵重仅限王室贵族使用。东晋南北朝时名医葛洪、陶弘景因香料可疗疾,常以香料入方,使香料在医疗方面得到了更多的运用。同一时期,道家与佛家的盛行和王室对香料的需求,也大

大推动了香文化的发展。隋朝初期,国力强盛,民众富康,宫廷生活极为奢侈。隋炀帝由开封至淮口,乘龙舟而下,所过之处,香飘十里。平日在宫中所过路径,宫女皆手持香炉导引行进。香品在这一时期使用更为广泛,故所用香料远逾前代,用香仪制进入完善阶段,香品愈加丰富,香具在这一时期更加精致完善,多种用香途径沿袭至今。

宋朝是中国香文化发展史上鼎盛时期。因当时的造船技术发达,海上贸易频繁,出现了专门运输香料的船舶,称为"香舶",以致香料占进出口量的首位。宋代香的贸易确实比前朝发达,茶、盐等基本需求之外,香的贸易所纳的税收占到很高的份额,和茶叶出口不同,香基本是进口,是当时的大宗贸易。宋大量进口香料,南宋的香药是市舶司最大宗的进口物品之一,当时从海外诸国如真腊、渤泥、安南、三佛斋、大食、占城等地进口乳香、龙脑香和栈香(沉香一种),朝贡品也有大量的香药,其中乳香等还是政府专卖,民间不能交易。1973年,在福建泉州发现了一艘南宋的香料胡椒船,里面有各种沉香,包括乳香和龙涎香、檀香等,总共4700多斤,可见当时输入的总量很大。宋真宗一生嗜香,其宰相丁渭流沛海南,一生不忘品香,临终前一个月不思饮食,每天只饮用沉香泡制的水,直至终老。这一时期又因多数名人参与,如苏东坡制香伴读,诗人黄庭坚合香、制香、自喻有"香嗜",香品在这一时期才真正实现从王侯到书阁、从书阁到民间的重要转变,完全进入了民众的生活。

元朝一改汉人体制及生活习俗,因时间短暂在用香上未造成大的脱节,以至于香文化虽未能发展,同时也没有被遗忘。明朝用香普及更逾前朝,无论是制香和用香,还是香料、香品和香具,都有了长足发展。在香文化上也攀越了一个高峰。现代称为"宣德炉"的这一时期,香以独特的气味征服了贵族、富豪、雅士、平民,或妆,或膏,或佩,或茶,或香汤,或入药,香以各种形式流入社会的方方面面及日常生活。清朝盛世沿袭香文化的遗风,不仅没有流失,在康熙、雍正、乾隆三朝鼎盛时期,更加发挥到极致,其中不乏大量精品流传于世,为研究中国香文化的发展历史,提供了不少实物资料。

民国始乱,战争纷扰,外敌入侵,掠夺中华瑰宝,其间有不少香具之佳作,香文化也在这一时期脱离了社会,连上层人士也渐渐远离了它。

纵观中国的香史,经过屈原的大力弘扬,香文化得以长足发展。

271

中国香文化既古老又时尚。它陪伴着中华民族走过了几千年的历程，创造了东方文明的辉煌。如今，人们重新开始崇尚香文化，会客焚香，品茗焚香，以香为赠，和香为乐，中国香文化正在复苏，让人们的生活更加美好。

(二)对中国传统文化影响深远

1. 对中国文化的影响

中国文人大多爱香，不知是时刻不可离的香使中国文人创造了迥异于西方的文化模式和文艺作品，还是因为文人爱香而促进了香文化的发展，总之，香在中国文化中的地位和作用十分独特。它既是文人生活中不可缺少的一个部分，又作为创作的题材融入了文人的大量作品之中。中国的哲学思想与文化艺术中，有一种"博山虽冷香尤存"的使人参之不尽、悟之更深的内涵，或许其中也有香的一部分作用。可以说，文人与香有着不解之缘，中国文化与香之间也有着千丝万缕密切而微妙的关系。大约魏晋以后，文人的生活中开始有了"香"这样一位雅士相伴。而文人与香的关系在唐宋之际更是达到了无以复加的地步。读书以香为友，独处以香为伴；衣需香熏，被需香暖；公堂之上以香烘托其庄严，松阁之下以香装点其儒雅。调弦抚琴，清香一炷可佐其心而导其韵；幽窗破寂，绣阁组欢，香云一炉可畅其神而助其兴；品茗论道，书画会友，无香何以为聚？……确乎是书香难分了。难怪明朝的周嘉胄慨叹"香之为用大矣！"既然案头燃香，自然笔下也要写香。古代文人所写关于香的诗词歌赋不计其数，名家也比比皆是：刘向、李煜、李商隐、王维、白居易、苏轼、黄庭坚、李清照、朱熹、文征明、丁渭、曹雪芹……

不仅是在诗词领域中，在小说中，香草美人作为一种意象也有发扬，尤其是在蒲松龄的笔下，《聊斋》中的花妖，激活勃发了香草这一原型意象。《竹青》、《香玉》、《荷花三娘子》等等，都显示了蒲松龄对于"香草美人"的情有独钟和独到发挥。

香对文人的意义，明朝屠隆的一段话可算是一个很好的概括："香之为用，其利最溥。物外高隐，坐语道德，焚之可以清心悦神。四更残月，兴味萧骚，焚之可以畅怀舒啸。晴窗揭帖，挥尘闲吟，篝灯夜读，焚以远辟睡魔，谓古伴月可也。红袖在侧，秘语谈私，执手拥炉，焚以薰心热意。谓古助情可也。坐雨闭窗，午睡初足，就案学书，啜茗味淡，一炉初热，香霭馥馥撩人。更宜醉筵醒客，皓月清宵，冰弦戛指，长啸空楼，苍山极目，未残炉热，香雾隐隐绕帘。又可祛邪辟秽，随其所适，无施不可。"

文人对香文化的发展所起的推动作用，大致可以归纳为以下几个方面：

其一，香文化尚在萌芽状态时，文人们就广泛介入并给予了多方面的推助。另据东汉蔡邕《琴操》所述，相传孔子在从卫国返回鲁国的途中，于幽谷之中见香兰独茂，不禁喟叹："兰，当为王者香，今乃独茂，与众草为伍！"遂停车抚琴，成《漪兰》之曲。虽然在春秋战国时期，南海的木本香料尚未传入北方，所用只是兰蕙椒桂等香草香木，但文人对香的情感态度已得到了清晰的展示。

其二，在中国文人的心目中，将焚香视为雅事。如孟子曾言："香为性性之所欲，不可得而长寿。"孟子不仅喜香，而且阐述了香的道理，认为人们对香的喜爱是形而上的，是人本性的需求。再如朱熹，对香也甚为嘉许，还写有《香界》一诗："幽兴年来莫与同，滋兰聊欲洗光风；真成佛国香云界，不数淮山桂树丛。花气无边熏欲醉，灵芬一点静还通；何须楚客纫秋佩，坐卧经行向此中。"古代学界对香的这种高度的肯定态度既确定了香的文化品位，保证了它作为"雅文化"与"精英文化"的品质，同时也把香纳入了日常生活的范畴，而没有使它局限在祭祀、宗教之中，这对香文化的普及与发展都是至关重要的。

其三，文人们广泛参与香品、香具的制作和焚香方法的改善。许多文人都是制香高手，如王维、李商隐、傅咸、傅元、黄庭坚、朱熹、苏轼等。苏轼即有"子由生日，以檀香观音像新和印香银篆盘香"的记录。仅文人们配制的"梅花香"配方，流传至今的就有四十三种，"龙涎香"则有三十余种。整个文人阶层都广泛用香，从而带动了全社会的用香风气。从魏晋时期流行熏衣开始，文人们把用香视为风习，把爱香当作美名，唐宋以后风潮更胜。虽然其中也不免有很多附庸风雅之辈，但文人的这种积极态度确实影响带动了社会各阶层的人士，上至达官贵族，下至黎民百姓，不仅是民间，官衙府第也处处用香，甚至接传圣旨和科举考试之时也要专设香案。几千年来的屡屡馨香，始终象无声的春雨一样滋润熏蒸着历代文人的心灵。但不知是被忽略和遗忘，还是人们有意回避，对传统文化的诸多研究中，极少有人谈及香对

中国文人品格的塑造所起的特殊作用。

2. 对中国传统道德传承的影响

《离骚》因为融汇了屈原的身世悲剧和人格魅力而赢得了一代代文人骚客们的认同。屈原的抱负是希望通过自己的努力使国家强大,人民安乐。而他的美政思想,在他那个时代,只有靠君臣遇合、知人善任才能实现。香草美人系统,是对《诗经》中比兴手法的继承和发展,朝代更替,时代变迁,香草美人这一原型意象却没有在社会变迁的洪流中削弱。像屈原这样壮志难酬,孤苦无依的文人士子,借用"香草美人"宣泄着自己的情感。香草美人成为一条延绵不绝的文学传统,后虽经过汉儒文化的改造和接纳,已经基本失去了它的庐山真面目,但是这些由深邃的原始文化所凝聚成的原始意象,是一种隐藏在文化和人心深处的情感力量,不时地从诗人的心中喷涌而出。透过《离骚》,我们看到的是诗人披兰佩蕙,芳洁清峻的美好形象和刚直不阿,忠贞执着的伟大人格。面对现实的污浊险恶,屈原清醒地认识到前途的艰险和命运的多舛,但他不愿屈心抑志,宁愿捍卫自己的人格尊严,九死而未悔。诗人将自然界和神话传说中的花鸟草树随手拈来,妙笔点染,赋予其不同凡响的象征意义,如用佩饰兰蕙表现自己的高洁志趣,用香草美人象征明君,用善鸟芳草代表贤臣,

司马迁赞屈原道:"其志洁,故其称物芳。"《离骚》在写作上常常以香草美人代表美好的政治制度和高尚的人品。在诗人眼里,各种香草显得那么可爱,诗人爱香草几乎到了成癖的程度。"朝饮木兰之坠露兮,夕餐秋菊之落英。"他把它们佩戴在身上。王逸说:"行清洁者佩芳。"张德纯说:"兰芳秋而弥烈,君子佩之,所以像德,篇中香草,取譬甚繁,指各有属。"(均见游国恩《〈离骚〉纂义》)这充分说明了香草的喻义以及它与人格美的关系。

3. 对外国香文化的影响

鉴真和尚东渡,不仅把佛教传到日本,时时也传入了熏香等香品,寺院日日香烟弥漫,朝廷举行典礼时也要焚香,平安时代以后,香料开始脱离宗教用于"美"的目的。贵族们学起"唐人"的样子,经常举行"香会"或称之为"赛香"的熏香鉴赏会,这也是鉴真和尚带入日本又经"和风"熏陶而形成的

一种风习。到了足利义政的东山文化时代,熏香演变成按照一定方式的"闻香"风俗,逐渐形成日本的"香道"。

4. 对民间习俗的影响

五月的端午节吃粽子是为了纪念爱国诗人屈原的。一年一度的端午节是中国人民的传统佳节,人们赛龙舟、品粽子、佩香囊之时,缅怀起千年前随江水而去的屈原,赞叹他的文才,敬佩他的人格。寄托着人们心灵深处的美好诉求,渗透着"祈福避邪"的象征意义,赋予展现生命和活力,表达思想和信仰,揭示人性和欲望的民俗文化内涵,充分反映了劳动人民纯朴、健康、向上的精神风貌,蕴涵着华夏古老文明博大、雄奇、阳刚的民族魂魄。

节日期间人们焚烧或熏燃艾、蒿、菖蒲等香料植物来驱疫避秽,杀灭越冬后的各种害虫以减少夏季的疾病,饮服各种香草熬煮的"草药汤"和"药酒",以驱除体内积存的"毒素"。如此这些都给我国的香文化添上浓墨重彩的一笔。

(三)开创香之应用的领域

1. 香品的运用

所谓香品,其一,指香料,例如麝香是名贵的香品。其二,指以香料制成的物品,类似茶品、食品的用法。其三,指香气的品质。

屈原的《离骚》是古人追求香薰生活的最佳写照,香气能够宁神静气、涤净心灵,借由香薰我们能从生活遁入品格、灵魂的思考,从物质升华到精神境界,香气、香味是沟通两者最佳桥梁,香薰的生活方式从此也代表着古人对精神境界孜孜不倦的追求。帝王将相、贵族士大夫、文人墨客等社会精英阶层的生活更是离不开香薰,居家日常香薰、衣柜香薰、香熏衣服等都是再常见不过的风雅事物。

明朝李时珍在《本草纲目》中详细记载了各种香料在"芳香治疗"方面的应用,其实例不胜枚举。在清朝和民国直至现代,香料在我国已十分普遍地栽培、观赏和使用。中国香文化是中华民族在长期的历史进程中,围绕各种香品的制作、炮制、配伍与使用而逐步形成的能够体现出中华民族的精神气

质、民族传统、美学观念、价值观念、思维模式与世界观之独特性的一系列物品、技术、方法、习惯、制度与观念。

香文化渗透在社会生活的诸多方面,对香文化的研究也应从多方入手,涉及一系列的课题,如香文化的历史;香料的生产、炮制与配伍;香品的开发;香器(制香用的器物)与香具(用香时的工具)的制作与使用;香与宗教的关系;关于香的文化艺术作品等等。

香品醉人,而香品的材料则真切有保健功效,比如檀香、沉香等便是中草药。据《本草备要》中记载:沉香性温,诸木皆浮,而沉香独沉,故能下气而堕痰涎,能降亦能升。怒则气上,能平则下气。香入脾,故能理诸气而调中。李时珍的《本草纲目》也有相关内容:"沉香、蜜香、檀香、降真香、苏合香、安息香、樟脑、皂荚等并烧之可辟瘟疫。"日本知名良药"救心"成分中就含有高级沉香——奇楠。在宋词《天香·熏衣香》中,"熏度红薇院落,烟锁画屏沈水",就描写到,古人用沉香熏衣,香气不仅弥漫在衣服和画屏上,还透过门帘、顺风飘过紫薇院向外扩散,这样的生活场景在诗词歌赋中不少见到。

根据历史记载,在早期大都作为消除疾病之用,以香礼佛的记载最早是从汉武帝开始。从此以后,"香"在传统文化之中便有了代代相传,生生不息的含义,也表现出敬天法祖的精神。著名女词人李清照写自己的生活时也多次提到熏香的器具,如在《凤凰台上忆吹箫》里写下"香冷金猊,被翻红浪,起来慵自梳头",在《醉花阴》里写下"薄雾浓云愁永昼,瑞脑消金兽"。不惟李清照,还有周紫芝的词《鹧鸪天》里有"调宝瑟,拨金猊,那时同唱鹧鸪词"徐伸的《二郎神》中"漫试着春衫,还思纤手,熏彻金猊烬冷",词中的"金猊"、"金兽"都是这种用来熏香的器具,词中所写的闺闱绣阁或厅堂书房,围炉熏香,剪灯夜话则是古代士大夫之家充满情致的生活场面的具体反映。文人们广泛参与香品、香具的制作和焚香方法的改善,许多文人都是制香高手,如王维、李商隐、徐铉、黄庭坚、苏轼、陆游等。

2.提高生活质量

焚香是很好的习惯,香能清心,养性。檀香香熏有助放松精神,减压以及辟邪镇气;茉莉熏香则有助提高呼吸道机能,帮助入睡,解决失眠问题;薰衣草香熏则有改善皮肤光泽,去除室内异味等功效。宋朝临安俗谚谓烧香、斗茶、挂画、插花为文人四般闲事。凡倾心于传统文化者皆请来此雅聚,吟风啸月、扪虱清谈,百般闲事皆由君,雅俗并取。

从每日早起的一炉香开始,读书写字要有香,迎宾接友要有香,琴棋书画更要有香相伴。朝堂之上,庙宇之中,时刻香烟缭绕。更有那香车宝马还把那缕缕馨香带到了市井街巷。香不仅调节环境,更重要的是它具有陶冶性情、颐养心灵、祛疫避瘟、健身化疾之功效。由此可见,香品的使用已经融入到人们生活中的各个角落。

四、香文化的传承意义

《离骚》中涉及的香草美人,不仅是简单的比喻或者起兴。《荀子·议兵》篇有:"其民之亲我,观若父母,其好我,芬若椒兰",这里以香草象征美德。屈原发展了这种手法,以香草比美德,以臭草比恶德,并进而把二者都人格化了。屈原以美人象征君子,以香草象征贤人,以恶禽臭物象征奸佞,这不仅在他的各个诗歌中是统一的、固定的,就是其后的几百年间这种象征还为文人所尊奉。香不仅是人们对美好的生活的向往,也反映出古代人民淳朴善良的人格品质。

中华民族悠久灿烂的历史文化中,香文化已陪伴走几千年的历程。一炉清香颐养心灵、陶冶性情,芬芳之气使人心情平静、舒畅,从而促进人体细胞及机能新陈代谢并充满活力,使人体机能的潜能更好地展发,达到性安命和。

《三国志》里有记载,最早的时候道家焚香居多,后来慢慢普及到宫廷和贵族,墓葬中有很多发现。其实唐代人已经开始借香实现与精神王国的沟通,比如王维过世前仅喝沉香饮,看佛经,但是宋代文人将之发扬光大。他们以香构成了一个恬淡清寂的世界,抗拒外界压力。丁谓的文献《天香传》这篇文献的主要价值,在于是目前所见较早的有系统记录中国用香,从熏香植物到沉香、乳香、龙麝之合香的历史概况,唐代王建在其《香印》道:"闲坐烧印香,满户松柏气。火尽转分明,青苔碑上字。"自古文人对品香文化推崇有加。品香文化附庸于儒释道,文化深厚,传承循序。相信在不久的将来,当研香者之花不断结出丰硕成果之时,人们的生活情趣定会不断丰富。

屈原把香之形象融入他的精神理念之中，"路漫漫其修远兮，吾将上下而求索"，不正是燃香之形象的生动写真吗？屈原就是一枝燃之不尽的香之"吾"，屈原的"求索"精神，成为后世仁人志士所信奉和追求的一种高尚精神。1953 年，世界和平理事会将屈原列为"世界四大文化名人"之一。

参考文献

[1]郭维森著：《屈原评传》，南京：南京大学出版社，1998 年。

[2]褚斌杰编：《20 世纪中国学术文存》，武汉：湖北教育出版社，2003 年。

[3]傅京亮著：《中国香文化》，济南：齐鲁书社，2008 年。

[4]贾天明著：《中国香学》，北京：中华书局，2014 年。

[5]杨之水著：《香识》，桂林：广西师范大学出版社，2011 年。

◎ 作者系泉州市茶文化研究会理事，泉州市作家协会会员，丰泽区政协文史委员。本文为"香之鼻祖"征文。

源远流长的达埔香产业

◇ 齐靖远

　　达埔镇位于泉州永春的中南部，泉三高速、省道306线、206线交叉通过境内，为贯通闽西北、闽东南和永春县内外的交通枢纽。达埔连续五届荣获福建省文明村镇称号。达埔镇是革命老区，也是永春县主要侨乡，世界各地华侨达6万多人。新中国成立后先后任全国侨联副主席的尤扬祖、颜子俊、李铁民，均系达埔人，留下了"一乡三侨领"的佳话。达埔在国内外最为驰名的，是几百年来始终红红火火的制香产业。2014年4月，中国轻工业联合会和中国日用杂品工业协会正式授予达埔镇"中国香都"称号。

　　中国人用香历史悠久，香文化始于春秋，成长于汉。事实上，由唐至清，香是中国社会生活中不可或缺的一部分。每一个弹琴写字的人，他们案头上都会用香。古代文人雅士至少80%都对香道有所了解，其间更有如王维、黄庭坚、苏轼、陆游等制香圣手。宋元时期，品香、斗茶、插花、挂画，并称为上流社会怡情养性的"四般闲事"。除了有熏烧的香，还有各式各样精美的香囊香袋可以挂佩，甚至在制作点心、茶汤、墨锭等物品时也会调入适当的香料；集市上有专门供香的店铺，人们不仅可以买香，还可以请人上门做香；文人雅士不仅用香，还亲手制香，并呼朋唤友，鉴赏品评。别开生面的香文化，应该是中国传统文化的重要组成部分。

　　永春香，是陈氏皇族与阿拉伯后裔融合而成的产物，也是海上丝绸之路的产物。据《永春县志》载，隋开皇九年（589年），"陈后主叔宝的儿子敬台，率亲族和部属南奔，在桃林场的肥湖陈岩（今蓬壶仙洞）和慕仁里溪西（今石鼓乡）定居。"陈氏皇族为当时尚处蛮荒的闽南永春带来了长江流域的先进

279

文明,佛教也随之传入永春县,永春便开始了有香的历史。13世纪,阿拉伯人蒲寿庚来到海上丝绸之路起点泉州港,并出任市舶司提举等职。其十三世孙蒲瑞寰携幼孙避祸来到永春县,定居在达埔镇龙溪寨,并以阿拉伯人独有的制香技艺做为谋生手段。自此,中西合璧而成的永春香开始了灿烂的旅程。神奇的降真香、沉香、檀香、兰花香、奇楠香、时香等产品纷纷问世,他们被冠以"达埔香"流行海内外。香道亦成为时人的生活必需。中国人的恋香情结由来已久,尤其汉代陆上丝绸之路兴起,大量香料从阿拉伯、印度诸国运入国门,贵族官吏变着法儿享受香料的味趣,应用范围非常广。唐代,三藏法师天竺取经归国,开启朝拜香进入寻常百姓家的新时代,香料贸易风生水起。

没有蒲寿庚,便没有达埔的制香史。在泉州的海上交通史上,蒲寿庚绝对是个炙手可热的人物。蒲氏先世来自阿拉伯,最初在广州开展香料丝绸船舶贸易,到了蒲开宗,也就是蒲寿庚的父亲这一代,泉州港已超越广州港,成为"东方第一大港",阿拉伯人经商才能出众,蒲开宗举家迁居泉州。蒲寿庚成年后,对为官的权势深有体会。他身体力行参与平定海寇,终于以功踏入仕途。最初任福建安抚沿海都制置使,景炎年间被授为福建广东招抚使兼泉州市舶司提举。从此,蒲家亦官亦商,凭借权力更大规模地从事香料贸易。永春达埔汉口村蒲氏是蒲寿庚的后裔,能够保留祖姓的主要因素,是他们的祖上隐居晋江东石,远离府城相对安全。

永春香取材多为檀香、沉香、绛真香等上好天然香料,辅以各种中药材,沿袭古老的阿拉伯神香配方,其气味芳醇,持久缠绵,沁人心脾。1974年,在泉州后渚港出土的一艘南宋远洋货船,载重量200多吨,船上香料遗存丰富,有降真香、檀香、沉香、乳香、龙涎香、胡椒等。古船发现者、厦门大学历史系教授庄为玑先生,曾几次来永春蒲庆兰香室寻访和探究,认为这艘古船很可能就是蒲氏家族的香料船,与蒲家香业有密切的联系。

清顺治三年(1646年),蒲家后人蒲世茂(号瑞寰),由晋江东石迁居永春卓埔后溪寨现达埔镇汉口村,建立古榕堂,成为永春蒲氏开基祖,从经营香料发展到制作和贩卖神香。到蒲华茂一代(1838—1888),已经开始生产制造天然篾香。公元1868年,他在汉口村后溪寨古榕堂东侧创建"庆兰堂"香厂,从此开始了"蒲庆兰"品牌发展的传奇历程。清光绪十四年(1888年),蒲华茂去世,其子蒲克檀(树礼)是将蒲氏香业发展到巅峰的传奇人物,也是永春香发展史上最负盛名的人物。正是他把香产业从永春中部的汉口一隅拓展到永春东部的五里街,又发展到泉州、厦门乃至海外。蒲树礼具有十分强烈的开拓创新意识。光绪三十三年(1907年),他在汉口后溪寨东门外新建"蒲庆兰"店面一间,用以批发香品。民国十七年(1928年),他在当时永春乃至闽南闻名的繁华集镇——五里街和民生路,买断地基,新建店屋一间,高至三楼。1930年,蒲树礼正式进驻五里街蒲庆兰香室。从1930年开始到1938年厦门被日寇占领之前,是蒲树礼执掌的蒲庆兰香室最风光的时期。他选用优质沉檀及中草药香料研制出多种名优香品。如生产出的篾香,用当地盛产的毛竹作香骨,天然植物山枇杷作粘结料、加入本地的中草药和其他植物粉末等材料精制而成,经打底、上内粉、上皮粉等十几道工序,一层层把香料裹在香骨上,经自然晾晒而成,以精美的外观、细腻独特的工艺、良好的点燃性及其独特持久、醇和清新的香气,产品远销东南亚的马来西亚、印尼、越南以及日本等国家和中国台湾、香港等地区,声誉远播海内外。1935年,蒲树礼还到泉州水门外五堡街开设"庆兰堂"分店。到两三公里外的石鼓镇卿园村购置用于舂研香料的水车香碓数座。蒲家现在保存有一方木质的"庆兰香局"印章,正是当年蒲庆兰香室发展到极盛的一个见证。永春香业的源头——"蒲庆兰香室",从创号至今已经有近150年历史,是实至名归的百年老字号。

近年来,随着香道的兴起,永春香产业已经开始向创新创意、高端精细、养生保健文化礼品转变。为进一步壮大香产业,永春县出台了扶持措施,拓展香产业链发展,推动香产业朝着集群化、规模化、现代化方向转型升级。目前,永春县共有制香企业近300家,规模较大的有50多家,制香人超过3万人,产品达300多种,获得省著名商标8个,汉口制香厂、彬达制香厂成为全国卫生香行业标准起草单位。2006年,"永春篾香"获得国家地理标志产品保护,在全国香制品地域产品中率先取得地理标志产品保护。近日,日本志野流香道继任家元(掌门人)蜂谷宗苾就寻香而至。他惊喜道:"永春香形成了一个世界罕见、产业链完整、香品百花齐放的产业,百亿产值,未来可期。"同行的中国民俗学会中国香文化研究中心主任孙亮也赞许:"永春的合成香技术在国内首屈一指,潜力十足。"

　　达埔中国香都香品产业园是省重点建设项目,项目规划总面积2300亩(山地约占80%)。一期工程投资6800万元,规划用地265亩,现有联发、彬达、金丰、兴隆等4家重点制香企业入驻,并于2010年初投产。2012年启动二期工程建设,目前已完成土地征用平整及香都大道建设,实现供地500亩,目前已有12家企业意向入驻(马来西亚1家、台湾1家、厦门2家、泉州1家、本地7家),涵盖制香、机械、包装、原材料、文化传播等上下游产业链,总投资8.5亿元。入驻企业全部建成投产后园区年产值可达10亿元,增加税收4000万元。同时,可带动达埔镇旅游产业的发展,促进农村劳动力就地就近就业,提高农民经济收入,有力助推永春经济社会发展,也会有力推动中国的香文化。

◎ 作者系中国机械科学研究院研究员。本文为"香之鼻祖"征文。

蒲寿庚是"中国香都"永春香之鼻祖

◇ 郭柯柯

　　早在宋朝末期,曾任泉州市舶司的阿拉伯大商人蒲寿庚,通过"海上丝绸之路"进口各种名贵香料并制作成香料产品。300多年前,蒲氏后裔移居永春达埔镇汉口村,永春篾香开始流传、发展。制香人由最初的300多人发展到现在的4万多人,家庭作坊近300家,诞生了200多家极具潜力的香企。永春也与河北古城、厦门翔安、广东新会并称"中国四大制香基地"。

一、永春用香历史悠久

　　五代开始,从古诗词和史志中可以不断地发现永春佛寺和僧人用香的记载。五代初,曾流寓永春的著名诗人韩偓题《赠僧》诗,有诗句云:"三接旧承前席遇,一灵今用戒香熏。"

　　北宋初年,曾会(晋江人,赠太师中书令兼尚书令,封楚国公)游永春香积寺,留题诗句云:"寒岩路僻凭僧指,古篆香残待客添。"

　　永春僧人真觉大师(俗姓陈,名志添),于北宋元祐元年(1086年)奉陈太后懿旨,入皇宫为遂宁王(即后来的宋徽宗赵佶)祝寿,获赐衲袈裟、金环、绦钩,并得哲宗御书"天下名山福地,永远居住",著名诗人黄庭坚赠其诗云:"蒲团木榻付禅翁,茶鼎薰炉与客同。万户参差写明月,一家寥落共清风。"北宋建中靖国元年(1101年),永春僧人陈普足(即清水祖师)在安溪清水岩圆寂,其徒"杨道落发为僧,奉承香火,信施不绝"(宋政和三年安溪县令陈浩然撰《清水祖师本传》)。相传清水祖师在圆寂前曾指阆苑山说数十年后会

283

现身于此,到南宋绍兴四年(1134 年),"雷火烧山,自夜达旦,乡人异之,跻攀崖险,至石门人迹所不至处,见白菊一丛,姜一丛,香炉一,普足见于石门,俄云雾拥之而上"(明嘉靖《安溪县志》)。

王十朋任泉州太守时,与永春人陈知柔友善,给予很高的评价,赋诗曰:"我来守清源,德星识二陈。……真人奉香火,萧寺含悲辛。"

明万历年间进士陈绍功(晋江人)游永春高丽山道场岩,有诗云"曹溪香远留神瀵,庾岭花疏绽古梅"之句,即以"香"比喻道场岩佛法可远溯曹溪宗。

明成化年间,名僧文峰住持蓬壶普济寺,"就荒基募缘拓新之,祝圣有殿,栖禅有室,香积有厨(注:香积厨为佛寺斋堂),放生有池"(明颜廷榘《重修普济院记》)。在蓬壶镇仙洞山,有一方由僧人镌于明成化二十三年(1487 年)的"蓬壶胜概"崖刻,并附刻诗句,内有"胜境千年在,香烟万古存"之句。

清康熙年间由永春县令郑功勋撰写的一方《重兴白马寺记》,称桃城镇白马寺"历宋至明,香火勿替"。在永春县城桃源殿,有一方清同治十一年(1872 年)的《桃源殿碑》,谓"自古有庙宇必有香火可以崇祀神佛"。在吾峰镇天马岩,有一方镌立于清光绪二十四年(1898 年)的《重建天马岩序》碑说,该岩"自皇明建造以来,至今几百余岁矣。梵宇云栖,佛堂灯朗,远都人士莫不趋拜焚香"。

近代高僧弘一法师也与永春香结下不解之缘。1939 年 4 月至 1940 年 11 月,弘一法师在蓬壶普济寺闭关静修长达一年半,每日相伴他的就是一缕香烟。他在普济寺潜心编纂律宗著述,有《南山律在家备览略编》等,其中便多次提到了香,如引事钞云清信女人入寺"必须摄心整容、随人教令、依次持香、一心供养",又说"此即作熏,犹如烧香熏诸秽气也","此无作熏、犹如香尽余气常存也"。

民国年间,民军和地方政府均在永春设"香楮局",开征"香楮捐"(有的直接称为"香捐"),以"香楮"或"香"代指佛事用品和活动,可见当时进香之盛。

二、"海丝之路"既是"丝香之路"

"船去沉香来"。泉州作为海上丝绸之路的重要起点,"海丝"与香料的传入有着密切联系。

唐宋时期的泉州港,商贾云集,船舶万艘。彼时,各国使臣、商人和传教士,向泉州输入了大量香料、药物、宝货、纺织品、皮货等。泉州港呈现"涨海声中万国商"的繁荣景象。蕃商都居住在泉州东南隅的"蕃人巷"。他们运来犀象、珠玑、玻璃、玛瑙、香料、胡椒,运去丝绸,瓷器,茶叶。在马可·波罗的著名游记中,就曾多次提及:"我敢言,亚历山大或他港运载胡椒一船赴诸基督教国,乃至此刺桐港者,则有船舶百余。"

宋代的航海技术高度发达,南方的"海上丝绸之路"比唐代更为繁荣。巨大的商船把南亚和欧洲的乳香、龙脑、沉香、苏合香等多种香料运抵泉州等东南沿海港口,再转往内地,同时将麝香等中国盛产的香料运往南亚和欧洲(沿"海上丝绸之路"运往中国的物品中,香料占有很大的比重,也常被称为"香料之路")。

香料是热带芬芳类植物和动物分泌的香胶。主要产于东南亚、南亚和东非等地。我国虽然也有土产香料,但数量较少,主要是借外国进口。海外的香料在很早以前就已传入中国,"古者无香'……至汉以来,外域入贡"一而南蕃之香,独后出焉。"特别是从东南亚一带和阿拉伯等国进口的为最多。宋《太平寰宇记》就记载占城国王遣使来贡方物,"中有洒衣蔷薇水一十五琉功瓶,言出自西域。"《诸蕃志》也说:"蔷薇水,大食国花露也"。根据南宋泉州市舶司宫吏叶廷珪的《香录》和赵汝适的《诸蕃志》所记我国从东南亚等地进口香料的种类达二十九种之多。

1974年泉州湾后渚港发掘的古代海船,出土文物十分丰富,其中数量最多的是香料,达四千七百余斤。经初步鉴定的有降真香、檀香、沉香、乳香、龙涎香和胡椒等。这艘古船是宋末元初从南洋回航的"香料船"。香料是我国古代对外贸易的主要进口商品。宋元时代更占有重要的地位。唐代以来,从事南海香料贸易的多为阿拉伯人。

三、蒲氏家族垄断泉州香料贸易近30年

南宋中后期,泉州港日益繁盛,逐渐超逾广州港。因此,阿拉伯蕃商后裔蒲开宗即举家自广州徙居泉州,居住临近泉州后渚港的法石乡云麓村(即

现在的丰泽区云山社区),仍然从事以运贩大宗香料为主的海外贸易。南宋嘉泰四年(1204 年),蒲开宗被授任安溪县主簿。蒲开宗去世后,其次子蒲寿庚继承父业,继续从事以运贩大宗香料为主的海外贸易。起初,蒲氏家族曾一度中落,生活不甚丰裕,后经蒲寿庚的精心经营,家族生意又得以振兴并逐渐走向鼎盛。宋咸淳年间,海寇频繁侵袭泉州,蒲寿庚与其兄蒲寿晟为保护家族的巨大利益,凭借强大的海上力量,助官兵一同击退了海寇。因剿寇有功,蒲寿庚被封为福建沿海都制置使,自此既富有资财,又执掌兵权,亦官亦商,独霸一方,势力强盛。宋元时期,蒲寿庚在泉州涂门街拥有大量房宅,人称"半蒲街";此外,他还依照波斯人的习惯,在晋江出口建起"天风海云楼"和"一碧万顷亭",遥望海船出入。没有人知道蒲寿庚到底有多少艘海船,据记载,仅在景炎元年(1276 年),蒲氏被南宋张世杰抢走的海船就有2000 艘。

宋元交替之际,南宋小朝廷有意"作都泉州",依靠蒲氏财力,坚持抗元。景炎元年(公元 1276 年)加封蒲寿庚"福建广东招抚使,兼主市舶",把管理泉州军事、民政和市舶的大权都交给了他。而元军方面也深知拉拢拥有强大海上武装的蒲氏的重要性,派遣官员到泉州招谕蒲氏兄弟。是年 11 月,宋景炎帝自福州航海南下,意欲守住泉州城以抗击元朝。当时,蒲寿庚还未露出降元意图,前往拜谒,请景炎帝移驻城中。之后,宋军欲渡海往潮州,抢走停靠法石一带的蒲氏海舶 400 多艘及船上财货。蒲寿庚十分恼怒,立即关闭泉州城门,公开拒宋,与知州田真子一起降元。蒲寿庚一投降,就得到元军的信任和重用,元世祖授予他为昭勇大将军,闽广都督兵马招讨使之职,其子孙在元朝也都入朝为官,蒲家一时声名显赫。后来,元世祖还把招谕南海诸国的重任委寄予唆都和蒲寿庚。但唆都不熟悉海外交通和南海风物,主要靠蒲氏运筹帷幄。元朝政府几次重大的招谕活动都从泉州港启航,且主要由泉州当局负责,并都有蒲氏亲信参加,诏谕使团借助蒲寿庚"南海蛮夷诸国莫不畏服"的影响力,取得了良好的效果,开创了中国与南海诸国关系的新局面。

当时定居泉州的阿拉伯人蒲寿庚家族,拥有大量海舶,垄断泉州香料海外贸易近 30 年,"以善贾往来海上,致产巨万,家僮数千"。1974 年,在泉州后渚港发掘出一艘南宋远洋货船,载重量 200 多吨,船上香料遗存丰富,有降真香、檀香、沉香、乳香、龙涎香、胡椒等。古船发现者、厦门大学历史系教授庄为玑先生曾几次来永春蒲庆兰香室寻访和探究，认为这艘古船很可能就是蒲氏家族的香料船，与蒲家香业有密切的联系。

由于拥有雄厚的海上实力，蒲家在宋末和元朝前中期显赫一时。蒲寿庚生三子：长子蒲师文，次子蒲师斯，三子蒲均文。蒲师文曾兼任提举福建道市舶，官福建平海行中书省。蒲师斯之子蒲崇谟，官至行省平章政事。元朝末年，泉州陷入长达十年的亦思巴奚兵乱，蒲氏家族也不可避免地被波及。蒲崇谟次子蒲本初，出生仅数月，由仆人抱着逃匿于晋江东石古榕杨氏母家，换姓为杨，在明初洪武年间考取进士。数代后复姓为蒲。

四、迁居永春重兴香业

永春篾香与泉州海上丝绸之路有着密不可分的联系。延至清顺治三年（1646年），蒲本初的后代蒲世茂（号瑞寰），由晋江东石迁居永春卓埔后溪寨（又称龙溪寨，现达埔镇汉口村），建古榕堂，成为永春蒲氏开基祖。随着蒲氏入永，蒲氏家族的传统产业——香业也随之入永。蒲世茂三子蒲侯平，"温和宽厚，恭以处之，其后继志述事，恢宏大业"（见《龙溪蒲氏支谱》）。蒲侯平传子世恩，蒲世恩传子蒲立进，蒲立进传子蒲斯得，蒲斯得传子蒲德海，香业在蒲家累世传承不辍。至蒲德海之子蒲华茂、孙蒲树礼，蒲氏香业出现了一个鼎盛时期。

蒲华茂（1838—1888）传承祖业，生产制造天然篾香。他在盛年之际（大约公元1868年），于汉口村后溪寨古榕堂东侧创建"庆兰堂"香厂，从此开始了"蒲庆兰"品牌发展的传奇历程。

清光绪十四年（1888年），蒲华茂去世，其遗孀潘氏祛娘辛苦操持，支撑家业，携儿子继续"营建庆兰堂生理，名驰于外郡，及已置厝屋产园数，以为谋生之计"。与陶瓷业相似，在制香之前，需先将原始香料舂成香粉，以当时的生产条件，需借助水车舂碓之力，所以当时蒲家所置产业就包括了"潮口水车外香碓一所"、"神潮湾水车碓全座"（见清光绪三十三年蒲家阄书）。由于家族原因，蒲氏香业传承振兴的重担就落到了温房蒲克檀（树礼）的身上。蒲树礼（1879—1940）是将蒲氏香业发展到巅峰的传奇人物，也是永春香发

展史上最负盛名的人物。正是他，将香产业从永春中部的汉口一隅拓展到永春东部的五里街，又发展到泉州、厦门乃至海外。蒲树礼在继承传统的基础上，潜心研究，选用优质沉檀及中草药香料研制出多种名优香品。光绪三十三年（1907年），他在汉口后溪寨东门外新建"蒲庆兰"店面一间，用以批发香品。民国十七年（1928年），蒲树礼到当时永春乃至闽南闻名的繁华集镇——五里街，在民生路"室仔下第十七间"，"买断地基，新建店屋一间，高至三楼，及建置店后天台、做香厝间"（见民国二十四年蒲家阄书）。1929年，"蒲庆兰香室"店面及香作坊建筑完工。1930年，蒲树礼正式进驻五里街蒲庆兰香室。店后的香作坊（即阄书提到的"做香厝间"）成批制作篾香。从1930年开始，蒲树礼执掌的蒲庆兰香室生产出更多品种的篾香，产品远销东南亚的马来亚、印尼、越南以及台湾、香港、日本等国家和地区，声誉远播海内外。1935年，蒲树礼还到泉州水门外五堡街开设"庆兰堂"分店。蒲家现在保存有一方木质的"庆兰香局"印章。1934年泉州著名书法家、诗人曾遒题赠蒲树礼的"蒲庆兰香室"金字招牌横匾，"庆云飞缥缈，兰圃馥氤氲"对联竖匾，以及两幅水墨梅花图，现在仍完好保存悬挂在香室内。两幅水墨梅花图上分别有题款"蒲庆兰香室雅属"、"蒲庆兰大宝号雅鉴"。

蒲庆兰香室现在的传人蒲良宫，是蒲树礼之孙，蒲其木之子。他从10岁开始跟随祖辈和父亲学习生产篾香，尽得真传，1988年向国家商标总局注册"蒲庆兰"商标。其子蒲海星和蒲星宇现也一起经营和照料家族香业生意。

"蒲庆兰"从创号至今，已近150年，是不可多得的百年老字号。正是因为蒲庆兰香室的克绍箕裘、世代传承，让今天的我们还能感受到千年古港泉州作为"香料之路"起点的辉煌。也正是它的坚守和贡献，才使永春香发展成为一枝独秀的产业。出于对中国传统香文化的热爱，历代蒲庆兰香室的传人以无私的奉献精神，将制香工艺传授给大量制香弟子。新中国成立后，在党和国家政策的引导下，在汉口村的蒲氏人家大多以制香为业。如今，泉州市永春县的蒲姓回族，不少人仍旧沿袭着祖传的制香业。2014年4月，中国轻工业联合会、中国日用杂品工业协会授予永达埔镇"中国香都"称号。

永春之香，历史文化传承千余年，永春的制香工艺，源于蒲氏；蒲氏香业，又源于海上丝绸之路——阿拉伯人也称其为繁盛的"香料之路"。这种家族代代传承像流淌在血液中的基因。一方面是千年来中华香文化的传承延续,另一方面是阿拉伯后裔制香技术的传入和发展。

参考文献

[1]庄为玑、庄景辉:《泉州宋船香料与蒲氏香业》。

[2]嘉靖《安溪县志》。

[3]庄为玑:《古刺桐港》。

[4]《泉州海外交通史料汇编》。

[5]福建省永春县《永春风物》编写组编:《永春风物》。

◎ 作者系泉州市茶文化研究会理事,泉州市作家协会会员,丰泽区政协文史委员。本文为"香之鼻祖"征文。

清清香的防病治病作用探讨

✧ 周来兴　陈仰东

清清香是国家级老中医药专家、省名中医周来兴主任医师根据中医"内病外治"、"气血闻香则行,香善走,透达经络脏腑而无所不达"的理论,选用芳香中草药配制而成,具有清新空气、驱邪杀菌、提神醒脑等功效,是防病保健理想之香。现结合临床探讨其防病治病的机理和应用。

一、理论源流

中药外用是以中医整体观念和经络学说为理论指导,是"内病外治"的具体应用。芳香的中药外用可以通过皮肤、黏膜吸收,是中药外用的重要理论基础。吴师机云"病先从皮毛入,药即可由此进"。《内经》云:"夫邪之客于形也,必先舍于皮毛"、"外治不由脏腑,却直达脏腑,尤贵能识脏腑。"指出外邪多由肌表、口鼻侵袭,药物可以通过皮肤、口鼻吸收,并且药效可作用于脏腑,而达到治病的目的。

香薰在我国自古有之,它是一种原始祛病方法。如马王堆汉墓出土一批香囊、熏炉,内有佩兰、花椒等芳香类的药物,这些都说明了当时即有用芳香药防治疾病、避秽消毒、清洁环境的风俗习惯。香薰疗法在运用过程中不断得到完善充实,并一直流传至今,例如端午时节用艾叶等草药挂在门边或进行燃烧,其烟雾就有杀虫毒、避浊气的作用。在清代宫廷秘方就有"避秽香"防治天花的记载。

如今芳香疗法不但在现代生活中是一种时尚,而且是防病治病与保健的一种自然疗法。如中医药预防甲流方案[2009年版]中就有用香薰法作为预防"甲流"的一种外用方法。现代中医将西方的芳香疗法与中医的香薰疗法相结合,将气味芳香的药物,如枋香、霍香等制成适当的剂型。因这些药具有辛香走窜等性能,可解表散邪;芳香化湿以健脾开胃;芳香能理气活血止痛;芳香避秽善开窍醒神,可作用于全身或局部以防治疾病。芳香药以"简、便、廉、验"的特点,足以弥补内服药之不足,可广泛地应用于临床。防感冒的"清清香"及香囊正是运用了上述技术,把古老的中医传统与现代生活相结合,即可以防病治病,又能沁人心脾,舒畅心情,疏通气血,调和阴阳,达到保健的目的。

二、现代研究

香,古今都是运用辛香的中草药为主要原料配制而成的。古人云:"气血闻香则行,香善走,透达经络脏腑而无所不达",所以它可用外熏烟雾令空气产生阵阵清香,净化空气,通过嗅觉和触觉反应恢复身体的精神平衡,达到防病保健的目的。现代研究表明:芳香中药大都含有挥发油具有促渗作用,提高药物在细胞内的渗透性。医学研究还认为,嗅神经是大脑发出的第一对脑神经,神经纤维通过很薄的一层筛板分布在鼻黏膜上,且鼻黏膜下血供丰富,黏膜上的纤毛可增加药物吸收的有效面积,使药物迅速入血。而且芳香气味分子通过呼吸道黏膜吸收后,能促进人体免疫球蛋白的产生,提高人体的抵抗力;气味分子还能刺激人体嗅觉细胞,通过大脑皮质的兴奋抑制活动,调节全身新陈代谢,平衡植物神经功能,达到生理和心理功能的相对稳定,身心健康。现代研究进一步说明清清香的防病治病作用。

三、临床应用

以上理论源流和现代研究为临床应用提供理论依据。"清清香"以此选用以黄花条等芳香的中草药为主,按制香的工艺配制而成。其香味清纯持久,不但清新空气,芳香避秽,驱邪杀菌,而且可健脾开胃,提神醒脑,消除疲劳,提高工作学习效率。方中黄花条气味芳香,性辛微寒苦,能清热解毒,现

代药理研究显示有抗病毒和抗菌的作用,有防治"流感"的功效。多年来我们应用于临床,对感冒、时行感冒(流感)、慢性疲劳综合症等症有防治作用。应用方法:在房间或室内,点燃清清香,每日 3 次,每次 1～3 支。经临床疗效观察,清清香治疗风热型感冒 132 例,清清香外熏加内服三九感冒灵颗粒治疗组与口服三九感冒灵颗粒对照组疗效对比(总有效率 92.4％与 78.1％)有显著性差异,治疗组优于对照组。该论文于 2010 年发表在《福建中医药》,并获科技进步奖。清清香治疗时行感冒 45 例疗效观察,总有效率为 88.9％.在流感流行期间,用清清香在教室及人群集中地方点燃,发现易感人群明显减少,进一步显示清清香既能治病又有预防的作用。该文于 2010 年刊登在第十二届中国科协年会 22 分会场"中医药在重大卫生事件中的地位和作用论坛论文集"中。清清香用于治疗慢性疲劳综合征 38 例,显效率达 78.9％;同时对各种疲劳症状消除或减轻均有显著疗效,尤其对头痛、睡眠紊乱症有较好疗效,该论文发表在《福建中医药》。

四、探 讨

　　清清香依据理论源流和现代研究,选用以黄花条等芳香中草药为主要原料,按制香的工艺配制而成,具有香味清纯持久、清新空气、驱邪杀菌、健脾开胃、芳香避秽、消除疲劳等功效,经临床应用,治疗感冒总有效率 92.4％,证实清清香即有治病又有防病的作用。清清香具有"简、便、廉、验",无毒副作用,可免受服药之苦的特点,又能弥补内服药之不足,是保健防病治病理想之香。尤其在当今空气污染及人群处于亚健康情况下,清清香可发挥较大作用,特别在"甲流"等传染病流行期间可作防治作用。该方已申请发明专利,专利号 20131—305489.9.今后还应广泛开展大量的临床研究,使之更有开发前景,更具有科学性、先进性和实用性,使"香"由朝拜型向保健型转化,为人类健康发挥更大作用。

◎ 作者周来兴系永春县中医院主任医师,兼任世界医药研究中心研究员,福建省名老中医;陈仰东系永春县中医院医生。

永春香的保健功效

◇ 林清海

中国人的养生观是与中国独特的文化思想体系一脉相承的,根植于"人天整体观"和"性命合一"基础之上的。认为一个真正健康的人,必须具有完善的道德人格,是能与万物相合,顺天道而行的人。欲要到达人天相合,首先要达到自身的完善,即"性命相合"。同时也认识到,香是滋养本性的食粮,是养生过程中必不可少的。香气可养人,香材也可药用。香既可以美化生活,香气与人的身心也有密切的关系,是养生养性的重要元素。正如孟子所说:"以鼻之于臭(通嗅),为性性之所欲,不得而安于命",深刻地揭示了香对于人之"本性"的重要作用。

一、永春香的历史渊源

永春香习传承于中原,至今已历千年;制香技术传承于中东,也有 300 多年的历史。明末清初,居住在泉州湾的阿拉伯蒲氏后裔移居永春达埔镇汉口村,使篾香开始流传、发展。它与我国"海上丝绸之路"有着密切的联系,宋朝时在泉州就形成了一条闻名世界的香料之路。目前,辖区内制香企业有 296 家,与河北古城、厦门翔安、广东新会,为全国四大制香基地。2007年,永春香在全国香制品的地域产品中率先取得地理标志产品保护。

永春香取材多为沉香、檀香、沉香、绛真香等上好天然香料,辅以各种中药材,沿袭古老的阿拉伯神香配方,其气味芳醇,持久缠绵,沁人心脾。近年来,随着香道的兴起,永春香产业已经开始向创新创意、高端精细、养生保健

文化礼品转变。为进一步壮大香产业,永春县出台了扶持措施,启动"中国香都"申报工作,鼓励成熟企业申报"中国驰名商标",拓展香产业链的发展,推动香产业朝着集群化、规模化、现代化方向转型升级。

二、永春香的保健功效

1. 杀菌效果显著

早在 2000 年,永春香企就开始了对香品药用价值检测的探索。经过近3 年的奔波,2003 年 7 月,拿到了福建省卫生防疫站实验检测报告——永春关于神香药用价值的第一份报告。报告显示,檀香制成的香塔,在点燃 2 小时、4 小时后,对空气自然菌的平均消亡率达 76.96％、81.52％。之后,福建医科大学、福建省疾控中心等省内权威医学科研机构,先后对永春香企送检的香品做出检测报告,结论都证实了永春香品的杀菌消毒功效。天然乌沉香、沉香等多款空气清新环保香,采用纯天然高原植物芳香原料,经科研部门检测能有效杀灭空气中的大肠杆菌、金黄色葡萄球菌、绿脓杆菌和自然菌等,杀灭率达 90％以上,是天然家居空气净化香薰用品。

2. 品香养性怡人

传统养生观,对于衡量一个人健康,不只是看其是否有一个健康强壮的身体,而是从性命相合甚至天人相合的角度去评判的。一个真正健康的人,除了具有健康的体魄之外,还必须要有健康的思想,圆融的智慧。也就是具有道德,能为人类真正作出贡献的人。因此品香养性是"修身"的重要组成部分,而修身即是要达到人格的完善,为"齐家、治国、平天下"建立能够与之适应的身心基础。以香养性是传统养生的核心,自汉代以来养性理论已臻完备,形成了熏香养性的基本理念。

近年来,随着中国城市化进程的加快,越来越多的人涌向城市。生活节奏快,工作压力大,饮食作息无规律,出现了"亚健康"、"城市病"等各种影响身心健康的病症。这里面很大一部分是由于情绪问题引起的。泉州市心理卫生学会心理咨询站站长徐雪娜认为,情绪是人体中流动的一种能量,是无意识的,而且难以克制。当一个人遭遇无法解决的客观压力时,这种能量就可能被阻滞,产生情绪问题。这个时候,如果没有科学有效的疏导,只是一味去逃避、压制,是非常有害的,久而久之甚至会造成身体的其他疾病。香道文化的复兴,给浮躁的社会带来了一缕清新气息。在喧嚣的尘世中,燃一炉名香,泡一壶禅茶,氤氲烟气中,慢生活舒展开,心清静下来,或抚琴、或阅读、或三五好友纵谈古今、或一人静坐、默然欢喜,平凡的生活亦可文艺优雅,品香中陶冶身心、修身养性。

3.中医药用保健

目前,永春的天然香品大体可分四种:沉香、檀香、中药香和乌沉香。沉香香品高雅,而且十分难得,自古以来即被列为众香之首,是自然界中极少具有的抗菌及增强免疫功能的养生极品。《本草纲目》中就有记载:"沉香,气味辛,微温,无毒。主治:风水毒肿,去恶气;主心腹痛,霍乱中恶,邪鬼疰气,清人神;调中,补五脏,益精壮阳,暖腰膝,止转筋吐泻冷气,破症癖,冷风麻痹,骨节不任,风湿皮肤瘙痒,气痢;补脾胃,益气和神。治气逆喘急,大肠虚闭,小便气淋,男子精冷。"沉香是一味调中药材,多用少用皆可,对人体无害。檀香也是一味重要的中药材,历来为医家所重视,谓之"辛,温;归脾、胃、心、肺经;行心温中,开胃止痛"。外敷可以消炎去肿,滋润肌肤;熏烧可杀菌消毒,驱瘟辟疫。檀香则具有独特的安抚作用,可以使人清心、凝神、排除杂念,是修身养性的辅助工具,放松效果绝佳,可安抚神经紧张及焦虑,镇静的效果多于振奋,可以带给使用者更为祥和、平静的感觉。专家表示,檀香适合学习、写作、弹奏乐器时使用,能够帮助你在创作过程中发挥更好的水平。乌沉香及中药香,则是根据不同香方,不同药理功效,搭配各种中草药制成的香品。经权威机构检测,永春的乌沉香、中药香有很好的驱蚊、抗过敏、杀菌的效果。

4.家居生活时尚

居家方面,在房间里点上一根天然永春香,它可以持久地去除房间里面的霉味和脚臭汗臭味。在驱蚊除菌、去除湿气改善空气等方面也有奇效。家里有养小狗小猫之类的宠物,点燃天然香可以有效地驱散宠物身上发出

的异味。新居刚刚进行过装修,那这个天然香更是少不了的,因为它可以很好的去除室内的化学物品的气味。下班了,拖着疲惫的身子回家,在房间里点燃一支香气高雅、清新的养身香,立刻会满屋生香,消解疲劳,平和心境,直至令你心旷神怡。在家宴客会友,一炉天然香,香蔼馥郁撩人,更是醉筵醒客。

总之,永春香正努力寻回已被淡忘的养生香文化。让我们一起回归传统文化,回归健康,用香习来滋养现代人的精神生活。

◎ 作者系联发香业有限公司董事长

中医芳香疗法与安神香药效实验研究

♦ 林清海　林芳玲

中医芳香疗法源远流长,早在殷商时期的甲骨文中就有熏燎、艾蒸的记载,至周代就出现了佩带香囊、沐浴兰汤的习俗。汉代,名医曾用丁香、百部等药物制成香囊悬挂在居室内,用来预防"传尸疰病"(肺结核)。在浩森如烟的中医古籍中散在大量有关中医传统芳香疗法的记载,如唐代医家孙思邈的《千金要方》中,载有佩"绎囊"、"避疫气,令人不染"的记载;宋·《太平圣惠方》、《太平惠民和剂局方》、《圣济总录》中均有以香药命名之方剂。以芳香药物制成方剂和香品,达到防病治病、美化生活、陶冶性情的传统熏香与品香文化,在宋代达到鼎盛。中医药理论指出,芳香药通过肌肤、经络等途径"渗入"人体,起到开泄腠理、活血化瘀、宣畅平衡阴阳的作用。目前,由于我国经济的高速发展,医学模式的转变,老龄化社会的到来,人民生活水平的不断提高,人们在衣、食、住、行等方面有着更高的要求。更高的生活追求带来了更大的精神压力,根据卫生部 2004 年 10 月公布的数据显示,当下有 75% 以上的中国人民处于亚健康状态。失眠是现代社会亚健康的典型表现之一,严重困扰了人们的生活和工作。现代医学治疗失眠常以镇静催眠药物为主,长期服用副作用大。芳香疗法治疗失眠有其独特的功效,无毒副作用,且能避免药物依赖性。为评价安神香的功效,探讨其治疗失眠的作用,我们进行了安神香对大鼠抗戊巴比妥钠的协同睡眠实验,观察了其对失眠大鼠血浆中 5-羟色胺(5-hydroxy tryptamine, 5-HT)、多巴胺(Dopamine, DA)、去甲肾上腺素(Noradrenaline, NA)含量的影响。

(实验内容略)

现代医学认为，失眠的主要原因是睡眠与觉醒功能紊乱，而神经递质（主要是 5-HT、DA、NE 和 Ach 等）起着重要的作用。5-HT 是一种广泛存在于中枢神经系统的神经递质，与失眠症、抑郁症和焦虑症等很多精神疾病的发生有关。已有的研究证实 5-HT 对睡眠的调节作用是参与非快动眼睡眠的发生与维持，并可影响异相睡眠。去甲肾上腺素神经元的胞体主要集中于延脑、桥脑、蓝斑头部和桥脑的去甲肾上腺素能神经元，在维持觉醒中起着重要作用。蓝斑中、后主要与快波睡眠有关，被认为是快波睡眠的"执行机制"。脑内 NA 减少时，快波睡眠增加。同时清醒状态的维持不仅主要与蓝斑核前端的 NA 神经有关，而且与中缝核前端的 5-HT 神经元有关，两者存在着相互抑制的作用。DA 神经元胞体主要集中于中脑，其中以尾核、壳核内含量最高，其次为黑质和苍白球。DA 受抑制则减少了其维持觉醒和行为兴奋的作用，以达到镇静安神之功效。PCPA 是一种选择性很高的脑内色氨酸羟化酶抑制剂，能阻滞脑内 5-HT 的生物合成，使脑内的 5-HT 含量显著下降，达到排空 5-HT 的目的，可使动物出现完全性失眠，且不造成神经元的器质性损害，是常用的失眠模型。而戊巴比妥钠有广泛的中枢抑制作用，其作用机制是阻断脑干网状结构上行激活系统的多突触传递，以缩短快波睡眠，延长慢波睡眠，加强对中枢神经抑制过程，延长睡眠时间。因此，选用戊巴比妥钠与安神香进行协同实验。

中药香在临床上应用广泛且疗效显著。对于防止上呼吸道感染、皮肤带状疱疹、丘疹性荨麻疹、鼻炎、失眠、以及缓解手术前焦虑等取得的良好效果均有报道。据不完全统计，芳香疗法佐治小儿上呼吸道感染治疗一个疗程后，总有效率为 97.5%；对改善睡眠的疗效，尤其是对轻、中度患有失眠症的患者有效率达到了 90% 以上，且未见到不良反应的报道；还有医师用具有开窍宁神、镇静、助眠作用的自制中草药香袋，悬挂于外科和骨科术前 194 例患者床前，患者焦虑值明显降低，睡眠质量得到改善，且患者的血压、心率均较未悬挂者有显著性差异。中药香还可作为日常居家生活的保健品，可达到预防和治疗疾病的目的。本实验研究所用安神香含有冰片、安息香、甘松、酸枣仁、五味子、柴胡、香附等具有养心安神、解郁助眠的芳香中药材。方中酸枣仁性味甘平，入心肝经，养心安神，五味子养肝安神，益气敛阴，共为君药；柴胡疏肝解郁，香附理气疏肝，行气解郁，共为臣药；安息香、甘松等辛温芳香,醒脾安神助眠;冰片辛苦微寒,少量以制约辛温燥性。诸药相伍,共奏养心安神,解郁助眠之效,故适用于失眠多梦人群之保健。本实验以中药香作为研究对象,根据的是中医传统的芳香疗法,但以多味中药相掺,研制出具有安神功效的药香并以香薰的方式给药在目前的药物剂型及给药方式研究中,较为少见。中药香的研制及鼻吸入方式极大地方便了日常生活中人群的给药,具有给药时间随意,携带方便等特点。

本实验结果表明,利用PCPA耗尽大鼠脑内5-HT,将使大鼠产生严重失眠。造模后的大鼠鼻吸入性给予安神香后能升高大鼠体内的5-HT含量,降低NA和DA含量,改善由于PCPA造模引起的大鼠生长障碍,缩短大鼠睡眠潜伏期,从而达到改善睡眠的作用,说明安神方有良好的镇静催眠功效,这为安神方在临床中的应用奠定基础。

◎ 作者林清海系联发香业有限公司董事长;

　林芳玲系联发香业有限公司董事长助理,技术员。

养生香之品性初探

◇ 林文程

　　养生香是由无毒的天然香料经过传统炮制与制香工艺加工而成的,对特定人群身体具有护养的作用,并能够缓解、提升生活状态与境界的一大类成型的香品。养生香品虽具有不同程度的辅助药疗作用,可作为长期的养生保健用品,但仍需根据各个香品所适应的不同人群进行选用。

一、养生香的概念

　　虽然我国香文化已传承数千年,且当前正处于香学的再次复苏与兴起阶段,但不论学术界还是商界均尚未对养生香的定义进行过深入的探讨,也就没有一个成形的概念,为了能够更好地阐释本文所讲的"养生香",特根据我国香文化相关资料以及个人对养生香的体验和理解,初步作出如下限定:一是来源:无毒、天然的;二是根本:保护环境、调节环境的;三是基础:调养生命的;四是内容:升华生活的;五是形态:成型的线香、盘香、塔香、锥香、香印、香饼等。

　　据此对养生香下一个定义,即:养生香是由无毒的天然香料经过传统炮制与制香工艺加工而成的,对特定人群的身体具有护养的作用,并能够缓解、提升生活状态与境界的一大类成型的香品。

二、养生香的特性与种类

　　虽然养生香也可以和其他类别的香一样,从香品的香料多寡、香品的形状等来分类归纳,但这无法显示出其特有的"养生"品性,不能凸显养生香的核心要旨——"修生养性"。

"修生养性",是养生香的骨头与血肉,简单来讲,也就是调节生理、护养"天人合一"的心性。这是在传统中医基础上,结合儒释道的生活情趣,由先辈总结出来的可以辅助"修生养性"的香品——养生香。因而,养生香的划分,其基本的判定标准就是——养生香所使用的天然香料本身就具有的"养生"特性。

目前市面上流传最多的养生香只有沉香与檀香,而且这两种多数被冠以单品而非和香,就其中草药特性来讲,沉香单品可归为理气消暑香,檀香单品可归为理气温中香。除此之外,养生香市场上还有艾草香、玫瑰香、茉莉花香、桂花香、柚叶香等花草香,可分为理气血温经香、解郁和血香、理气缓痛香、散寒止咳香等;依传统香方制作而成的,韩魏公浓梅香、杨贵妃帏中御香、洪驹父荔枝香、内附龙诞香、汉建宁宫中香等,可分为理气开胃香、开窍除湿香、活血醒心香等。

三、常见养生香品的作用及禁忌

(一) 沉香

作用:据文献记载,沉香性味辛苦温,入肾脾胃经,具有降气温中、纳气平喘的功能,可治疗气逆喘息、呕吐呃逆、脘腹胀痛、腰膝虚冷、大肠虚秘、小便气淋、男子精冷等。多数佳品沉香单品点燃后,具有行气止呕、纳气平喘、消暑湿等作用,其温中暖肾作用相对较弱。若以纯沉香香品之粉末亦可入药,可起到相对较强的温中效果,但此需遵医嘱。

禁忌:因沉香具有行气止呕、纳气平喘等作用,故寒虚、气虚、阴血衰、水虚火炎者慎用或禁用。

(二)檀香

作用:檀香性味辛甘温无毒,入脾胃肺心经,具有理气、和胃的功能,可治疗心腹疼痛、噎膈呕吐、胸膈不舒等。多数佳品檀香单品点然后性味辛甘

温,据中医学理论及其药性、结合多年经验,其作用较能体现檀香本身所具有的理气散寒和胃的作用。同时,纯檀香香品之粉末除可入汤药外,亦可治疗皮肤脓疮、祛斑等。

禁忌:檀香香品虽具有行气止痛、散寒开胃的功能,但《本草汇言》有云:如阴虚火盛,有动血致嗽者,勿用之。即,阴虚火旺的人,以及咳血的人,不能使用。

(三)茉莉花香

作用:茉莉花性味辛甘温无毒,具有理气开郁辟秽和中的功能,可治疗湿法中阻、胸膈不舒、泻痢腹痛、头晕头痛、目赤、疮毒等。茉莉花香品点燃后,其作用较弱于内服,但仍能对肝郁、脾胃不佳等特定人群起到理气开郁、辟秽和中,即提神、镇静、缓解忧郁、改善昏睡及焦虑等作用。

禁忌:茉莉花气味辛香偏温,故阴虚火旺、热毒者禁止使用;同时,茉莉花属芳香类有理气开郁的作用,故气虚者慎用,孕妇禁用。

(四)桂花香

作用:桂花性味辛甘苦温无毒,入肺、大肠经,具有散寒破结、化痰止咳的功能,可用于痰饮喘咳、胃寒胃疼、经闭腹痛、肠风血痢、视觉不明、牙痛、口臭等。桂花香点燃后,性味辛甘温,对虚寒体质、阴虚等特定人群具有一定的清热化痰、暖胃散寒等作用。

禁忌:桂花在诸多香花中属于运用十分广泛的一种,已成为日常普通消费品,但纯桂花香品性味辛甘苦温,归肺大肠经,故属阴虚火旺、气虚者慎用。

(五)艾叶香

作用:艾叶性味辛苦温无毒,归肝脾肾经,具有温经止血、散寒止痛、祛湿止痒等功能,可用于治疗吐血、衄血、便血、崩漏、妊娠下血、月经不调、痛经、胎动不安、心腹冷痛、泄泻久痢、霍乱转筋、带下、湿疹、疥癣、痔疮、痈疡等。艾叶香点燃后,性味辛苦温,对虚寒体质、宫冷痛经等特定人群能起到温经止血、散寒止痛、祛湿止痒的作用。

禁忌：近年来，艾叶随着艾灸的广泛传播，逐渐成为一味百姓家中必备的药材，但艾叶有小毒，因此艾叶香不可长期大剂量使用。同时阴虚火热及宿有失血病者慎用，虚者慎用。

◎ 作者系永春县香文化研究会副会长，制香专家。

浅谈永春檀香熏香

◇ 刘中洁

　　檀香是檀香科檀香属植物，原产地主要在印度迈索尔，现在东南亚地区和非洲热带地区有种植。檀香性温味辛，入脾、胃、肺经，具有理气温中、和胃止痛的功效。檀香的心材作为名贵药材，有清凉、收敛、强心滋补等功效。檀香木还是高品质线香、盘香等天然用料。有此种种，檀香便有了"绿色的金子"美誉。

　　檀香是我国中药史上的瑰宝，我国中医著作有很多记载。《本草纲目》记载檀香治"（白旃檀）心腹痛、肾气痛、噎膈吐食、风热肿毒。（紫檀）止血、止痛、疗淋、敷刀伤"；《本草备要》记载檀香"调脾肺、利胸膈，为理气要药"；《本草求真》记载檀香"凡因冷气上结，饮食不进，气逆上吐，抑郁不舒，服之能引胃气上升，且能散风避邪，消肿住痛，功专入脾与肺，不似沉香力专主降，而能引气下行也"；《冯氏锦囊秘录》记载檀香"味辛而热，无毒。亦以其辛热芬芳，为开发辟恶散结除冷之药也"。对于熏香的效果，《本草经疏》中记载："凡邪恶之气，必从口鼻入。口鼻为阳明之窍，阳明虚，则恶气易入。得芬芳清阳之气，则恶气除而脾胃安矣。"

　　古时候在亚洲东南亚地区，熏烧檀香木是佛教、印度教、伊斯兰教等宗教的重要仪式。从中医的角度来说，熏香当属中医芳香外治疗法中的"环境香气疗法"。檀香熏出的袅袅白烟香气四溢，利用燃烧发出的气味，可以免疫辟邪、杀菌消毒、醒神益智、养生保健等。

　　永春制作熏香历史久远。说它久远有一个最有力的证据：明末清初，阿拉伯人蒲氏家族后裔将制香技术传到永春达埔。宋元时期，泉州成为世界第一大港,阿拉伯人通过海上丝绸之路将香料输送到中国贸易,蒲氏便是其中一支贸易队伍,后来由于朝代更迭战乱连连,为了避祸,蒲氏从泉州晋江一带迁往永春达埔,并将制香秘方和工艺在达埔世代相传。

永春篾香集中生产地达埔镇是全国篾香四大出口基地之一,全镇现有制香厂200多家,超过3万制香工人,产品300多种。永春篾香选用上等芳香植物和中药材配制,质量上乘,因而声名远播。根据《地理标志产品保护规定》,国家质检总局组织了对永春篾香地理标志产品保护申请的审查并批准自2006年12月27日起对永春篾香实施地理标志产品保护。

檀香熏香是永春篾香生产的重头戏。檀香熏香依形状不同分为线香、盘香、塔香和锥香。制作永春达埔檀香线香要借助机器,将檀香木粉与硝酸钾、水、碳酸氢钙、粘粉按照一定比例搅拌混匀后送入机器,根据需要调节香的长度和宽度,由机器挤压出线状的香品,手工将之切割平整,将制成的线香放在晾晒架上阴干,即是成品。檀香盘香、塔香、锥香做法与线香相似,只是使用的机器模具不同。

作者学化学出身,查阅了相关化学资料,对檀香的化学成分及作用有浅显了解。永春达埔檀香熏香制品里的配料硝酸钾起助燃作用,檀香木粉则是香气的来源。作者猜想檀香熏香的香气应含有化学成分 α-檀香醇和 β-檀香醇。α-檀香醇和 β-檀香醇是檀香木心材的主要化学成分。α-檀香醇和 β-檀香醇具有神经药理活性,对小鼠中枢具镇静作用;α-檀香醇具有微弱的木质芳香,并有使人兴奋的效应;β-檀香醇呈现典型的檀香木香气,带有浓烈的木香和奶香。2003年7月,永春达埔彬达制香厂研制的檀香经福建省卫生防疫站实验检测显示:在点燃2小时和4小时后,对空气自然菌的平均消亡率分别达76.96%、81.52%。檀香叶、嫩枝、树干含有黄酮类化合物,科学研究已证明黄酮类化合物具有杀菌能力。作者猜想具备杀菌能力的熏香香气成分应含有黄酮类化合物成分。

在生物科学层面,有研究表明:天然香料制成的香品所产生的气味分子通过呼吸道黏膜吸收后,能促进人体免疫球蛋白的产生,提高人体的抵抗力;气味分子能刺激人体的嗅觉细胞,激发大脑皮层的兴奋抑制,调节人体的新陈代谢,同时调节植物神经功能,达到平心静气的功效。

与一般熏香不同,永春檀香熏香因其选材檀香木粉,材料较为稀少,价

格昂贵,所以产品高端。永春檀香熏香更多的是做为养生、保健之用。开发养生香、保健香已成为永春制香企业未来的主要努力方向。寄望永春檀香熏香、永春篾香产业日益做大做强。

◎ 作者系福建省香产品质量检验中心技术员

大自然馈赠的神奇物质

——植物精油

◇ 颜禧童

植物精油的定义：植物在新陈代谢过程中，植物的花、叶、根、树皮、果实、种子、芽等组织的油腺不断分泌出一种挥发性较强的芳香有机物，通过萃取植物花、叶、根、树皮、果实、种子、树脂等特有的芳香物质，以蒸馏、压榨方式提炼出来的植物油，统称为"植物精油"。

植物精油有丰富的来源，芳香植物是植物精油的主要来源，植物中含精油的量一般在 1％以下，也有少数含量高达 20％左右，如丁香中含丁香油约 14％～20％。目前，全世界已发现的芳香植物约有 3600 种。我国芳香植物资源的分布相当丰富，据不完全统计，我国共有芳香植物 800 余种，隶属于 70 余科 200 多个属。以长江、淮河以南分布较多，尤其以西南、华南最为丰富。植物精油主要存在于木兰科、蔷薇科、芸香科、木犀科、樟科、豆科、菊科、金粟兰科、马兜铃科、唇形科、百合科、石蒜科、瑞香科等植物，其中，尤以木兰科、蔷薇科、木犀科、樟科、菊科、芸香科、唇形科的植物较多。因此，植物精油具有来源丰富及可再生性等优点。

植物精油一般是由一百多种以上的成分所构成，当然有些更高达数百种至上千种成分构成，植物精油含有醇类、醛类、酸类、酚类、丙酮类、萜烯类。

植物精油（精气）对植物本身来说，可以招蜂引蝶帮助传授花粉和传播种子，能够帮助植物保护自己，杀死自然界中的各种细菌和酵母菌，同时还可以防止虫害的危害。

植物精油（精气）对我们人体来说具有多种生理功效，植物精油（精气）

接触人体皮肤,黏膜或被人体的呼吸道黏膜吸收后,有适度的刺激作用,促进免疫蛋白的增加,从而增强人体的抵抗力,有效的调节植物神经的平衡。

植物精油(精气)可以通过肺泡上皮进入人体的血液中,作用于延髓两侧的咳嗽中枢,抑制咳嗽中枢向迷走神经和运动神经传播咳嗽运动,从而达到止咳的作用;通过呼吸道黏膜进入平滑肌细胞内,增加细胞里磷腺苷的含量,促使肌肉舒张,支气管口径扩大解除哮喘达到平喘的效果,同时促使呼吸道的分泌物增加,纤毛上皮摆动加快,达到祛痰的作用;植物精油的功效分内用及外用,内用具有祛痰、祛风、杀菌、镇静和促进循环功能的作用,可治疗多种疾病,外用具有充血、消炎、消毒、促进伤口愈合及脱臭、杀虫驱虫的作用。

人类利用植物精油(精气)消毒,治病已有几千年的历史,早在5000多年前埃及人就开始使用各种植物香料消毒,防腐。我国是世界上最早把芳香物质用于医药并加以系统研究的国家之一,在商代人们对含有芳香物质(植物精油)的植物有了更直接的利用,开始采用艾蒿类沐浴、焚熏,以洁身去秽和防病治病。在春秋战国时期,人们不但利用艾蒿类沐浴、焚熏,还佩戴(兰花),甚至以香料入酒(郁金等)。

中医自古就有"芳香化浊""芳香开窍"的理论,知道芳香的中药有"痛经走络,开窍透骨"的功效,并在临床上成功运用,"扁鹊""华佗"等古代名医都曾经使用芳香物质"麝香"等药物,让病人"起死回生"。我国的古代医书上早有记载名医"华佗"用丁香、麝香等含有植物精油的芳香中药制成各种香囊及香球挂在身上,治疗呼吸道感染、吐泻疾病,明朝的医学圣书《本草纲目》就记录了大量有关植物精油等芳香物质治疗疾病的篇幅。

现有的史料记载,古希腊和罗马人也经常利用新鲜或干燥的芳香植物使人镇静、止痛或者兴奋精神,土耳其民间自古以来就利用玫瑰及其衍生品治疗皮肤病、肠胃病、眼疾、呼吸道疾病及妇科疾病。

利用各种植物芳香物质(精油)调理身体机能,治疗各种疾病的"芳香疗法"逐渐被现代人们所遗忘,到了20世纪中后期,由于大量使用合成的化学药品产生了大量的副作用,加上"一切回归自然"的呼声不断,促使人们重新评价天然药物的治疗作用,"芳香疗法"又再次引起人们的注意,人们充分利用各种天然植物精油特性,采取"芳香疗法"的措施,如吸入法(利用桉油精、柠檬油、薄荷油对治疗感冒及呼吸道最速效的功效,直接用口鼻交替吸入),沐浴法(利用迷迭香及甜橙油、薄荷油、红花油、杜仲油活血化瘀,舒筋活血的作用,直接掺入水中沐浴)将植物的芳香物质导入体内,发挥芳香物质的药物治疗作用,使人们的生理机能和心理机能迅速得到平衡和恢复。

古代的宗教对各种芳香植物精油(精气)的使用也较为广泛,释迦牟尼佛在菩提树下念经,耶和华在香树下设祭坛,孔子在黄连树下传道,无不与树木所散发的香气有关。

人们日常生活中对植物芳香物质(精油)的使用,可追溯到殷商以致更久远的远古时期,距今6000多年前人们就焚烧带有香气的柴木以其他祭品祭祀天地诸神,殷商时期的甲骨文就有了"柴","柴"指手持带有芳香的柴木燃烧祭礼。

芳香物质在人们的日常生活中,有着极其重要的不可替代作用,从外在香气到本性的生香正是人们养生目的的追求,它不仅仅是调节环境,更重要的是芳香物质具有陶冶性情,颐养心灵的神奇功效,由此可见含有植物精油的芳香物质不论是古代或现在,它已经完全融入了人们生活的各个角落。

人们很早就知道植物精油在农业生产上的驱虫、杀虫和诱虫活性,通常可以用作驱虫剂的其他一些精油有桉树油、白千层油、松节油、艾菊油、苦艾油、丁香油、蒌叶油、黄樟油、茴香油、肉桂油和芸香油。番茄枝的挥发油馏分对白蚁和蟑螂有驱避作用。另外关于樟脑的驱虫防虫作用,这是一个尽人皆知的事实,樟脑丸至今还在广泛使用。

福建德盛生物工程有限公司在2005年联合了中国林业科学院首席科学家、中国工程院宋湛谦院士,共同建立植物精油的实验室,对植物精油做了大量使用研究,德盛公司开发的植物油农药助剂还获得2012年福建省的科技进步二等奖,同时在申报植物油农药助剂国家级的科技项目。

德盛公司在2012年联合了中国中医药科学院,通过对精油各种活性的深入研究,发现植物精油中的许多活性物质,对人们的植物神经功能有着极好的调节作用,近几年陆陆续续开发了同人们日常生活息息相关的产品,如芳香闹钟,催眠香氛剂,植物芳香空气净化消毒剂等等系列中试产品。随着人们对植物精油的再次重视及深入研究,大自然馈赠的神奇物质——植物精油,将体现出它更重要的价值,同时为21世纪的现代社会发挥更重要的作用。

　　◎ 作者系福建德盛生物工程有限公司董事长

浅谈沉香及其品质鉴别方法

✧ 陈金凤

　　沉香,是一种植物类香料,被誉为"植物中的钻石"。关于沉香,一直有这样的传说:古人发现一种高大的树,其中有些部分完全不同于树体本身,或者脱离在地,或者暗结于内。焚烧后异香扑鼻,很是有趣,更令人吃惊的是,这部分香料,放于水中,居然入水即沉,因此,人们把这种既能沉水又能发出异香的香料定名为"沉香"。当然,这只是坊间轶闻,沉香的确切定名在西晋嵇含《南方草木状》中有所记载:"交趾有蜜香树,干似桂柳,其花白而繁,其叶如桔。欲取香,伐之经年,其根干枝节,各有别色也。木心与节坚黑,沉水者为沉香。"交趾在今天越南北部,是目前所知沉香四大产区之一。

　　沉香的名头很多,如盘头、蚁穴、虫漏、猥皮、红土、树心油、桂皮等,但无一不需要复杂而痛苦的结香过程。沉香是由沉香树在特定的气候环境、地源优势等条件下病变开始结香,同时还需要沉香树体本身的配合,经历漫长的生长期,至少需要几年甚至十几年的时间,经受树体受伤、真菌感染、感染扩散、凝固结香等考验,才能结出一块沉香。其中任何环节出错都会导致结香终止,一块优质的沉香木要数十年甚至上百年才能形成,因此产量极少,多重因素参与也注定了沉香的稀有与不凡。

　　沉香背后承载深厚的历史文化底蕴,已逐渐形成一种"香文化"。中国香文化已有 2000 多年的历史,鼎盛时期是宋代、明代及清早期。在中国传统文化中,焚香品香是文人雅士生活中的重要组成部分,与抚琴、插花、挂画一起被称为文人"四般雅事",是一种结合财富和修养的文化生活方式。在宋徽宗赵佶的《听琴图》中,画中抚琴者身边的香几上就置有一只香炉。北宋诗人陆游在《夏日杂题》中,曾以"午梦初回理旧琴,竹炉重炷海南沉"来表达自己对海南沉香的喜爱。苏东坡被贬海南,曾写下不少与沉香有关的诗句,如:"壁立孤峰倚砚长,共疑沉水得顽苍。"然而,至清中期以来,由于贫穷、战乱和西方文化的冲击,士大夫文化缺失,香农们为了躲避索香官吏的盘剥,砍掉香树、烧毁香林,原材料的稀缺导致中国香文化式微,直至失传。在中国断层100多年的香文化一度淡出人们的视线,亚洲其他国家和地区则传承发扬了中国古代的品香文化。20世纪80年代末,沉香逐渐走进大家的视野,发源于中国的香文化重新为人认知并逐渐走向复兴。2005年之后沉香的市场需求日益凸显。目前,更多的人看重的是沉香的药用功能和文化价值,喜欢香文化。

由于沉香所用部位是树的心材,生长年限长,资源有限,不能满足需求,故市场上的假货也会随之而来。沉香市场之所以出现赝品丛生、市场混乱等现象,最大的问题在于缺乏权威的行业标准和级别评定,缺乏行之有效的鉴别手段,也没有成熟的判断准则。沉香因为受到产地的影响,细微的差距对最终的品质影响很大。因此,如何能够采用简单、有效的方法对沉香的品种真伪进行鉴别已是当下一个重要的课题。目前,国内对沉香真伪鉴别方法的研究报道越来越多:从性状、理化、含油量等多方面进行考量,正品或质量好的沉香,一般质地较坚实、相对较沉重,中国药典要求"有黑褐色树脂与黄白色木部相间的斑纹"。除此之外,嗅觉、视觉、触觉对于鉴别也很重要。如很多人依靠味觉去辨别奇楠,因为它入口发麻、粘牙。但其实最难造假的是沉香的气味。有研究报道显示,近来在检验中发现有多批沉香的浸出物量高,符合现行标准规定;但香气明显不同,经反复实验及考证,怀疑这些沉香中添加了含松香酸类的物质,来增大其浸出物量。松香为松科植物马尾松或其同属植物树干中取得的油树脂,经蒸馏除去挥发油后的遗留物。松香中主要成分为酸性物(树脂酸)和中性物,其中树脂酸约占85%~95%,而松香酸是其树脂酸的主要成分。相关研究人员采用液质联用技术,利用相对分子质量和碎片信息,快速简便准确地对沉香中是否添加了含松香酸类的物质进行检测,从文献报道中可见,松香酸主要存在于松香中,为其主要成分,但要确认添加的是否为松香类物质,还需辅以药材性状鉴别及显微鉴别手段。另有学者建立薄层色谱鉴别法,用乙醇回流提取,以三氯甲烷-丙酮

(体积比 95∶5)作为展开剂,斑点展开清晰,分离效果好,节省取样量和提取时间,且荧光斑点多,信息量丰富,方法简便、快捷、安全。还有业内人士在此基础上,使用紫外分光光度计,对紫外光吸收图谱和薄层色谱所得的具体数据进行分析探讨,结果表明,在 200~300nm 的范围内,正品沉香紫外光吸收图谱最大吸收峰值可以达到(225±2)nm,在实际操作中不仅简单可行,而且检测结果能够达到较高的准确性。

如今,科学技术的进步以及研究方法手段的不断创新,相信定能在沉香相关的行业标准及鉴别方法上发挥作用,使其尽快拥有成熟的正伪判断准则。福建省香产品质量检验中心作为省级法定香产品质量检验机构,拥有气相色谱、热解析、ICP 及紫外分光光度计等大型先进的进口及国内香产品检验分析仪器,在做好香品委托检测、监督抽检、行业质量分析工作的基础上,以成为我省乃至全国香品质量检验检测及相关技术规范标准制(修)订的重要基地为目标,不断研习现有检测分析技术,不断摸索创新,提高检测能力水平,在香品鉴别方面为中国香业的发展提供研制及科研方面的服务。

◎ 作者系福建省香产品质量检验中心办公室主任

浅谈传统制香产业的转型升级

◇ 杨雪峰

中国制香产业历史悠久,改革开放三十多年,制香产业发展迅猛,已经成为中国轻工产业中发展较为完善的行业,是典型的传统产业之一;目前,制香传统产业原有简单的生产工艺、生产技术、生产设备及廉价人工成本等优势日渐丧失,香文化的复兴已经悄然兴起,催生了香文化产品的迅猛发展,推进香产业转型升级,是制香行业的燃眉之急,因此,传统制香产业也正面临着严峻的挑战;加快制香产业的转型升级,优化产品结构,突破制香产业低端经营方式,实现市场经济和现代化产业集群转型升级,是推动和提高传统制香产业竞争力的关键之举;笔者根据本企业三十几年的发展历程,就如何推进传统制香产业转型升级浅谈一点经历和体会。

一、传统制香产业转型升级的必要性

(一)国内环境迫使传统产业转型升级

目前,我国制香产业,大部分还处在以宗教礼仪、祭祀、传统香产品为主的作坊式产业,从生产要素密集程度来看,制香企业仍属于劳动密集型或资本密集型产业,门槛低、规模小,已经不适应日益发展的市场需求,特别是国家燃香标准的推出,迫使作坊香产业的生产必须规范调整;随着中国富裕经济时代的到来,香文化的复兴已经悄然兴起,催生了香文化产品的市场需求,迫使香业产品的结构必须急剧调整;企业以自主知识产权为核心的一系列高新技术和现代企业管理体制及互联网的发展,正在逐渐代替香作坊传

统生产的经营模式,并日益成为推动香产业经济增长的主导力量。如果企业不转型升级,势必被时代所淘汰。

从国内环境来看,中国居民消费水平将普遍实现小康,更多的居民群体已经由小康型向富裕型消费结构过度,从以往满足使用需要向重视对人安全的质量和文化内涵转变,从追求物质消费向追求精神消费和服务消费转变,随着消费结构向安全熏香的转化;把握一般宗教礼仪、祭祀传统烧香升级环保香的发展趋势,推进低质低价低端香品消费市场向高质、高价、环保香品消费市场的转化;提高生活质量、缓解精神疲劳的休闲和高雅香文化新兴市场已经悄然兴起,香文化产品已经进入人们的生活,复兴中国的香文化势在必行,全国的香作坊都在探索香文化产品的生产,因此,制香的企业必须转变传统的经营观念,向研制天然材料的环保香、无烟熏香类、无火熏香类、养生药香类、空气消毒熏香类、香道产品香类等香文化产品发展、转化,跟上时代发展的需求。

(二)产业结构压力迫使传统产业转型升级

转型升级传统制香产业,构建合理的产业结构,是不断提高传统制香产业竞争力的迫切需要。目前国内传统制香业普遍存在着设备老化,技术落后,产品质量差,物耗、能耗高等现象,随着高新技术产业的崛起与壮大,原有的传统制香优势日渐丧失,原来是靠大量生产要素投入式粗放型生产方式,导致材料浪费、人工成本增加而利润降低,通过技术创新,可以使传统制香业中的人工成本降低而使产量增加,从而增加效益。其次,传统制香业采用的多数是大众化或相对落后的技术,产品科技含量和附加值较低,单位产品的利润率也较低,只有通过对传统制香业进行技术改造,融入新的科技因素,加大科技含量,在原工艺条件下,进行创新的技术改造;例如:投资开发线香自动化成型工艺、竹棒香机制工艺、盘香机制工艺、低温烘干工艺等工艺技术改造;才能使传统制香业成为具有顽强生命力和较高竞争力的优势产业。

二、目前我国制香产业面临的主要问题

我国制香产业经过几十年的发展壮大,在某些地区为当地百姓致富,增

加地方财政收入、促进当地经济发展起到了积极作用;但是,由于制香业自身产业结构、经营、管理模式、技术、人才、品牌等还存在一些问题。

(一)产业层次较低

由于我国制香企业规模普遍偏小,资金投入不足,产品档次偏低,价格竞争激烈,单位利润微薄,致使市场上大部分制香企业陷入降价、跑量等不利局面,因此,企业在获取自身正常利益中处于弱势地位,销售利润率逐年下降。

(二)企业实力总体偏弱

目前国内个体私营企业占全部制香业的90%以上,企业内部管理以家族制为主,组织结构封闭、排外性强,所有权与经营权没有实现合理分离,资本运营方式单一,导致企业规模普遍偏小、偏弱,微型企业占80.2%,大中型企业不到1%。

(三)各类人才相对缺乏

目前我国制香行业的技术力量严重缺乏,熟练技术工人的缺口率达30%以上。生产第一线的工人中,农民工居多,流动性大,素质总体偏低。提升产业链和价值链所急需的科研、国际营销等高级人才相对不足。

(四)研发能力普遍滞后

国内制香企业采用新技术的主要形式是购买新设备和仿制新产品,占60%～80%。90%的企业认为自己的技术水平一般或低于行业平均水平,中低档产品占90%。95%的制香企业没有科研投入,产业科研经费占销售收入的比例平均小于1%,远远低于国际2%～5%的水平。

(五)品牌运作水平不高

目前我国制香业有一定影响的品牌企业,在全国同行业中,只有古城香业一家拥有中国驰名商标:"古城"和"菩提"两个商标,至今还没有一个国际品牌。

三、制香产业转型升级的一些建议

目前我国香产业结构正处于调整的重要时期,抓紧抓好制香企业转型升级,对于今后制香行业的快速发展起着十分重要的作用,根据我们对目前国内制香产业现状调查认为,我国制香产业转型升级应重点抓好以下几点:

(一)树立向科技型企业转型的观念

加强企业科技创新鼓励企业采用自愿组合、合同连接、共建实体等产学研合作创新方式,重视传统产品的二次创新,引导企业运用高新技术改造统产品,提高研发设计水平,在技术、工艺、款式、性能、品种、品牌、包装等方面开展差别化竞争,提高非价格竞争力。

企业转型升级,首先要转变观念,科学化管理理念在现代工业化时代越来越被人们特别是企业管理者所重视,把承继、挖掘、古代香文化,创新现代香文化,向科技型企业转型的这种理念贯穿于企业管理的全过程,走科学化管理是现代企业的必经之路,不管是何种行业,不论是哪家企业,离开了科学化管理要想在日趋激烈的竞争中立于不败之地,无异于缘木求鱼。

转变观念是企业转型升级的重要因素,首先是企业的各级领导,因为他们既是企业的策划者,也是企业的管理执行者和实施者,从策划的角度而言,超前的管理意识和科学的管理理念需要有先进思想观念的支撑,先进的思想观念可以引导人们与时俱进;从执行和实施的角度而言,要改变传统的随意化、经验型、粗放型管理模式和理念,要做到这一点,关键也在于认识和观念的转变与更新;因此,企业转型升级转变观念、观念创新至关重要。

(二)建立现代企业制度

引导香作坊改制,实施现代企业体制,建设融资体制的品牌香业,引导香作坊与品牌香业合作,向技术、生产、销售合作的生产基地转型,突破香产业香作坊面临的发展瓶颈,强化规范标准化生产;企业做强做大的基础在于企业制度创新,建立运用现代管理理论和管理手段,提高传统产业企业管理水平是现代企业的根本,我国制香业不仅工艺简单,其管理体制、管理理念和管理手段也极为落后,因此,在企业进行转型升级的同时,还必须引入新的管理体制和管理机制,首先是要深化产权制度改革,推进产权制度创新,重点是引导企业建立多元化、社会化、开放式的股权结构,通过界定企业产权主体来明确权、责、利,通过股权扩散来淡化家族经营色彩。二是要完善公司治理结构,实现组织制度创新,引导企业在股份制改造基础上建立和完善董事会,提高决策质量,鼓励企业进行所有权与经营权的适当分离,树立现代管理思维,加快管理制度创新,变革企业组织管理、生产管理、营销管理、研发管理模式,加快实现企业由经验管理向科学管理、由家族式作坊管理向现代管理体制的转变与跨越。

(三)发展开拓网络营销

网络营销是以国际互联网络为基础,利用数字化的信息和网络媒体的交互性来辅助营销目标实现的一种新型的市场营销方式。作为直销营销的最新形式,网络营销具有超越时空、低成本、实时互动沟通、服务个性化、方便地获取商机和决策信息、多媒体展示、丰富的促销手段、具有扩展性、信息透明化等突出优势,在企业信息搜索、信息发布、开拓销售渠道、扩展和延伸品牌价值、顾客关系管理、实现经济效益增值等等方面发挥着独特的重要作用。随着互联网技术发展的成熟以及联网成本的日趋低廉,随着国家《电子签名法》颁布和银行网上交易安全问题的解决,网络营销和网络营销外包正在成为企业整体营销战略的重要组成部分。

(四)实施企业信息化建设

企业的信息化建设关系到企业的生死存亡,它是制香企业信息化建设的关键,也是传统制香产业转型升级必走之路;诚然,企业的信息化建设并不只是添加一些先进技术设备,或是把手工报表用电脑打印出来。它是企业深层次的改造,是一项大规模的系统工程;包括建立以高速数据网络为核心的企业信息基础设施、建立大型动态数据库、建立新型的工作流生产过程、建立网上交易手段等。企业的信息基础设施为企业的信息循环流动创造物质条件,使整个企业的运营,包括产品的设计在内,都在网络上进行。而数据库的建立可以为决策者提供有效的依据,同时它也是成本中心、利润中心。建立新型的工作流程,实质上是形成一种迅速、高效的管理方式。在这种管理方式下,生产的组织不再以动力、物资等为中心。而是着重管理数

据流。借此,企业可以提供大量个性化服务,从而使企业的生产经营能更好地适应社会需求,扩展企业的生存空间。网上交易可以帮助企业打破地理、时间的限制,开拓广阔的市场。

四、在转型发展中"携起手来共谋发展"

通过转型发展起来的品牌香业,应投资组建香业产品研发机构、香文化研究机构,实现技术创新的转型,以自身的技术优势、建设配料技术服务中心,与香作坊携起手来,为生产基地的香作坊提供技术服务,输出香产品标准材料、帮助作坊香业规范生产,并利用自身的品牌优势和销售优势,回收加工生产基地香作坊的合格香品,支持生产基地香作坊企业的销售,使香作坊产业赢得稳定的利润。

品牌香业应投资品牌宣传,提高品牌知名度,巩固、发展流通销售网络和商超终端销售网络、国外进出口销售网络,投资建设高端店终端销售网络和电子商务销售网络,实现销售网络建设创新的转型;与香作坊产业携手合作,并利用品牌和销售网络的优势为香作坊基地联合销售合格香品。

品牌香业应向原材料生产基地建设投资,利用原材料基地的材料优势,培育香业绿色原材辅料,实现原材料基地建设创新的转型,在原材料的供应上与香作坊产业合作,向香作坊生产基地销售绿色原材料,保障材料的质量,保障供给。

我们行业上应倡导品牌香业,与全国香作坊产业联合起来,推动转型,共谋发展,共创中国香文化的辉煌!

◎ 作者系河北古城香业集团股份有限公司副董事长

中国香文化高峰论坛活动总结

◇ 中共永春县委宣传部

　　永春是中国四大制香基地之一,香文化底蕴尤为深厚。既有千年来中华香文化的积淀和传承,又有中东阿拉伯蒲氏后裔制香技术的传入和发展。永春香见证了泉州"海上丝绸之路"的繁盛景象,同时也寄托着海外游子浓郁的乡愁,可以说永春香也是泉州作为中国首个"东亚文化之都"最为鲜活的文化印记之一。

　　2014 年 4 月 15 日,中国轻工业联合会、中国日用杂品工业协会授予永春县"中国香都·永春达埔"的荣誉称号,于 2014 年 7 月 22 日举行授牌仪式并开展系列活动,作为系列活动之一的香文化高峰论坛项目申请列入"东亚文化之都·2014 泉州活动年"论坛与学术交流研讨活动。

　　2014 年 7 月 22 日下午,香文化高峰论坛在永春举行。台湾新港香艺董事长陈文忠作的题为"文化价值带动在地转型从制香到观光到香回中国"的专题讲座,结合自身从事制香产业、推广香文化创意及发展观光旅游的经验,从香的源头、香的传统、香的文化和香道的演出和体验,以及香在创新创意等方面对主题进行详细的陈述。同时在探讨永春达埔作为传统的香业产业基地,如何实现转型,提出了宝贵意见,建议从香的文创产品的设计、包装和制造方面着手,并结合永春特色资源,进一步融入观光旅游。中国社科院世界宗教研究所副研究员陈进国以了"海上丝绸之路与永春香文化"为题,就永春闽南文化与宗教文化的挖掘,如何与香文化进行有机结合合作系统的演讲。他提出永春香产业不断发展壮大,达埔打造成集香品研发、旅游香品展示、香文化传承等功能为一体的"香都",香产业正逐步走向规模化、产业

化。未来永春香产业的发展壮大，必须要注重与永春本地的文化结合，永春是清水祖师的故里，其信仰群体庞大；同时，永春还有深厚的少林文化，白鹤拳闻名中外。将永春的宗教文化与香文化的有机结合，不断拓展对外交流的渠道，是永春香文化走向世界的一个重要展示平台。打造"中国香都"特别要抓住自然养生、保健休闲的商机，与永春的"美丽乡村"建设相结合，推动香料农业特别是绿色观光产业的发展，实现"制香工业——香文化产业——香文化事业"的目标。松风中国传统文化研究会创建人孙亮也作"中国香文化发展简史"专题演讲，详细介绍了香文化的历史起源、香文化的发展演变、香文化的继承发扬，以及香文化的中日差异。

　　研讨会上专家学者、各地香企负责人，对永春全力打造"中国香都"，积极发展香产业所取得的成效给予赞赏，同时围绕香的标准化和可持续发展，及如何将香产业和文化相融合，以更好地推动香产业进行深入探讨和交流，如何处理好香产业和文化的融合问题成为与会人员关注的重点。海南省沉香产业协会秘书长沈汝青指出，香的产业是作为香文化的一个厚实基础而存在，只有把香的产业做得扎实，才能上升到文化的层面。打造"中国香都"作为设定的永春香文化的目标，轮廓思路清晰，以此引领永春香产业的发展。中国著名营销策划人陈功从其专业的角度对永春香产业的品牌打造提出了意见建议，提出在品牌定位方面，建议永春的香企走专一化、专业化的品牌路线；在品牌传播方面，建议永春香企采用低成本的商业新闻的模式和媒体的整合的模式来拉动品牌的知名度；在品牌营销方面，建议永春香企要根据企业的品牌定位和市场需求，采取不同销售渠道，准确定位自身营销模式。

　　国家"一路一带"战略的实施为永春香产业发展迎来了难得的机遇，此次论坛通过深挖永春香的历史文化内涵，围绕文化提升、企业化经营、开拓新销售渠道等，规划了永春香产业新的发展蓝图。